아하! 통합학급 문제행동

-현직 교사가 쓴 통합교육을 위한 문제행동 지침서-

전선주 · 이 진 · 박주리 · 박소영 · 이해영 · 이경신 · 김영란 · 고남숙 공저
한국통합교육연구회 편

학지사

추천글

요즘 학교현장에서는 교원능력개발평가로 전교사의 수업공개가 실시되고 있다. 통합학급이나 특수학급이라고 해서 예외는 없다. 수업평가에 대한 부담감은 장애학생들이 있는 통합학급 교사들이나 특수학급 교사들의 강도가 한층 더 높기 마련이다.

아니나 다를까. 공개수업시간에 수업설계 및 학습 자료를 열심히 준비해 수업을 차분하게 진행해도 이를 방해하기 시작하는 장애학생들의 돌출행동 때문에 통합학급 교사는 당황해한다. 또한 교수역량을 제대로 발휘하지 못한 채 아쉬움과 속상함을 삭히며 수업을 끝내고 만다. 장애학생들의 수업도중 돌아다니기, 소리 지르기, 물건 내던지기, 짝꿍 때리기 등으로 인해 수업의 흐름이 끊기고 한 동안 소란이 이는 장면은 흔히 볼 수 있는 통합학급 교실의 풍경이다.

학부모공개수업도 마찬가지다. 그래도 엄마가 수업을 지켜보고 있는 것은 신경이 쓰이는 모양인지 돌출행동의 정도가 덜하긴 하다. 학부모공개수업에는 장애학생 부모의 참석 비율이 의외로 매우 높다. 이는 통합교육에 거는 기대가 그만큼 높은 것을 반증하는 예이기도 하다. 우리학교에서 자폐성장애가 가장 심한 아이의 경우에는 아빠까지 참관하는 경우도 있다. 담임교사보다 훨씬 마음 졸이며 장애가 있는 자신의 자녀가 일반학생과 어울려 학습하는 모습을 지켜보고 있는 그들의 얼굴은 한결같이 간절한 기도를 담고 있다.

장애학생의 부모들은 자신의 아이가 장애로 인해 부족하고 어눌하긴 하지만 보통의 아이들과 함께 학습활동을 하고 있는 모습이 그저 대견하고 흐뭇한지 얼굴 가득 미소를 담고 늘 지켜본다. 이러한 장애학생의 부모를 바라보며 그들의 소중한 자녀들을 일반학생들과 똑같이 가슴에 품고 교육해야 할 책임을 다시금 느낀다. 그러기 위해서는 무엇보다 통합학급 교사들에 대한 연수가 선행되어야 한다.

마침 한국통합교육연구회에서 펴낸 이 책이 장애학생들의 문제행동 때문에 수업 진행과 생활지도에 어려움을 겪고 있는 통합학급의 교사들에게 해법과 대안을 제시해 주는 길잡이가 되길 기대하며 감히 추천해 본다. 학술적인 이론서가 아닌 학교 현장의 통합학급 교사들이 겪는 어려움을 몸소 느끼고, 다양한 문제행동 유형을 수집하고 그 가운데서 가장 빈도가 높은 문제행동 36가지를 선정해 실제 사례를 중심으로 해법을 제시했기 때문에 진정성을 가득 담고 있다.

그리고 그 문제행동들을 방해행동, 공격행동, 혐오행동, 자해행동, 성적행동, 일반학생의 문제행동, 비참여행동으로 분류하고 각각의 문제행동마다 다섯 단계의 사례중심으로 접근하여 쉽고, 체계적으로 전달하였기 때문에 통합학급 교사뿐만 아니라 일반학급의 교사들에게도 많은 도움을 줄 것으로 생각한다.

장애학생이 보이는 문제행동은 자신의 의사를 표현하고, 자신이 원하는 방식으로 환경과 주변사람을 조절하기 위한 개인 차원의 매우 적응적인 행동이라고 한다. 이러한 점을 간과하지 않고 이 책은 3단계 '아! 그랬구나.' 에서 통합학급 교사가 미처 생각하지 못했던 장애학생의 문제행동 원인에 대해 알아보고 가정과 교실의 환경적인 원인, 장애 원인 등 그 배경을 살펴 장애학생의 입장을 충분히 이해할 수 있도록 구성하였다.

한국통합교육연구회를 이끌고 있는 전선주 선생님은 통합교육에 대한 교육적 사명감과 열정으로 왕성하게 활동하고 있다. 또한 개인적으로는 장애사랑 수첩 『꺼야 꺼야 할꺼야』 『네잎클로버 편들기』와 연구회 소속 선생님들과 함께 펴낸 이 책을 통해 통합교육의 보급 및 질적 성장을 위한 전도사 역할에 열정을 다하고 있다.

앞으로 이 책이 연수 자료로 널리 보급되고 활용되어 통합학급 교사들이 공개수업을 할 때뿐만 아니라, 평상시에도 장애학생들의 문제행동에 유연하게 대처하고, 그들을 보다 깊이 이해하고, 따뜻한 가슴으로 품고 바라볼 수 있는 통합교육의 지침서가 되기를 바란다.

인천명선초등학교장 안미영

머리말

어린 시절에 지냈던 시골의 모습은 수많은 추억들을 간직한 채 우리에게 잔잔한 미소를 머금게 한다. 꼬불꼬불한 동네 골목, 따뜻한 햇살이 비치는 돌담 아래에서 우리는 고무공을 가지고 신나게 축구를 했다.

그리고 구슬치기, 자치기, 딱지치기, 못치기 등을 하면서 날마다 해가 지는 줄 모르게 놀았다. 그 시골의 담장 아래에서 여자아이들은 고무줄놀이와 공기놀이를 하였고, 남자아이들은 함께 땅바닥에 선을 그어 가며 땅따먹기를 하였다.

그 후 시골을 떠나 도시에서 살다 보니 나도 모르는 사이 어른이 되었고 추억을 찾아 다시 그 돌담길을 찾았을 때는 옛 시절의 돌담길은 찾을 수 없었다. 남아 있던 그 길은 너무도 좁았고 돌담은 키가 너무 작았으며 초라하기까지 하여 실망스러웠다. 그러나 그 돌담길은 그 자리에 그대로 있었고 변하지 않았음을 알았다. 그곳에서 놀던 아이가 키가 훌쩍 크고 어른이 되어 몸과 마음 모두가 어른이 된 것이다. 그리고 이제는 그 길에서 어린 시절 놀던 추억을 떠올리고 있다.

많은 아이들은 학교와 가정에서 장애와 상관없이 수많은 문제행동을 보이며 성장한다. 특히 교사의 시각에서 봤을 때 그렇고, 아동학자나 교육학자의 입장에서 보면 더욱 그렇다. 하지만 부모의 눈에는 그런 문제가 크지 않았고 수없이 허용되었다. 사랑이 가득한 부모는 자신의 어린아이가 대소변 실수를 해도 찡그리기보다 때때로 그런 모습을 예쁘게 보기까지 하였다.

학교에서 만나는 수많은 학생들이 보여 주는 문제행동을 우리는 어떻게 봐야 할까? 교사로서 가능하다면 성숙한 어른의 눈, 사랑이 깃든 부모의 눈이 되어 아이들을 바라보았으면 한다. 그래서 학생의 문제행동을 학생이 일으킨 행동보다 확대 해석하지 않고 작은 돌담의 어린 시절 추억 정도로 여겼으면 좋겠다.

이번에 우리 한국통합교육연구회에서 내놓은 『아하! 통합학급 문제행동』은 제목에 문제행동을 붙였지만 내용에는 학생들의 마음을 읽는 법을 담았다. 우리는 아홉 달 동안 한 주도 빠지지 않고 평균 4시간 이상 만났고, 총 140시간 이상 협의를 하였으며, 한 번은 11시간 동안 계속 협의하기도 하였다. 연구진 교사 10여 명이 모이다 보니 학생들의 문제행동을 바라보는 시각도 10개의 눈이었고 10개의 마음이었으며 해결책도 다양하였다. 한 가지의 문제행동은 어느 교사에게 가느냐에 따라 큰 문제행동이 되기도 하였고 작은 해프닝이 되기도 하였다.

통합학급 교사를 대상으로 학급에서 일어나는 문제행동을 조사하니 그 수는 정말 100가지가 넘었고 생각지도 못한 희귀한 문제행동도 나와 웃음까지 주었다. 하지만 당사자인 교사에게는 상당히 심각한 문제였기에 그냥 웃을 수만은 없었다. 그래서 우리는 다시 모였고 연구비를 갹출했으며 9개월의 마라톤을 쉬지 않고 달려서 여기까지 왔다.

우리의 경험이 부족하여 더욱 많은 것을 담지는 못했지만 현장의 교사로서 최선을 다했다. 매주 화요일이면 서울, 경기, 인천, 서산에서 시간과 차비를 써 가며 어린 자녀들을 안고 왔으며, 늦은 시간 잠든 아이를 업고 다시 가야 했다. 이 기회를 통하여 연구회원 가족들인 남편과 아내 그리고 그 아이들에게 고맙고 미안하다는 말을 전하고 싶다.

그리고 이런 과정을 통하여 식어 가는 우리나라의 학교교육 현장을 조금이라도 따뜻하게 하고, 미소로 바라보는 눈길이 많아지길 기대한다. 학생시절 문제아였던 교사가 문제 많은 학생들을 상담하며 더욱 많이 이해할 수 있는 것처럼 말이다. 모든 교사들은 학생들이 문제행동을 보이거나 장애가 있다고 내치지 않기를 바라고, 오히려 작은 문제로 보며 더욱 끌어안을 수 있도록 노력했으면 한다.

누군가로 하여금 작은 씨앗을 심게 하는 것은 미래의 수많은 새들이 쉴 수 있는 큰 나무를 심는 것과 같다. 끝으로 우리의 의견을 모아 책으로 엮어 주시며 힘이 되어 주신 학지사 김진환 사장님께 고마움을 전한다.

한국통합교육연구회 회장 전선주

이 책의 구성

이 책은 통합학급 교사가 아동의 문제행동 발생 시 지도하기 어려운 유형을 설문조사하고 그 가운데 가장 빈도가 높은 문제행동 36가지를 선정하였다. 그리고 그 문제행동을 방해행동, 공격행동, 혐오행동, 자해행동, 성적행동, 일반학생의 문제행동, 비참여행동으로 분류하고 다시 유치원 · 초 · 중 · 고로 나누어 설명하였다. 또한 각각의 문제행동마다 다음과 같이 5단계로 접근하여 쉽고 알차게 전달하도록 하였다.

1단계: 이런 일이 있었어요

실제로 통합학급에서 일어난 사례를 제시하였다. 어떤 문제행동이 발생하였는지뿐만 아니라 어떤 상황에서 무슨 일이 일어나고 있는지 사실적으로 나타내었다.

↓

2단계: 선생님 당황스럽지요

통합학급에서 일어난 문제행동 때문에 교사가 생각하거나 취할 수 있는 행동에 대해 알아보았다. 통합학급 교사의 입장에서 그 마음을 읽어보았다.

↓

3단계: 아! 그랬구나

1단계에서 제시한 문제행동 발생 사례에 대해 살펴보고 통합학급 교사가 미처 생각하지 못했던 원인에 대하여 살펴보았다. 가정과 교실의 환경적인 원인, 장애발생의 원인 등 이론적인 배경을 내용으로 장애학생의 입장을 이해할 수 있도록 하였다.

4단계: 이렇게 해 봤어요

집필에 참여한 교사들이 직·간접적으로 현장에서 사용해 본 여러 가지 실제적인 지도방법을 제시하였다. 누구나 알 수 있는 상식적인 내용도 있고 전문적인 내용도 수록되었으며 긍정적 행동지원이나 상담기법 등 교실에서 쓸 수 있는 알찬 내용들이 담겨 있다.

5단계: 이런 방법도 해 보세요

앞서 언급한 문제행동과 비슷한 사례를 함께 제시하였다. 또한 교사가 융통성을 가지고 다양한 지도방법을 선택해서 적용해 볼 수 있도록 다른 방법들을 제시하였다.

문제행동 분류표

번호	행동분류 \ 학령기	유아	초등	중·고등
1	방해행동	- 수업시간에 느닷없이 노래를 부르는 행동	- 교실 밖으로 나갔다 들어오기를 반복하는 행동 - 교실을 자꾸 돌아다니며 학급물건을 흩뜨려 놓는 행동 - 수업시간에 돌아다니면서 선생님처럼 하는 행동 - 자꾸 책상을 흔들거나 자, 연필 등으로 두드려서 큰 소리가 나게 하는 행동 - 오랫동안 소리를 지르며 우는 행동	- 수업시간에 옆 사람한테 자꾸 말을 거는 행동 - 수업시간에 거울 앞을 왔다 갔다 하거나 책장 넘기기를 반복적으로 하는 행동
2	공격행동	- 친구들이 만들어 놓은 작품을 망가뜨리는 행동 - 친구를 무는 행동	- 수업 중에 옆 짝꿍을 때리는 행동 - 갑자기 욕을 하거나 친구를 때리는 행동 - 너무 쉽게 짜증을 내거나 화를 내는 행동	- 사소한 일에도 소리를 지르거나 화를 내는 행동
3	혐오행동	- 친구의 물건을 허락 없이 가져가는 행동 - 풀이나 크레파스 등을 먹는 행동 - 친구의 머리카락을 가위로 자르는 행동	- 친구들이 싫어하는 것만 골라 하는 행동 - 대소변을 바지에 지리거나 싸는 행동 - 옷이나 책상에 떨어진 것을 주워 먹는 행동 - 손가락을 자주 입에 넣어 침을 바르는 행동 - 친구의 물건을 몰래 가져가는 행동	
4	자해행동	- 상처의 딱지를 계속 뜯어서 피를 내는 행동	- 손톱을 계속 물어뜯는 행동 - 머리카락을 뽑거나 책상에 머리를 찧고 자기를 무는 행동	
5	성적행동	- 친구들이 싫어하는 신체접촉을 하는 행동	- 수업시간에 성기를 만지거나 바지에 손을 넣는 자위행동	- 바지에 손을 넣거나 이성친구에게 지나친 관심을 보이는 행동 - 아무나 손을 잡고 안는 행동
6	일반학생의 문제행동		- 습관적으로 거짓말하거나 핑계 대는 행동 - 욕하고 싸우며 시비를 거는 행동	- 수업시간에 집중하지 못하는 행동 - 친구들과 어울리지 못하는 독특한 행동 - 장애학생에게 일부러 장난을 쳐서 통합학급에 적응하기 어렵도록 하는 행동
7	비참여 행동			- 말이 없고 답답한 행동 - 일반학생들과 함께 어울리지 못하고 주위를 겉도는 행동

차례

03 혐오행동 129

04 자해행동 185

05 성적행동 217

01

방해행동

1. 수업시간에 느닷없이 노래를 부르는 행동
2. 교실 밖으로 나갔다 들어오기를 반복하는 행동
3. 교실을 자꾸 돌아다니며 학급물건을 흩뜨려 놓는 행동
4. 수업시간에 돌아다니면서 선생님처럼 하는 행동
5. 자꾸 책상을 흔들거나 자, 연필 등으로 두드려서 큰 소리가 나게 하는 행동
6. 오랫동안 소리를 지르며 우는 행동
7. 수업시간에 옆 사람한테 자꾸 말을 거는 행동
8. 수업시간에 거울 앞을 왔다갔다 하거나 책장 넘기기를 반복적으로 하는 행동

자신을
더욱 사랑하게
되는 약

방해행동 1 수업시간에 느닷없이 노래를 부르는 행동

1 이런 일이 있었어요

만 3세 유아학급에서 일어난 일이다. 교사와 유아들은 카펫에 둘러 앉아 '인사노래'를 부르며 손유희 율동을 하고 있다. 그때 갑자기 가희라는 유아가 '작은별' 노래를 부르기 시작한다. 친구들은 가희의 이러한 행동을 이상한 듯 쳐다보았지만, 가희는 친구들의 인사노래를 못 들은 척 정확하지 않은 발음으로 계속해서 '작은별'의 멜로디를 흥얼거린다.

교사가 손가락으로 조용히 하라는 표시를 해 보이자 가희는 "아아~" 하고 무의미한 발성을 내더니 오히려 카펫에 드러누워 뒹군다. 가희는 노래 부르기 시간만이 아니라 이야기 나누기 시간에도 교사와 친구들이 진지하게 이야기 나누기 활동을 전개할 때 이와 비슷한 행동을 보여서 교사와 친구들을 난처하게 할 때가 자주 있다.

2 선생님 당황스럽지요

(1) 갑자기 좋아하는 노래가 떠올라서 비슷한 노래를 부르는 걸까? 내가 하는 수업이 재미없어서 그러나?

유아가 수업 중에 갑자기 노래를 부르며 돌아다니는 이유는 무엇일까? 다함께 인사노래를 부르고 있을 때, 인사노래의 멜로디가 유아가 좋아하는 '작은별' 음악과 유사하다거나, 지금부터 노래를 불러도 되는 상황으로 알고 있는 것일까?

(2) 수업에 방해가 되는데 어떡하지

사실 유아가 언제 노래를 부르기 시작하는지, 어떤 노래를 부르는지에 대한 관심보다 당장 수업진행에 방해를 받으니 불편한 마음이 든다. 특히 다른 유아들이 교사보다 문제행동을 보이는 유아에게 집중하게 될 때는 일의 원인보다는 결과에만 초점을 두게 된다.

(3) 특수 선생님! 쟤 좀 멈추게 해 주세요

통합된 상황이라면 일반교사는 특수교사에게 유아의 문제행동 중재를 요구할 수 있고 특수교사가 해결해 주기를 바란다. 왜냐하면 특수교사가 문제행동을 보다 전문적으로 관리할 수 있는 지식이 있다고 판단하기 때문에 일반교사는 아무래도 특수교사에게 더 의존할 수밖에 없다. 게다가 통합된 상황에서 일반교사와 특수교사가 담당해야 할 부분이 구별되어 있다고 간주하는 이른바 통합적 마인드가 없는 교사일 경우 더욱 그러하다.

그러나 상황별로 유아의 문제행동에 즉각적으로 또는 효과적으로 반응을 할 수 있는 교사가 문제행동의 중재에 나서는 것이 무엇보다 효과적이다.

3 아! 그랬구나

자폐성장애 유아들은 수업 관련 음악이 나올 때 즉흥적으로 떠오르는 노래를 부를 수 있다. 이러한 특성은 자폐성장애의 감각적 이상성에 의한 것으로 청각적 자극에 관하여 무관심하거나 고통을 느끼는 것이 아니라, 그러한 자극에 상당한 매혹을 느끼기 때문이다. 예를 들어, 카세트에 귀를 대고 음악을 듣고, 좋아하는 음악에 지나칠 만큼 집착하여 반복적으로 들으려 할 수도 있다.

이러한 유아의 행동은 자신이 갑작스럽게 노래를 부를 때 이어지는 교사나 친구들의 과도한 집중과 반응 때문에 반복적으로 나타날 수 있다. 어쩌면 수업과 별개의 노래를 부르는 행동은 교사와 친구들의 관심이 지속적으로 피드백을 주어 유아의 문제행동을 고착화 할 수도 있는 것이다.

또는 수업 시간이 지나치게 길어질 때 무의미한 발성을 내며 즐거움을 유발하려는 행동을 보일 수 있고, 전날 일정이 피곤해서 카펫에 누우려 할 수도 있다. 물론 매일 교사가 주도하는 인사노래가 진부하거나 변화가 없는 것은 아닌지 교사 스스로 점검해 볼 필요가 있으며, 교사는 다양한 형태의 인사노래를 개발함으로써 난관을 해결할 수 있을 것이다. 교사는 특정 유아가 보이는 문제행동의 원인을 다음과 같이 다양하게 가정해 보았다.

- 교사와 친구들의 과도한 반응이 흥미로워서
- 내가 부르고 싶은 노래가 인사노래를 부를 때 떠올라서
- 그냥 갑자기 내 마음대로 하고 싶어서
- 선생님 수업이 지루하고 재미없어서

4 이렇게 해 봤어요

특수교사는 수업 시간에 매일 똑같은 인사노래를 부르기 때문에 유아가 항상 '작은별' 멜로디를 연상하고 그로 인해 수업과 다른 노래를 부르는 것으로 분석하였

다. 특수교사는 일반교사와 협력하여 다음과 같은 전략을 사용하였다. 교수-지원 형태의 협력교수유형을 적용하는 이 학급의 일반교사와 특수교사는 일반교사와 특수교사를 구분지어 문제행동을 지원하기보다 서로 협조 하에 가희의 문제행동을 해결하기로 하였다.

우선 날마다 부르던 인사노래의 레퍼토리를 다양하게 변화시켰다. 인사노래의 율동도 유아의 흥미를 이끌 수 있는 다양한 동작으로 구성하고 특수교사든, 일반교사든 수업의 시작을 이끄는 교사는 인사노래를 매일 바꾸어 부르기로 하였다. 주 5일 동안 5개의 인사노래를 부르되, 유아가 좋아하는 '작은별' 노래를 개사한 인사노래도 레퍼토리에 포함시켰다.

그러자 유아는 새로운 인사노래에 집중하게 되었다. 2주째에 5개의 목록을 첫 주와 같은 순서로 부르고, 3주째부터는 5개의 노래 목록 순서를 불규칙하게 변화를 주어 불렀다. 일주일에 한 번 부르는 '작은별' 노래가 나온 첫 주에 유아는 지대한

인사 노래 목록 진행 순서

주 차	요 일	노래 제목	담당교사
1, 2	월	'안녕, 안녕'	일반교사
	화	'월, 화, 수, 목, 금, 토, 일'	특수교사
	수	'당신은 누구십니까'	특수교사
	목	'사랑해' (작은별 개사)	일반교사
	금	'어디 있을까'	일반교사
3	월	'안녕, 안녕'	일반교사
	화	'사랑해' (작은별 개사)	특수교사
	수	'월, 화, 수, 목, 금, 토, 일'	일반교사
	목	'어디 있을까'	특수교사
	금	'당신은 누구십니까'	일반교사
4	월	'사랑해' (작은별 개사)	일반교사
	화	'어디 있을까'	일반교사
	수	'당신은 누구십니까'	특수교사
	목	'월, 화, 수, 목, 금, 토, 일'	특수교사
	금	'안녕, 안녕'	특수교사

관심을 보였고, 불규칙적이기는 하나 점차 '작은별' 곡에 맞추어 인사노래를 부를 수 있다는 규칙을 이해하기 시작하였다.

이후도 일반교사와 특수교사는 서로 역할을 번갈아 담당하며 가희의 돌출행동을 개선할 수 있도록 지속적으로 도왔다. 인사노래 목록의 진행 순서는 다음과 같다.

앞의 목록을 보면서 약간의 궁금증을 가질 수도 있을 것이다. 예를 들어, '월요일 수업의 시작은 꼭 일반교사가 진행해야 하는가?'와 같은 것이다. 일주일의 시작은 활동중심 교육과정을 적용하는 경우 이야기 나누기 활동을 하는 일반교사가 주간 주제 전개를 위해 인사부터 이야기 나누기까지 이어서 지도하고, 특수교사는 다양한 협력적 지원형태로 지원하는 것이 수업진행 과정을 산만하지 않게 하는 데 도움이 될 수 있다. 소속 학급 학생의 특성에 따라서 일반교사와 특수교사가 적절히 번갈아 가며 지도하는 요령이 필요하다.

5 이런 방법도 해 보세요

(1) 비슷한 사례

- 매일 반복적으로 같은 말을 계속해요.
- 하루 일과 중 '음~' 소리를 너무 많이 내요.
- 교사의 말에 반대하는 대꾸를 너무 자주 해요.
- 수업시간에 이상한 소리를 내며 카펫 위를 뒹굴어요.
- 상황에 적합하지 않은 말을 자주 건네요.

(2) 조금은 독특한 사례로 본 다른 해결방법

두 팀으로 나누어 게임을 하는 시간이다. 친구들은 '빨강팀'과 '노랑팀'을 목청 높여 응원하고 있다. 그런데 행복이는 친구들과 함께 응원을 하지 않고 양쪽 귀를 막고 있다. 때마침 친구들은 아주 큰 목소리로 모두 하나가 되어 "잘해라" 하고 외쳤는데 행복이가 갑자기 옆 친구의 어깨를 깨물었다. 왜 그랬을까?

자폐 및 자폐성장애 유아는 감각의 이상성을 보인다. 감각기관의 이상이 있는 경우 유아마다 반응 양상이 다양하며, 특정한 소리 자극에 민감할 수 있다. 또한 자폐 및 자폐성장애학생은 감각자극에 대해서 무감각(둔감), 혐오, 매혹을 느낄 수 있다. 무감각한 경우 소리 자극에 대한 반응이 없기 때문에 어린 시기에는 때때로 청각장애로 오해를 받기도 한다.

청각자극을 혐오하는 유아의 경우 극도의 공포감을 느낄 수 있고, 특정 소리나 음악에 과민하게 반응하여 귀를 막거나 심하면 의도하지 않은 불특정 다수, 즉 옆에 있는 친구를 공격할 수도 있다. 옆 친구를 가해하기 위해서가 아니라 자신의 불안을 해소하기 위해서다.

이와 반대로 청각자극에 매혹적으로 반응하는 유아의 경우 선호하는 소리를 계속 듣고자 하며, 특정 소리에 적극적으로 반응하는 양상을 보이기도 한다. 만약 큰 소리 자극에 극도의 공포감을 느끼는 아동이 있다면 둔감하게 적응할 수 있도록 체계적 둔감법, 청각통합치료(AIT), 바이오피드백기법 등을 적용할 수 있다.

체계적 둔감법이란 불안이나 공포 반응에 대한 교수법의 하나로, 먼저 불안이나 공포를 일으키는 자극을 가장 심한 것부터 낮은 것까지 단계화한다. 예를 들어, 친구들 앞에서 발표하는 것을 두려워하는 학생에게 가장 두려운 단계부터 두렵지 않은 단계까지 순서대로 정리할 수 있도록 한다. 가장 두려운 단계가 친구들이 모두 쳐다보는 상황에서 발표하기라면 그 다음 단계는 모둠에서 발표하기, 낯익은 친구들 앞에서 발표하기, 선생님 앞에서 발표하기, 가장 친한 친구나 부모님 앞에서 발표하기, 거울 보며 발표하기까지 단계를 위계화할 수 있다. 그 다음 두려움을 느끼는 상황에서 이를 극복하기 위한 이완 훈련(예: 속으로 10부터 1까지 거꾸로 세기, 심호흡하기, 몸의 힘 풀기 등)이나 자기 암시(속으로 "괜찮아, 발표하는 것은 두려운 일이 아니야. 준비한 대로 하면 돼."라고 말하기)를 통해 가장 낮은 단계의 자극에 직면하여 이를 연습한 후 단계적으로 두려운 자극에 적응하는 훈련을 하는 것이다. 처음에는 거울을 보고 발표 연습을 하면서 이완 훈련을 통해 배운 방법을 적용하여 두려움을 극복하도록 한다. 그 다음 단계로 가장 친한 친구나 부모님 앞에서 발표를 하는 식으로 단계를 올라가는 것이 체계적 둔감법이다.

이와 같은 방법은 청각적 민감성을 가진 자폐성장애 유아가 민감한 반응을 보이기 시작하는 청각 자극의 정도를 파악해 이를 단계화하여 이완 훈련과 적응 훈련을 제공함으로써 적용하는 것이다. 그러나 보다 명확하고 전문적인 진단과 훈련을 위해서는 의학적인 기기 등의 도움이 필요할 수 있다.

체계적 둔감법 외에는 병원을 통해 받을 수 있는 청각통합치료와 바이오피드백 기법이 있으며, 이에 대한 설명은 다음과 같다.

- 청각통합치료(Auditory Integration Therapy): 유아에게 민감한 주파수가 부적응 행동을 유발시킨다고 가정하고, 유아의 귀에 가장 민감한 주파수를 확인한 뒤 치료기간 동안 유아가 듣는 녹음테이프에서 그 주파수의 음역대를 모두 제거하거나, 둔감한 음역대를 강화시키는 방법이다. 이 훈련은 한 회기 10시간씩 2주 이상 진행한다. 그러나 음악을 들으면 청각 민감성이 변한다는 과학적 증거에 대해서는 논란이 분분하다.
- 바이오피드백기법(Bio Feedback Technique): 신경생리학적 장치들을 이용한 심신수련 치료방법으로 자율신경계를 조절하기 위해 사용되는 동양의 명상, 요가, 단전 호흡 등과 유사한 치료법이다. 열감이 있을 때 체온계를 꺼내고, 살을 빼기 위해 체중계에 올라가듯이, 특정 자극에 민감하다면 혈압, 근전도, 뇌파, 체온, 피부저항, 심박수 등 신경생리학적 신호를 측정하고, 측정된 신호를 학생 마음대로 바꿀 수 있는 '자기-조절 훈련'을 하게 한다. 각종 스트레스 관련 질환과 불안 장애 및 주의력결핍과잉행동장애 등에 유용하다.

(3) 가정의 협조

부모님에게 유아가 어떻게 하여 '작은별' 노래를 좋아하게 되었는지 알아본다. 어디에서 배웠는지, 어떤 때에 더 잘 부르는지, 부르기 시작하면 몇 번쯤 반복하는지, 주로 어느 소절을 더 잘 부르는지 등에 대한 정보를 확인한다. 만약 부모님이 잘 모르는 상황적 특성이 있을 가능성이 있다면 유아의 생태학적 상황을 모두 조사한다. 예를 들어, 방과 후 활동을 위해 참여하고 있는 놀이방이나 어린이집 활동을 조사하여 '작은별' 노래를 언제 배우게 되었는지 등을 면밀히 조사함으로써 유아의 행동특성을 적극적으로 이해하려고 노력한다.

방해행동 2 교실 밖으로 나갔다 들어오기를 반복하는 행동

1 이런 일이 있었어요

초등학교 1학년인 동호는 수업시간에 친구를 때렸다. 이를 본 교사는 동호에게 그렇게 하지 말라고 주의를 주었다. 동호는 교사의 주의를 듣고 삐쳐서 책을 덮고 엎드렸다. 교사는 동호에게 다가가서 공부를 하자고 다시 주의를 주었다. 그러자 동호는 벌떡 일어나 뒷문 쪽으로 나가 버린다. 교사가 일부러 듣지 못한 척하며 무

심하게 대했더니 동호는 교실 앞 화단까지 나가 20분이 지나도 들어오지 않고 있다. 교사는 이런 상황이 반복되는 것이 참 어렵다. 동호의 잘못된 행동에 대해 주의를 주지 않을 수도 없고, 주의를 주면 자기 멋대로 교실을 나갔다 들어왔다 한다. 1학년 때 제대로 잡아 주지 않으면 안 될 텐데 어떻게 해야할지 걱정이다.

2 선생님 당황스럽지요

(1) 내가 저 아이를 데리러 나가야 하나

교실 밖으로 아이가 돌아다니는 것을 다른 사람들이 보면 교사가 아이를 방치한다고 생각할 수 있을 것이다. 하지만 한 아이를 데려오려고 교사가 교실을 나간다면 저학년 교실에 있는 아이들은 스스로 공부하는 것에 대한 자제력을 잃고 산만해질 수도 있다. 만약 교사가 없는 틈을 타 행여 아이들끼리 싸우거나 다치기라도 한다면 그 자리에 없었던 교사의 책임도 문제가 될 수 있다.

그렇다고 교무실이나 행정실에 도움을 요청하는 것은 현실성이 떨어진다. 하지만 동호가 교실 밖을 배회하는 버릇을 고쳐야 하기 때문에 다른 교사나 특수교사, 특수교육보조원의 도움을 받아서라도 아이를 밖에서 데리고 들어 오고 싶다.

(2) 혹시 집이나 학교 밖으로 나가 버리면 어쩌지

학교 문도 정문과 후문 두 개이고 경비 아저씨가 지키는 것도 아닌데 아이가 자기 마음대로 학교 밖으로 나가다가 사고를 당하기라도 한다면 정말 큰일이다. 그러한 사고가 발생하기 전에 동호가 교실 밖으로 나가는 행동을 하지 않도록 미리 주의를 주어야겠다. 또한 계속 나가려고 고집을 부린다면 다른 교사나 특수교육보조원의 도움을 요청하여 아이의 돌출행동을 막아 주었으면 좋겠다.

(3) 내가 힘센 장사였으면 확 끌고 들어올 텐데

꽃으로도 때리지 말라는 말이 있듯이 어떤 경우에서든지 체벌은 교육적이지 못하다. 설령 육체적 체벌을 통하여 아이행동에 큰 변화를 가져다줄 수 있다고 하더라도 절대로 체벌을 할 수는 없는 노릇이다. 하지만 교사는 아이에게 큰 고함을 한 번 치고 번쩍 들고 들어와 자리에 털썩 앉혀 놓고 싶을 때도 있다.

(4) 어머니께 전화해서 아이를 교실로 데려다 달라고 할까

어머니께 전화해서 아이가 또 교실을 뛰쳐나갔으니 오셔서 어떻게 좀 해 보시라고 말씀을 드릴 수도 있지만 이러한 경우도 너무 자주 하면 서로 불편해질 수 있다. 교사 말은 전혀 듣지 않는 아이도 어머니의 말은 그나마 좀 듣는 편이라면 어쩔 수 없이 이런 도움을 받아야겠다는 생각이 든다. 그러나 어머니가 직장이라도 다니시는 분이라면 당연히 불가능하고 집에 계시더라도 어려울 것이다. 아이가 학교에 있을 때는 학교 책임이지 왜 자꾸 전화를 하느냐고 도리어 되물을 수 있는 난처한 상황이 될 수도 있다.

하지만 아이의 문제행동에 대해서는 함께 상담을 하여 아이가 화가 난다고 교실 밖으로 나가는 행동은 하지 않도록 해야 한다. 그래서 가정지도가 필요하고 아이의 어머니를 오시도록 해야 한다.

3 아! 그랬구나

교실에서 일어나는 아이들의 모든 행동에는 반드시 이유가 있기 마련이다. 교사가 깊이 들여다보려고 하지 않아서 모를 뿐이지 작든지 크든지 그에 대한 분명한 원인이 있다. 어떤 아이의 문제행동에 대해서 이유 없는 행동이라고 말하면 안되며 이유 모를 행동이라고 말해야 옳다. 동호가 친구를 때린 것도 친구나 선생님이 생각하기에는 도저히 이유를 알 수 없겠지만 동호 입장에서 생각해 본다면 찾을 수 있다.

동호는 왜 이런 행동을 했을까? 부모와의 상담결과 동호는 주의력결핍과잉행동장애(이하 ADHD)로 일반아이와 다르게 수업시간에 집중하기 어려운 상황이었다. ADHD 아이의 특성과 문제행동의 원인을 살펴보면 매일 발생하는 문제행동의 이유를 이해할 수 있다.

ADHD 아이는 충동성, 부주의, 과잉행동이 문제가 된다. 손발을 가만히 두지 못하고 수다스러우며, 얌전히 앉아 있지 못하고 안절부절한다. 또한 뛰어다니고 높은 곳을 올라가려고 하는 문제행동의 특징을 보인다.

이중 충동성은 자제력과 인내심이 부족하고 자기 차례를 기다리지 못하며, 거짓말을 하고 끼어들기를 하며, 화를 내거나 험담을 하는 행동 등으로 특징지워진다.

부주의는 정리를 못하고 시키는 대로 하지 않으며, 주의를 집중하지 못하고 잘 잊어버린다. 또한 하찮은 실수를 많이 하고 주의가 산만하며, 물건을 자주 잃어버리고 숙제를 안 하는 문제행동을 보인다.

물론 이러한 행동특성은 확실한 주 증상으로 대변되는 것일 뿐 빙산의 일각에 불과하다고 한다. 동호의 이탈 행동은 충동성과 과잉행동이 맞물려 일어날 수 있다. 이런 사례를 좀 더 구체적이고 폭넓은 관점으로 들여다보기 위해 동호의 행동을 다음과 같은 원인으로 생각해 볼 수 있다.

- ADHD의 특성으로 인해
- 평소 친구를 좋아하는 동호가 관심을 표현하기 위해
- 어떤 공부를 하는지 궁금해서 친구의 것을 보려고
- 선생님이 동호의 관심을 몰라줘서

4 이렇게 해 봤어요

동호를 위해 교사는 다음과 같은 전략을 사용하기로 결정했다.

우선 동호가 친구들과 더 많은 시간을 함께할 수 있도록 계획하였다. 아침 우유당번도 좋아하는 친구를 선택하여 함께 가도록 하였고, 쉬는 시간에는 동호가 좋아하는 공놀이를 함께 할 친구에게 다가가 "함께하자" 고 말하도록 안내하였다. 또한 이 전략에 친구들이 함께 협력할 수 있도록 '보이지 않는 손' 이 되어 동호를 도울 수 있는 방법에 대해 사전 안내를 하였다. 예를 들어, 동호가 친구를 건드릴 때 "왜 놀자고? 아니면 궁금한 게 있어?" 라고 되묻기, 동호가 같이 놀자고 할 때 함께 놀아 주기, 교사가 동호의 교실 이탈 행동을 무시할 때 함께 무시하기, 동호가 나가기 전 같이 공부하자고 말하기 등이다.

그리고 교사는 동호의 행동을 조절하기 위해 동호 어머니의 도움을 받아 다음과 같은 행동 계약서를 작성하고, 서명을 한 뒤 복사본을 나눠 가졌다.

수업 시작 전에 교사는 동호에게 행동 계약서에 대해 이야기 해 주었고, 다음과 같이 사전 주의를 주었다. "동호야, 친구가 무엇을 하고 싶은지 궁금하면, 조용히 뭐 하냐고 물어보면 돼. 때리지 말고." 동호는 처음에 이 계약서를 잘 기억하지 못 하는 듯 보였지만, 교사는 동호가 친구들을 건드리려고 할 때마다 동호 옆에 서서 조용히 책상 위에 붙어 있는 행동 계약서를 가리키며 동호가 이를 기억하도록 도왔다.

동호와 선생님의 행동 계약서

동호와 선생님은 다음과 같이 계약합니다.

❶ 동호가 수업 중에 친구들을 건드리지 않고 수업을 잘 하면 수업 시간마다 선생님은 동호에게 포도송이 스티커를 하나씩 붙여 줍니다.

❷ 포도송이 스티커 10개가 다 모이면 동호가 좋아하는(합의를 통해 결정된 결과물) 컴퓨터 게임을 10분 동안 할 수 있습니다.

❸ 포도송이를 다 채운 것이 5개가 되면 엄마는 동호가 좋아하는 닌텐도 팩을 하나 사주겠습니다.

날짜:

계약자: 선생님 _____ 동호 _____ 엄마 _____

★ 이 계약서는 1달 뒤 재계약을 할 예정입니다.

그러나 동호가 친구들을 건드릴 때는 어김없이 동호가 바람직한 방법으로 친구에게 자신의 의사를 말하도록 재지시하였으며, 동호가 이를 따를 경우 칭찬을 해 주었다. 처음에는 동호 스스로 행동 계약을 지키지 못해 매 시간 스티커를 받을 수 없었기 때문에 교사의 재지시를 따를 때 스티커를 주기도 했다.

이런 방법에도 어떤 날은 결국 교실을 뛰쳐나가는 일이 발생하기도 했다. 동호가 운동장에 있는 모습을 교실 창문으로 볼 수 있을 때는 잠시 무시하기로 결정했다. 하지만 시야를 벗어나게 될 경우를 대비해 특수교사에게 이런 동호의 특성을 알려 주고 필요할 경우 특수교육보조원의 도움을 받을 수 있도록 사전에 협의하였다.

5 이런 방법도 해 보세요

(1) 비슷한 사례

- 쉬는 시간에 놀고 있는 다른 친구의 옷이나 머리를 잡아당기는 행동
- 친구가 가까이 오면 침을 뱉는 행동
- 인사하는 친구를 때리는 행동

(2) 약물치료

ADHD 학생을 돕는 방법으로 약물을 사용할 수도 있다. 약물의 종류는 다양하나 국내에서 의료보험이 적용되어 시판되고 있는 약물의 종류는 제한적이다. 치료약의 효과는 다소 다르나 신경전달물질이 잘 전달되도록 돕는 약물들로 이해할 수 있다. 그러나 부모들은 약물의 부작용을 걱정할 수 있으므로 교사의 판단에 의한 약물치료를 권유하기보다는 병원의 진단과 처방을 통한 조심스러운 권유를 해야 할 것이다.

'방치'도 '학대'에 포함될 수 있다?

2009년 8월 23일부터 시행된 「장애인차별 금지 및 권리구제 등에 관한 법률」에 의하면 장애를 이유로 차별받은 사람의 권익을 효과적으로 구제함으로써 장애인의 완전한 사회참여와 평등권 실현을 통하여 인간으로서의 존엄과 가치를 구현함을 그 목적으로 밝히고 있다. 이에 따라 장애인을 정당한 사유 없이 제한 · 배제 · 분리 · 거부 등에 의하여 불리하게 대하는 경우 차별행위로 간주하고 있다. 이에 따라 교육책임자가 특정 수업이나 실험 · 실습, 현장견학, 수학여행 등 학습을 포함한 모든 교내외 활동에서 장애를 이유로 장애인의 참여를 제한, 배제, 거부하여서는 안 된다.

방해행동 3 교실을 자꾸 돌아다니며 학급물건을 흩뜨려 놓는 행동

1 이런 일이 있었어요

지민이는 초등학교 2학년 학생이다. 종이를 오리고 붙여 무엇인가를 만드는 일을 좋아하는데 색종이나 도화지, 가위, 풀 등을 교사가 어디에 보관해 두고 있는지 기가 막히게 잘 기억하고 있다. 바른생활 공부 시간에 앉아 있는 것이 지루해지자 학급의 물건을 마음대로 뒤지고 흩뜨려 놓고는 색종이를 가지고 종이접기를 하며 놀고 있다.

교사가 지민이의 이런 행동을 중단시키고 수업에 집중할 수 있도록 주의를 주자 잠깐 다시 수업을 따라 하였다. 하지만 교사가 칠판에 글씨를 쓰고, 그림을 그리며, 설명을 하기 시작하자 자기도 교사 뒤로 나와서 글씨를 쓰고 있다. 그래서 교사가 이를 제지하자 분필들을 아무데나 집어 던진다. 지민이는 적어도 하루에 2~3번 정도 수업 중간에 일어나 교실을 돌아다니거나 교사 물건을 마음대로 만지곤 해서 학습 분위기가 흩어지곤 한다.

2 선생님 당황스럽지요

(1) 저 행동을 그냥 무시해야 하나

행동수정기법에서는 아이가 올바르지 못한 행동을 했을 때 이를 무시하면 문제 행동이 줄어든다고 한다. 그렇다면 이 아이가 교실 물건을 함부로 만진다든지 선생님의 물건을 만질 때 담임선생님과 반 학생들이 그 행동을 그냥 무시해 버리면 괜찮아질 수 있을까? 그런데 그렇게 되려면 일정기간을 기다려야 할 텐데 그 인내의 시간이 너무 길게 느껴질 것 같다.

(2) 그 물건이 선생님 것임을 확인시켜 줄까

아이한테 자기 물건과 친구 물건 그리고 선생님 물건의 차이점을 분명히 가르쳐 주고 만져야 할 것과 만지지 말아야 할 것을 분명하게 가르쳐 주어야 한다. 또한 내 것과 내 것이 아닌 다른 사람의 것에 이름을 붙여 주어야겠다.

(3) 저 아이를 설득시키려면 다른 아이들한테 피해가 갈 텐데

아이가 돌아다니면서 다른 친구들이나 선생님의 물건을 함부로 만지거나 흩뜨려 놓을 때, 그런 행동은 바르지 못한 행동이라고 말해 주고 이해시키며, 다른 방법을 알려 주려고 노력하는 동안 수업시간은 자꾸 흘러갈 것이다. 그렇게 되면 다른 아이들의 학습권 침해, 교육권의 침해가 되는 것은 아닌지 걱정스럽다.

(4) 좋아하는 것을 주어서 얼른 들여보낼까

수업에 집중하도록 하기 위해 그 아이가 이런 행동을 할 때 특별하게 좋아하는 것이 있다면 얼른 주어서 자리에 앉도록 하는 방법도 생각해 보게 된다. 편식지도처럼, 금세 아이가 조용해질 수는 있겠지만 아이한테 근본적인 도움이 되는 지도방법이 아닐 수 있다. 단지 다른 아이들의 학습권과 학습 분위기 때문에 이 방법을 선택한다면 옳지만은 않은 것 같다.

3 아! 그랬구나

아이가 교실을 돌아다니며 물건을 함부로 만지거나 흩뜨려 놓을 때는 먼저 아이 입장에서 왜 이런 행동을 해야만 하는 것인지 곰곰이 생각해 볼 필요가 있다. 우선 아이는 뭔가 마음이 허전하여 관심과 사랑을 줄 만한 대상을 찾고 있는 것인지도 모른다.

교실에 다른 아이들은 선생님 말씀에 집중하고 주어진 과제를 해야 하기 때문에 마음을 다른 곳에 둘 시간이 없는 것이고, 담임선생님도 수업 진행하는 것에 집중해야 하기에 다른 곳에 신경 쓸 수 없다. 그런데 이 아이는 그렇지 못하다. 뭔가 차분하게 집중해서 관심을 가질 대상이 없는 것이다. 그래서 산만한 행동이 나타날 수 있다.

또한 그날 아이의 건강상태에 따라서도 이런 행동이 나타날 수 있다. 유난히 기분이 좋아서 어쩔 줄 몰라 하며 기뻐 돌아다니는 경우도 있다. 반대로 비가 오는 흐린 날이라든지 불쾌지수가 높은 날인 경우 굉장히 가라앉은 마음상태가 되어 특별해 보이는 물건을 향해 돌진할 수 있다.

그리고 수업 분위기가 문제가 될 수도 있다. 아이의 눈높이에 맞춰진 수업이 아니라서 딱딱하고 아무런 의미가 없고 알아듣지 못하는 수업시간이 지속되는 경우다. 그러면 아이는 그 재미없는 시간을 탈피하기 위해서 나름대로 재미있어 보이는 행동을 하게 된다.

마지막으로 아이가 교실에서 이런 행동을 하는 원인을 가정에서부터 찾아볼 수도 있다. 집이 학교에 비해 통제가 적은 환경이라면 아이가 그 차이에 대해 쉽게 적응하지 못할 수 있다. 그리고 혹시라도 부모님께 야단을 맞았다든지 집에서 뭔가 자신의 물건을 잃어버린 경우도 생각해 봐야 한다.

4 이렇게 해 봤어요

(1) 원하는 물건을 가지고 들어가는 행동을 무시한 채 그냥 둔다

우선 아이가 원하는 물건을 가지고 가는 행동을 무시한 채 지켜봐야 한다. 그후 그 물건을 가져가서 어떻게 처리하는지 아이의 행동을 지켜봐야 한다. 가지고 놀다가 다시 갖다 두는지, 친구한테 주는지, 책상이나 바닥에 버리는지, 책가방에 넣고 집에 가져가는지 살펴야 한다. 그래야 아이가 특정 물건을 왜 가져갔는지를 이해하게 된다. 학급의 여러 가지 물건 가운데 특별히 더 관심을 가지는 물건의 종류와 색깔, 촉감 등도 알아 둘 필요가 있다.

만약 특별한 감각에 매혹을 느끼는 경우라면, 이를 반영할 만한 자료를 아이의 사물함에 별도로 마련해 주는 등 환경을 구조화하거나, 감각 이상성에 대한 대책을 세워야 한다. 한편 아이가 흩뜨려 놓은 물건을 계속해서 정리하게 하므로써 더 이상 정리하기가 재미있지 않을 정도로 실컷해 보게 하는 방법도 적용할 수 있다. 어쩌면 아이의 행동을 완벽하게 바꿀 수 있는 딱 부러지는 방법은 없을 수도 있다. 그렇지만 여러 가지 아이디어를 생각해서 아이를 지도하려는 마음과 그에 대한 꾸준한 시도가 필요하다.

(2) 수업을 중지시키고 아이를 붙들고 교사 물건을 함부로 만지면 안 된다는 것을 확인시켜 준다

좀 더 자극적인 분위기를 연출하기 위하여 수업을 중지시키고 해당 아이에게만 집중하도록 하여 선생님의 물건이나 다른 아이들의 물건을 함부로 만지면 안 된다는 것을 눈을 응시하며 말한다. 이때 다른 아이들도 모두 집중해서 문제행동을 보인 아이를 지켜보도록 한다. 아이가 이런 행동을 할 때마다 당분간 이 방법을 써 본다.

(3) 언어적으로 표현하도록 가르쳐 준다

예전에 맡았던 여학생 중에 욕을 너무 많이 하는 학생이 있었다. 하는 말 가운데 대부분이 욕이고 친구한테 말할 때도 욕을 심하게 하였는데, 도대체 왜 그렇게 욕만 하느냐고 했더니 "선생님, 그 상황에서 다른 말이 뭐가 있어요?" 라고 대답을 했다. 욕 말고 다른 말을 몰라서 못 한다는 것이다. 집에 가면 엄마도 거의 욕을 하신다고 하였다.

이처럼 물건을 가져가는 행동을 하는 아이도 자기가 꼭 가지고 싶은 것이 있을 때 다른 사람에게 먼저 물어봐야 한다는 사실을 모를 수도 있다. 그러므로 질문하는 방법을 상황에 맞게 역할놀이를 통해서 정확하게 가르쳐 주어야 한다. 즉, "이거 가져가도 돼요?" "이거 써도 돼요?" "이거 빌려 줄래?" 등으로 직접 표현하도록 지도한다.

(4) 말로 허락을 받으면 가져가되 쓰고 제자리에 두도록 말해 주고 꼭 확인한다

올바르게 물어보고 물건을 가져간 뒤 놀이가 끝나면 가져간 물건을 있던 자리에 잘 가져다 놓는지 확인해야 한다. 가져간 물건의 이름이나 모양을 통에 붙여 놓아서 아이가 자신이 가져간 물건이 어디에 있던 것인지 파악해서 다시 제자리에 가져다 놓을 수 있도록 교사가 관심을 가지고 살펴야 한다.

그리고 이 모든 것을 다 했을 때 아이가 전율과 감동을 느낄 수 있을 정도의 뜨거운 칭찬을 반 아이들 앞에서 해 주어야 한다. 그래서 물건을 가져가서 흩뜨려 놓는 것보다 선생님과 친구들 앞에서 크게 칭찬을 받는 것을 더 좋아하는 아이가 되도록 지도한다.

5 이런 방법도 해 보세요

(1) 비슷한 사례

- 친구물건을 자꾸 가져가는 행동
- 교실에 있는 작품을 만지는 행동
- 교사용 컴퓨터를 만지는 행동

(2) 집에서도 학교에서처럼 행동하나

부모님과의 상담을 통해서 집에서 아이에게 무슨 일이 있었는지 알아야 한다. 학교에서의 행동은 가정과도 연결이 되어 있으므로 가정에서 이와 유사한 행동이 나타나는지, 나타난다면 어떠한 유형의 행동인지를 알아보고, 부모님과 지속적인 상담을 해야 한다. 혹시 가족구성원이 학교와 다른 양상으로 반응하고 있는지를 알아보아야 한다. 반응의 일관성이 결여되었을 경우 문제행동은 좀처럼 변화되지 않는다.

(3) 아이만의 놀이동산을 교실 한 구석에 만들어 준다

학급 인원수가 줄었으므로 교실을 좀 더 효과적으로 쓸 수 있다. 교실 한쪽 공간을 재구성하여 아이가 쓸 수 있도록 해 준다. 또한 정리를 함께하는 도우미 친구를 배치한다.

(4) 놀이동산 정리정돈을 잘 하면 교실의 학습 준비물 정리를 완전히 맡겨 본다

정리정돈의 경험을 통해서 물건을 흩뜨리거나 어지르는 것이 얼마나 힘든 것인지 알 수 있으며, 부가적으로 생활 환경에서 정리정돈을 잘하는 습관이 형성될 수 있다.

방해행동 4 수업시간에 돌아다니면서 선생님처럼 하는 행동

1 이런 일이 있었어요

초등학교 1학년 솔비는 즐거운 생활 '노래 부르기' 시간에 즐겁게 노래를 부르고 있었다. 솔비는 기분이 좋아지자 앞에 나와서 율동까지 하면서 신나게 노래를 불렀다. 노래 부르기가 끝나고 리듬치기가 이어지자 솔비는 자리로 돌아가지 않고 1분단을 돌아다니며 "줄 맞춰. 왜 줄 안 맞춰?" 라고 큰 소리를 치며 친구들을 나무란다. 마치 자신이 선생님이 된 것처럼 말이다. 교사가 자리로 돌아가 리듬치

기 공부를 하자고 이끌어도 손을 뿌리치며 한사코 줄을 맞추겠다고 반 아이들의 책상을 밀며 고집을 부린다.

2 선생님 당황스럽지요

(1) 일단 무시해 보자. 어떻게 행동하는지 볼까

학생이 문제행동을 할 때 이를 없애는 방법 가운데 무시하는 방법도 있다고 하니 한 번 무시해 보자. 그럼 솔비의 행동이 없어질 수도 있을까. 하지만 이런 방법은 단순히 그냥 무시를 한다고 해서는 안 될 것 같다. 교사가 수정하고자 하는 행동의 범주에 넣고 다양한 방법으로 접근해야지 단순히 문제행동을 무시한다고 해서 금방 좋아지는 것은 아닐 것이다.

(2) 살살 다독여서 들어가게 해야지

너무 늦게 이루어지더라도 끝까지 다독여서 바꿀 수 있도록 해 보면 어떨까. 아직은 1학년이니 솔비가 잘 이해할 수 있도록 여러 번 설명하고 다독이는 방법도 좋겠다. 그리고 제자리에 잘 앉아 있을 때 칭찬해 주고 친구들에게 친절하게 말하는 연습도 시키면 잘 해결될 것이다.

(3) 빨리 앉히고 수업해야 하는데 어쩌지

교실에 솔비 한 명만 있다면 같이 놀아 주기도 하며 집중해서 가르칠 수 있겠지만 교사만 쳐다보고 있는 다른 학생들의 눈도 많다. 어서 이 아이를 자리에 앉히고 남은 수업을 해야 하는데 솔비가 선생님을 따라오지 않으니 어려움이 많다.

(4) 솔비가 좋아하는 칭찬 카드를 줄까

솔비가 좋아하는 칭찬 카드를 주는 것이 좋은 방법이 될 것 같다. 하지만 이것도 횟수가 많아지거나 지나치게 반복되면 효과가 덜 하므로 알맞은 때에 써야 하고, 칭찬 카드는 말 그대로 칭찬 카드인데 어떤 내용으로 칭찬해 주면 좋을지 다양하게 생각해 본다.

3 아! 그랬구나

정신지체 학생은 전반적인 발달이 더디지만, 속도가 느릴 뿐 지속적인 반복교육을 통해서 발달해 간다. 특히 모방을 하면서 학습해 가는 정신지체장애아인 솔비가 유난히 선생님을 좋아해서 선생님처럼 되려고 따라 하는 행동은 당연한 일일 수 있다. 하지만 교실에서 수업시간에 하는 교사행동의 모방은 수업전체 분위기를 산만하게 할 수 있다. 또한 반복적으로 되풀이되는 문제행동일 경우 교사는 더욱 난감해진다. 그러나 정신지체 학생이 선택적 주의집중을 어려워하고, 새로운 것에 대한 흥미가 짧다는 인지발달 특성을 이해하면 지시를 하기 이전에 활동의 단계를 좀 더 세분화하여 제시해야 한다. 수업상황의 일반화와 전이를 위해서 분명한 지각을 하도록 도와주어야 한다는 것을 알아야 한다.

특히 또래의 일반학생보다 충동적인 반응을 보이며, 이것이 문제해결에 영향을 주는 것을 알고 있다면 문제행동에 대한 지도를 위해 다음과 같은 지도방법을 고려해 볼 수 있다. 이 방법은 정신지체 학생이어서 보이는 행동 특성이라기보다, 전형적 발달을 보이지만 부주의한 특성이 있는 일반학생들의 지도에도 유용하다.

문제해결력 지도

- 행동하기 전에 생각하기
- 수행하기 전에 계획하기
- 수행하기 전에 결과를 예상하기
- 수시로 감정이입 연습하기

4 이렇게 해 봤어요

(1) 다른 아이들에게 솔비의 그런 행동에 민감하게 반응하지 않도록 미리 일러둔다

솔비가 자꾸 선생님을 따라 하는 행동을 할 때 친구들이 그 행동에 민감하게 반응하지 않도록 지도할 필요가 있다. 관심을 가지고 참견을 한다면 그것이 자기에 대한 관심의 표현인 줄 알고 따라 하는 행동이 더 증가될 수 있기 때문이다. 따라서 다른 학생들한테 솔비의 행동에 대해서 일부러 무시하도록 알려 주어야 한다. 이때 조심할 것은 무시하는 대처 방안이 결국은 솔비의 행동을 더 바람직한 방향으로 나가도록 해 주자는 차원에서 하는 것이지 정말 솔비를 무시하고 관심을 아예 가지지 않도록 지도하는 것은 아니라는 사실이다.

일반학생들이 잘못 받아들이면 장애를 가진 친구, 더 나아가서 어른이 되었을 때도 장애를 가진 이웃들을 무시하는 태도를 가질 수 있기 때문에 조심해야 한다.

(2) "솔비 선생님, 수고하셨어요." 하고 칭찬하며 이젠 되었으니 들어가라고 권유한다

다른 한 가지 방법으로는 권유형이 있다. 이것은 전자에 말한 무시형보다는 좀 더 적극적인 방법이다. 솔비를 꼬마 선생님으로 인정해 주고 담임선생님의 행동을 모방해서 했다면 선생님처럼 잘했다고 칭찬해 주고 이제는 다른 학생들과 같이 공부하자고 자리에 앉도록 설득하는 방법이다.

선생님이 너무 돌아다니면서 아이들에게 지시하면 학생들이 공부할 수 없으므로 선생님으로서 올바른 행동이 아니라고 일러 주어야 한다. 이 방법을 쓸 경우 받아들이는 학생의 인지능력이 어느 정도 수준이 되어야 한다. 선생님의 말을 도저히 이해하고 받아들일 수 없는 수준이라면 큰 효과를 보기 어려울 수 있다.

(3) 공부 시간임을 알려 주고 엄격한 목소리로 자리로 가게 한다

이 방법은 솔비의 행동을 무시하거나 권유의 방법을 써 보았는데 효과를 보지 못했을 경우 쓰는 방법이다. 솔비가 돌아다닐 경우 지금은 공부 시간임을 알려 주고 쉬는 시간과 구별해서 생활해야 한다는 것도 알려 준다. 학생이 놀라도록 큰 소리로 잔소리하거나 꾸짖는 것이 아니라 근엄한 행동으로 말하는 것이다.

담임선생님이 엄격한 목소리로 말할 때 중요한 것이 있다. 바로 일반학생들의 태도다. 담임선생님은 솔비한테 말하는 것이지만 다른 학생들도 같이 자세를 바로 앉도록 해야 한다. 그래야 솔비가 전체 학급 분위기를 보고 행동을 바꿀 수 있기 때문이다. 다른 학생들은 똑같이 있고 솔비한테만 말한다고 교실 전체 분위기가 엄격해지지는 않는다.

이럴 때 다른 학생들한테 미리 말해 두는 것도 좋다. 아니면 선생님의 근엄한 목소리에 진짜 일반학생들도 태도를 바르게 할 수 있다면 두 마리 토끼를 잡는 것과 같을 것이다.

(4) 자리에 앉으면 사탕 카드를 주겠다고 유도한다

이 방법은 장애학생한테만 쓰는 방법이 아니라 학급을 운영해 가면서 누구한테나 쓸 수 있는 방법이다. 솔비가 자리에 잘 앉는다면 솔비가 좋아하는 것을 몇 가지 목록으로 만들어 놓고 선물의 강도가 작은 것부터 하나씩 주는 것이다. 이때 조심해야 할 것은 선물을 받기 위해 일부러 더 돌아다니는 문제행동을 할 수도 있다는 것이다. 따라서 일정기간을 정해 놓고 얼마간 참고 지켜야 선물카드를 받을 수 있다고 일러 줄 필요가 있다.

5 이런 방법도 해 보세요

(1) 비슷한 사례

- 특정 학생한테만 가서 부담을 주는 행동
- 수업시간에 돌아다니면서 친구들을 만지는 행동
- 음성틱 장애를 가지고 있어 큰 목소리로 친구들을 나무라는 행동

(2) 나의 교수 방법을 점검해 본다

이 학생은 담임선생님의 교실에서의 행동을 모방하여 따라 하는 것을 좋아하므로 담임선생님의 행동을 바꿔 보는 것도 한 가지 방법이다. 예를 들어, 학생의 학습활동을 돌아다니며 살펴보는 것을 일정기간 동안 하지 않고 학생들한테 잔소리를 하는 것이 있다면 횟수를 줄여 보는 것도 한 가지 방법이다.

학급의 분위기에 가장 큰 영향을 주는 것은 학생들의 행동보다 그 교실의 담임선생님의 행동이기 때문이다. 담임선생님이 차분한 교실은 학생들도 덩달아 차분해지는 경우가 많다. 따라서 솔비의 행동에 근본적인 원인제공을 해 주는 담임선생님의 수업태도를 바꿀 필요가 있는 것이다.

(3) 꼬마선생님제를 운영해 본다

처음에 말했듯이 학생들은 모방을 통하여 학습을 한다. 이는 장애학생이든 일반학생이든 조금의 차이는 있을지 모르나 거의 같다고 볼 수 있다. 교실에서 담임선생님의 말과 행동은 학생들이 가장 모방하고 싶어 하고 저절로 닮아 가기도 한다. 따라서 '꼬마선생님' 운영을 계획적으로 할 필요도 있다. 학생들이 모둠을 만들어 앞에 나와 준비한 자료를 가지고 수업도 진행하며 잘하면 작은 선물도 주고 잘못하거나 소란스러울 경우 잔소리를 할 수도 있다. 돌아다니며 친구들의 학습태도를 돌보게도 하는 꼬마선생님 시스템을 정기적으로 운영한다면 솔비가 불규칙적으로 돌아다니면서 선생님을 흉내 내는 행동을 개선할 수 있을 것이다.

이때 중요한 것은 장애학생의 문제행동에 대해서 일반학생의 행동을 기준으로 하여 비교하면 안 된다. 그럴 경우 일반학생들 의식 속에 장애학생은 우리와 다른 문제행동만 일으키는 아이라는 편견을 은연중에 심어 줄 수 있기 때문이다.

(4) 음성틱을 가진 학생이라면 자연스럽게 대해 준다

음성틱을 가진 학생의 경우 수업분위기에 동요를 일으킬 만큼 큰 목소리로 친구들의 사소한 움직임이나 잘못된 행동을 나무랄 수 있다. 그 정도가 천차만별이어서 가볍게는 어른이 아이들을 야단치는 정도일 수 있고, 심하면 욕을 하기도 한다. 그러한 행동을 보일 때 음성틱의 특성을 이해하고 있다면, 학생과 함께 부화뇌동하기보다 자연스럽게 학생의 행동에 반응할 수 있다. 예를 들어, 음성틱 학생이 "아무개, 자리에 똑바로 앉아."라고 말할 경우 교사는 "응, 그래. 아무개가 바로 앉을 거야." 라든가 " 응, 그래." 정도로 가볍게 응수해 줄 수 있다. 함께 동요하여 반응하거나, 계속해서 무시하면 음성틱 행동이 더 자주 출현할 수 있다.

(5) 목표행동을 귓속말로 살짝 말해 주기

계속해서 문제행동을 보일 경우 학생에게 가까이 다가가서 작은 목소리로 "솔비야, 이제 자리에 앉자."라고 말해 준다. 또는 솔비가 느끼지 못할 때 솔비의 곁에 가서 갑자기 작은 목소리로 말해 주면 기분이 좋아져 자신의 행동을 올바르게 할 수도 있다.

(6) 돌아가면서 반장시키기

평소에 교사가 하는 역할을 장애학생에게 돌아가면서 해 볼 수 있도록 기회를 부여해 주면 학생들은 자신의 순서를 기다리게 되면서, 조절력을 기를 수 있다. 한 명이 오래 반장을 하기보다, 일일반장 또는 주간반장을 선출하여 일정 기간 돌아가면서 반장을 할 수 있다는 규칙을 이해시키면 의외로 행동의 조절을 이끌 수 있다.

방해행동 5 자꾸 책상을 흔들거나 자, 연필 등으로 두드려서 큰 소리가 나게 하는 행동

1 이런 일이 있었어요

초등학교 1학년 효민이는 2교시가 20분쯤 지나고 수업이 지루해지자 책상을 흔들기 시작했다. '딱딱딱딱딱딱!' 친구들이 시끄럽다고 하고, 교사가 하지 말라고

해도 막무가내다. 오히려 더욱더 심하게 흔들어 수업을 거의 할 수 없는 상태가 되었다. 교사가 무시하는 쪽으로 방향을 바꾸어 친구들한테도 효민이의 행동을 신경 쓰지 말라고 주의를 주고 수업을 계속했다.

그때 마침 교실을 둘러보러 다니시던 교감선생님이 창밖에서 그 소리를 듣고 교실 문을 열고 들어오셨다. "얘, 책상을 고쳐 줄 테니까 화내지 말고 공부하자." 효민이가 자꾸 흔들어서 책상 나사가 빠지려고 하는 것인데 교감선생님은 책상이 고장나 장난치고 있는 것으로 오해하신 것이다.

2 선생님 당황스럽지요

(1) 효민이가 지금 교실에 없는 것처럼 무시하고 행동해 볼까

시끄러운 소리가 좀 들리더라도 효민이가 교실에 없는 것처럼 무시하고 더 크게 목소리를 내어 수업을 하고 발표를 시키면 되겠지. 책상을 흔들거나 두드린다면 음악반주를 틀어 놓고 동요 부르기를 크게 해서 효민이의 소리가 묻혀 버리도록 해 볼까?

(2) 책상을 빼앗아 치워 버릴까

자꾸 책상을 흔들거나 두드릴 경우 책상을 빼앗아 치워 버리고 자나 연필도 모두 다른 곳으로 치워 버린 다음에 좀 차분해지면 다시 돌려주는 건 어떨까? 그럴 때 더 심하게 다른 행동을 한다면 어떻게 해야 하나?

(3) 나도 책상을 두드려서 누가 이기나 해 볼까

효민이가 책상을 두드릴 때 나도 자를 들고 가서 같이 더 크게 두드려서 누가 이기나 한 번 해 볼까? 그러다가 효민이가 더 신나서 계속하게 된다면 오히려 역효과가 날 수 있을 것 같다.

(4) 수업진도 나기기도 바쁜데 어쩌지

효민이의 행동을 통제하려다가 다른 학생들도 같이 소란스러워지고 수업 진도도 내실 있게 못 나가고 이를 어쩌나? 두드리는 소리에 신경이 많이 쓰이는데…….

3 아! 그랬구나

효민이가 책상을 흔들거나 두드리는 행동을 할 때는 그렇게 하는 날 또는 더 심하게 하는 날을 잘 생각해 봐서 어떤 공통점이 있는지 살펴봐야 한다. 그리고 특수학급선생님이나 학부모와 상담하여야 한다.

이때 학부모가 먼저 상담전화를 하여 학생이 가정에서 어떤 일이 있었는지 미리 담임선생님께 알려 주어야 하는데 그렇지 못하고 담임선생님이 가정으로 전화를 하게 되면 부모님의 무관심으로 섭섭하다고 느낄 수 있을지 모른다. 물론 학부모가 먼저 전화를 한다면 좋겠지만 그렇지 못하더라도 섭섭하게 느끼거나 학생교육에 대해 무관심하다고 생각할 필요는 없다.

물론 학부모를 학교나 동네에서 만나더라도 학부모가 먼저 인사를 해야 한다는 법은 없다. 담임선생님이 먼저 가서 인사도 드리고 반가워한다고 해서 교사의 교권이 침해되거나 선생님의 지위가 낮아졌다고 말할 수 없는 것이다. 오히려 그렇게 할 때 더 존경받는 교사상을 만들어 갈 수 있다고 본다. 그리고 집에서의 학생행동이 늘 비슷하고 아주 심한 경우가 아니라면 특이하게 보이지 않아서 학부모가 전화를 할 필요를 느끼지 못하는 경우도 있다. 그러므로 학생이 학교에 와서 유난히 책상을 흔들거나 두드리는 행동을 할 때 담임선생님은 학부모가 찾아내지 못한 작은 원인이라도 찾아보기 위하여 먼저 전화상담을 하는 것이 좋다. 그래서 집에서 기분 나쁜 일이 있었는지, 걱정스러운 일이 있거나 몸이 아팠는지, 아침 먹는 것은 어땠는지 등을 다시 살펴볼 필요가 있다.

또 학생이 학교에서 책상을 두드리거나 흔드는 행동이 담임선생님이나 반 친구들이 원인 제공을 했기 때문에 일어난 일은 아닌지 생각해 봐야 한다. 친구들이 과민반응을 해서 일부러 자꾸 책상을 두드리게끔 만들지는 않는지 살펴봐야 한다.

또한 담임선생님의 수업방법이 효민이한테는 적합하지 않아서, 너무 지루해서 그런 행동을 하는 것은 아닌지 분석해 봐야 한다. 우리는 장애학생의 문제행동을 대할 때 장애학생한테만 모든 시선을 고정하고 뭔가를 찾으려고 하지 말고 장애학생 주변에 있는 모든 환경요소를 분석해서 그 원인을 찾아볼 수 있는 눈을 가져야 한다. 그 가운데 가장 중요한 것이 담임선생님 자신의 모습을 먼저 바라보는 것이다.

4 이렇게 해 봤어요

(1) 시선을 주지 말고 계획적으로 무시한다

반 학생들한테 특정 학생이 그런 문제행동을 보일 때 불필요한 개입을 피하고 조용히 자리를 피하도록 가르친다. 우리가 말하는 문제행동 가운데 공격적인 소란이나 지나치게 큰 소음을 내는 행동에 대해서 계획적으로 무시하며 지낸다는 것이 쉽지는 않다. 반대로 이런 행동을 하는 이유 가운데 다른 사람들로부터 관심과 애정을 받고 싶어서인 경우도 있다. 그럴 경우 무관심하게만 대처할 것이 아니라 그런 문제행동을 했을 때 따뜻한 관심과 애정을 가득 주고 더 많은 사랑을 받을 수 있는 다른 효과적인 방법을 알려 주어야 한다.

(2) 왜 그런 행동을 하는지 상세히 묻고 원인을 제거해 준다

학생과 대화가 가능한 수준이라면 외부에서 원인을 찾기보다 직접 학생한테 물어봐서 원인을 잘 듣고 그것부터 해결해 줄 수 있어야 한다. 이때 아주 유치해 보이는 것이라도 학생한테는 큰 이유가 될 수 있으므로 깊은 관심을 가지고 살펴 주어야 한다. 혹은 주변에 도우미학생들한테나 다른 학생들한테 물어볼 수도 있다. 같은 또래이기 때문에 담임선생님이나 학부모님이 생각하지 못한 타당한 이유를 또래 학생들이 찾을 수도 있기 때문이다.

(3) 학생한테 편지를 쓴다

그런 행동을 보였을 때 교사가 얼마나 놀라고 속상했는지를 편지로 써서 보여 준다. 문제를 일으키는 학생이 편지의 내용을 이해할 수 있다면 오늘 있었던 학생의 문제행동에 대해 편지를 써서 담임선생님의 마음을 보여 주고 끝까지 사랑한다는 마음을 알려 주는 것도 한 가지 방법이다. 이때 편지를 집으로 보내 학부모가 읽어 주게 하는 방법도 효과적일 수 있다.

(4) 주변의 아이에게 어느 날 갑자기 같은 행동을 하게 하여 자신의 잘못을 돌아보고 반성하게 한다

장애학생이 책상을 두드리거나 흔드는 행동을 지도할 때 반대의 상황을 만든다. 장애학생이 가만히 있을 때 갑자기 주변학생이 앞의 행동을 하여서 장애학생에게 불쾌감을 주어 자신의 그런 행동이 잘못된 것이었다는 것을 스스로 깨닫게 해 볼 수 있다.

(5) 아이가 진정했을 때 "이제 멈췄구나. 잘했어!"라고 칭찬을 해 준다

학생이 문제행동을 멈췄을 때 칭찬을 강하게 해 준다. 담임선생님이 크게 칭찬해 주고 반 아이들 모두가 진심어린 마음으로 칭찬을 해 주어서 장애학생이 칭찬받은 것에 대해 강하게 느낄 수 있도록 해 준다. 그러면 책상을 흔들거나 두드리고 싶을 때 칭찬받고 싶은 마음에 참으려고 노력할 것이다.

5 이런 방법도 해 보세요

(1) 비슷한 사례

- 의자를 반복적으로 움직여 소리를 내는 행동
- 가위를 가지고 책상을 두드리거나 파는 행동

(2) 두드려도 소리가 나지 않는 책상이나 다른 대체 도구를 준비한다

책상에 특별한 소재를 깔아서 두드려도 소리가 나지 않게 하거나, 책상을 두드리고 싶을 때 소리가 나지 않는 도구를 제시하여 대체 도구로 사용하도록 한다. 안전한 막대기를 구해서 끝에 스펀지를 붙여 아무리 땀이 나도록 두드려도 소리가 들리지 않도록 하거나 두드리고 싶을 때 얇은 휴대용 북(사운드 셰이프)과 같은 악기를 준비해 준다.

(3) 대체 행동을 개발해 준다

학생이 두드리는 것 대신에 다른 것에 관심을 갖도록 장애학생을 위한 수업 준비를 더 구체적으로 한다. 잠시도 손을 가만히 두지 않고 수업에 참여할 수 있는 시청각 자료를 구비하여 교실에 앉아 있는 것이 따분해지지 않도록 지속적으로 관심을 가져 준다. 예를 들어, 손에 조개나 소라를 쥐어 주거나, 콩 주머니, 풍선 인형이나 촉감 젤리와 같은 감각자료를 제공할 수도 있다.

(4) 바르게 앉아 있을 때 미리 칭찬해 준다

문제행동이 나타나기 전에 바른 행동에 대해 칭찬을 자주 해 주는 것이 핵심적인 지도방법이다. 문제행동을 예방하는 것이 문제행동 지도의 관건이다.

(5) 공식적으로 두드릴 수 있는 시간을 마련해 준다

수업 중에 책상을 두드리는 행동을 보일 때 이를 저지하고 자연스럽게 수업 참여 행동을 유도하고 형성해 주다가 쉬는 시간이 되면 맘껏 두드릴 수 있는 기회를 제공한다. 이때 앞에서 언급한 얇은 휴대용 북이나 소고 등을 제시하여 대체 행동을 이끌어 낼 수 있다.

방해행동 6 오랫동안 소리를 지르며 우는 행동

1 이런 일이 있었어요

기분 좋게 학교에 도착한 초등학교 1학년 혜진이가 1교시 끝나고 쉬는 시간부터 칭얼대기 시작하더니 수업을 시작하자마다 결국 큰 소리로 울음을 터뜨렸다. 최 교사는 혜진이가 기분이 상한 일이 있었는지 친구에게 묻기도 하고, 혜진이가 평소에 좋아하는 책과 사탕까지 주어 가며 달랬지만 결국 소용이 없었다.

혜진이는 어디가 아파도 말을 잘 못하기 때문에 보건실로 데려가 열도 재어 보고 혹시 무언가 날카롭게 혜진이를 찌르는 것이 있는 것은 아닌지 옷을 찬찬히 살펴보기까지 했다. 하지만 혜진이는 울음을 그치지 않는다. 어쩔 수 없이 교실로 데려왔는데, 혜진이의 울음소리가 너무 커서 무시하고 수업을 진행하기도 어렵고, 친구들과 교사는 이번 시간도 혜진이만 쳐다보면서 한 시간을 보내고 말았다.

2 선생님 당황스럽지요

(1) 도대체 왜 우는 거니

혜진이가 울음을 터뜨려 버리면 그 수업시간은 완전히 포기하게 된다. 다른 아이들은 혜진이를 시한폭탄 같다고 할 정도다. 언제 어떻게 빵 하고 터질지 모르기 때문이다. 혜진이가 말이라도 할 수 있으면 왜 우는지를 알 수 있을 텐데, 정말 답답한 노릇이다.

(2) 어떻게 해야 할지 막막하다

도대체 이유를 알 수 없는 이런 행동에는 어떤 도움도 줄 수 없을 것 같다. 수업을 전혀 할 수 없는 이런 상황이라면 다른 친구들은 물론이고, 혜진이에게도 통합학급에서 함께 공부하는 것이 의미가 없는 게 아닐까?

(3) 엄마한테 연락해서 애를 데려가라고 해야 하나

엄마가 없는 낯선 환경이라서 그러는 것일까? 이런 혜진이를 달랠 수 있는 사람은 엄마밖에 없지 않을까? 일단은 급한 불부터 꺼야 하니 아무래도 엄마에게 연락을 하는 방법이 최선일 것 같지만 매번 엄마를 학교로 오시게 할 수는 없을 테고, 엄마에게 더 의존하게 되지 않을까 걱정이다.

(4) 병원에 한 번 가 보든가, 약물치료를 권해야 하지 않을까

이런 아이들은 무언가 정서적으로 문제가 있는 것 같다. 어떤 말도, 좋아하는 사탕도 안 통하는 아이에게 필요한 것은 약물이 아닐까? 그렇다고 병원에 가 보라는 말을 학부모에게 하기에는 부담이 된다.

3 아! 그랬구나

혜진이는 어떤 아이일까? 일반적으로 아이들은 쉬는 시간에 자신이 좋아하는 것을 찾아서 놀 수 있다. 또 목이 마르면 스스로 물을 먹거나 도움을 청할 수 있는데 혜진이는 이에 비해 말하고 싶은 것, 원하는 것을 알기가 좀처럼 쉬운 일이 아니다. 그러나 많은 장애학생들이 말을 하거나, 사회적으로 적절한 의사소통 방법을 발달시키는 데 어려움을 보이기 때문에 이런 학생들의 의도를 이해하기 위해서는 매우 주의 깊은 관찰과 노력이 필요하다.

혜진이가 하루 종일 우는 것은 아닐 것이므로, 혜진이가 우는 시간이 언제이고 주로 어떤 장소에서, 누구와 함께 있을 때 우는지 시간표에 따라 확인해 보는 것이 필요하다. 문제행동이 발생하는 시간(또는 장소)과 발생하지 않는 시간을 확인하고, 그 시간 간에 어떤 차이가 있는지를 자세히 분석해 봄으로써 혜진이가 우는 이유를 유추해 볼 수 있다.

만약 주로 우는 시간이 아침에 학교에 등교했을 때나 점심시간 전이라면 배가 고프다는 표현일 수 있고, 예체능 교과시간이 아닌 국어나 사회 시간이라면 수업이

너무 어렵거나 혜진이의 흥미를 끌지 못해서일 수도 있다. 주로 월요일 아침에 운다면 주말을 보내고 수면 패턴에 문제가 생긴 것일 수도 있다. 교실에서는 얌전한데 체육관만 들어서면 울기 시작할 경우, 체육관에서의 울림소리나 천장의 시설이 싫어서일 수 있다.

혜진이가 우는 시간이 일정하지 않고, 그 이유를 확인하기가 어렵다면 혜진이가 다른 일반학생들에 비해 정서적으로 예민하여 어려움을 경험하고 있다고 생각해 볼 수 있다. 이런 경우 날씨가 좋지 않다거나 컨디션이 좋지 않을 때 행동의 강도가 보다 심하게 나타날 수 있다.

4 이렇게 해 봤어요

(1) 혜진이에 대한 모든 정보 모으기

혜진이가 말로 자신을 표현하는 데 어려움이 있기 때문에 혜진이를 알아 가는 최선의 방법은 혜진이를 가장 잘 아는 주변의 사람들을 통해 정보를 수집하는 것이다. 한 번 울면 어떤 것도 통하지 않는 아이, 그래서 혼자 울음을 그칠 때까지 가만 놔두어야 하는 아이라는 혜진이에 대한 부정이고 포괄적인 정보가 아니라 기분이 좋을 때는 언제인지, 어떤 음식이나 장난감을 좋아하며 가장 좋아하는 사람은 누구인지, 혜진이가 가지고 있는 장점은 무엇인지 아는 것이 더 중요하다.

학부모, 특수교사, 반 친구들, 이전부터 혜진이를 알고 있는 특수교육보조원이나 유치원 선생님들로부터 여러 가지 정보를 얻을 수 있었는데 이러한 정보는 혜진이가 문제행동을 보일 때와 보이지 않을 때가 언제인지를 파악해 문제행동의 이유를 이해하는 기초 자료로 활용할 수 있다.

(2) 가정과 협력하기

모든 정보를 수집하고, 분석한 결과 혜진이는 주로 월요일 아침에 우는 행동을 보이는 것으로 확인되었다. 가족들과 나들이를 자주 가는 혜진이는 월요일 아침에 늦잠을 자는 경우가 많아 아침밥을 거르고 올 때가 많았다. 이에 따라 가정과 협력하여 일요일 저녁에 일찍 잠들 수 있도록 하고, 아침식사를 하고 등교하도록 하는 노력이 이루어졌다. 혜진이의 어머니는 어쩔 수 없이 아침식사를 거르고 온 날엔 알림장을 통해 학교에 이를 알렸고, 이런 날에 담임교사는 우유 마시는 시간을 2교시 후에서 1교시 전으로 앞당겼다.

이러한 방법으로 월요일 아침에 혜진이의 우는 행동은 감소하였으나, 여전히 원인을 알 수 없는 갑작스런 울기 행동이 남아 있어 또 다른 전략을 사용할 필요가 있었다.

(3) 기본적인 요구 표현하도록 지도하기

혜진이가 울음을 터뜨리면 이미 누구도, 어떤 것도 해결할 수 없는 상황이 되기 때문에, 혜진이가 칭얼거리기 시작할 때 혜진이가 무엇을 원하는지 기본적인 요구를 표현하도록 그림 카드를 사용하기로 결정하였다. 가장 기본적인 요구를 포함할 수 있도록 '물이 담긴 컵' '우유' '화장실 변기' 사진과 함께 평소에 혜진이가 울음을 터뜨릴 때 앉아서 쉴 수 있는 '의자' 사진을 코팅하여 카드로 만들어 혜진이의 책상 위쪽에 붙여 주었다. 혜진이가 칭얼거릴 때마다 카드를 보여 주고 원하는 것을 지적하도록 말로 설명해 주고, 손을 사진 카드에 가까이 가져갈 수 있도록 도와주었다. 혜진이가 카드를 지적하면 바로 물이나 우유를 주었으며 용변을 보지 않아도 화장실에 다녀올 수 있도록 하였다. '의자' 사진을 지적할 경우 잠시 쉴 수 있는 시간을 주었다.

(4) 혜진이가 좋아하는 것들을 수업 시간에 활용하기

평소 인기만화 캐릭터와 동요 듣기를 좋아하는 혜진이를 위해 만화 속 주인공이 학습지를 풀기 위한 지시어를 설명하는 방식으로 학습지를 제작하였다. 혜진이가 울지 않고 과제를 완수하였을 때는 헤드세트를 사용해 좋아하는 음악을 들을 수 있도록 하였으며, 울지 않고 과제에 집중하는 시간을 처음 5분에서 10분, 15분으로 점차 증가시켰다.

5 이런 방법도 해 보세요

(1) 비슷한 사례

- 등교하면 고개 숙이고 있으면서 과제를 거부하는 행동
- 이유도 없이 계속하여 친구들에게 화를 내는 행동
- 비협조적이고 한 가지 행동만 고집하는 행동

(2) 수업 시작을 기분 좋게 만들기

좋아하지 않는 과제를 해야 할 때는 먼저 좋아하는 것으로 기분을 좋게 만든 후에 하도록 한다. 혜진이가 자주 울음을 터뜨리는 월요일 아침 자습 시간에는 좋아하는 체조로 시작할 수 있고, 국어와 사회 시간을 시작하기 전에 혜진이의 장점을 살린 역할을 줌으로써 친구들 앞에서 칭찬을 받고 수업을 시작할 수 있도록 할 수 있다. 수업 시간 준비를 알리는 종을 울리는 역할, 인사 구령을 하는 역할 등이 예가 될 수 있다.

(3) 전조행동 파악하기

울고 있을 때 통하지 않았던 방법들도 울기 전 전조 행동인 칭얼거리기 행동에서는 효과적일 수 있다. 전조 행동을 보일 때 평소에 혜진이가 좋아하는 인형이나 음악으로 기분을 전환시켜 준다. 이때 반 전체 학생들이 함께 협력할 수 있다.

(4) 전문가의 도움 받기

학생의 행동이 일반적인 상황보다 심하게 느껴지고 이런 행동이 반복되고 길어진다면 상담이 필요하다. 우선 교사가 학부모와 면담을 해야 하고 학부모가 인정한다면 병원의 전문의를 통하여 치료를 받을 필요가 있다. 하지만 상당히 신중하게 상담하며 접근해야 부모와 학생이 상처를 받지 않고 해결방법을 찾아갈 수 있다.

방해행동 7 수업시간에 옆 사람한테 자꾸 말을 거는 행동

1 이런 일이 있었어요

중학교 1학년 과학시간이다. 과학 선생님은 수업내용을 설명하고 필기를 하라고 칠판에 적어 주셨다. 그런데 대영이가 짝꿍 민철이가 쓰는 연필을 빼앗았다. 민철이가 대영이가 쥐고 있는 연필을 다시 가져가려고 해도 대영이는 주지 않는다. 대영이가 말하는 것을 반 친구들은 잘 알아듣지 못한다. 대영이는 행동이 먼저인데 그도 그럴 것이 대영이가 말하는 것을 친구들이 잘 이해하지 못하기 때문이다.

민철이는 대영이의 팔을 잡고 강제로 연필을 가져갔다. 그러자 대영이는 민철이의 머리를 때리며 연필을 다시 빼앗으려고 민철이한테 손을 뻗는다. 둘이서 하는 행동이 커지자 선생님이 두 녀석에게 다가갔다. 과학 선생님이 민철이한테 묻자 필기하고 있는데 대영이가 연필을 가져갔다고 말한다.

과학 선생님이 대영이의 필통을 열어 보니 연필이 있었다. 대영이에게 필통에서

연필을 꺼내 보이며 이것이 대영이 것이니까 대영이는 이것으로 쓰라고 가르쳐 주자 대영이는 그 연필을 바닥에 던져 버린다.

2 선생님 당황스럽지요

(1) 특수학급에서는 말을 잘 한다는데 왜 그랬는지 물어봐도 쳐다보기만 하네

대영이는 필통에 연필이 있는데도 민철이가 쓰고 있는 연필을 가져갔다. 왜 그랬냐고 물어봐도 대영이는 선생님을 뚫어져라 쳐다볼 뿐 말을 하지 않는다. 특수학급에서는 말도 잘 한다고 하는데 교실에서는 대영이의 말을 잘 알아 들을 수가 없다. 친구들 앞이라서 그럴 수도 있으니 따로 상담실에서 물어보는 것이 좋겠다.

(2) 자기 연필을 줘도 그냥 던져 버리면 어떻게 하자는 것인지

자기 연필을 줬는데 그냥 던져 버렸다. 다른 아이들이 보고 있는데 선생님이 주는 것을 던져 버리다니……. 기분이 나쁘기도 하지만 선생님의 입장이 말이 아니다. 키득키득 웃는 아이들도 있다. 그 다음에는 어떻게 해야 할지 정말 난감하다.

(3) 말을 다 알아듣는다고 했는데 정말일까? 담임선생님이 잘 모르는 것은 아닐까

담임선생님께서는 대영이가 모르는 척하는 것이지 상대방이 하는 이야기를 다 알아듣는다고 하셨다. 그런데 이 녀석이 지금은 왜 이러지? 다 알면서 못 알아듣는 척하는 것일 수 있다. 이럴 때는 알아듣는다고 가정하고 이야기를 하는 것이 좋을까?

(4) 수업진도도 있고 일반학생 같으면 혼이라도 내고 끝낼 텐데 장애학생이라 그러면 안 될 것 같아서 혼도 못 내겠다

일반학생이라면 이런 일이 있을 때 혼을 내거나 벌을 주기도 한다. 하지만 장애학생이라서 혼을 내기도, 벌을 주기도 쉽지 않다. 장애학생을 혼내거나 벌을 주면 뭔가 매정한 것 같기도 하고 어떤 선생님은 혼내라고 하시지만 어떻게 혼을 내야 하는지 잘 모르겠다. 그러다가 더 통제하기 어렵게 반응할까 걱정이 되서 고민스럽다.

3 아! 그랬구나

대영이는 정신지체 학생이다. 치아구조에 이상이 있어서 발음이 정확하지도 않다. 통합학급에서 친구들과 대화를 하기보다는 짜증스런 표정이나 과격한 행동으로 의사를 표현하는 경우가 많다. 그도 그럴 것이 대영이는 친구들과 대화하는 데 있어서 스스로도 답답해 한다.

이런저런 일들을 가지고 친구들과 대화하고 싶지만 잘 되지 않기 때문에 투정부리듯이 하는 경우가 많다. 그리고 신기한 것이 있거나 새로운 것이 있을 때는 손이 먼저 가고 안 주면 사정없이 때려 버린다. 어린아이처럼 물건에 대한 욕구 조절이 잘 안 되기도 하는 것이 이유이지만 함께 놀고 싶은 마음에서 일반학생들이 이해하기 어려운 방법으로 친구들에게 접근한다.

또한 대영이는 글씨 쓰는 연습이 많이 되어 있지 않다. 그래서 선생님께서 필기를 하자고 했을 때 그 말을 이해는 하지만 자기는 필기를 잘 하지 못하기 때문에 화가 났을 수도 있다. 친구들은 조용히 칠판을 보면서 공책에 써 내려가지만 대영이는 그냥 종이에 낙서를 하는 수준으로만 쓰기를 할 수 있다. 대영이는 이미 필기하는 시간이 지루하고 견디기 힘든 시간이 될 것이라는 것을 경험을 통해서 알고 있었을 것이다.

4 이렇게 해 봤어요

장애학생도 일반학생과 소통을 원하고 있다. 이야기도 나누고 싶어 하고 같이 놀고 싶어 하고 다른 아이들처럼 공부도 하고 싶어 한다. 하지만 장애학생들이 일반학생과 어울려서 이야기하고 노는 것, 공부하는 것은 의지만큼 쉽지가 않다. 대영이가 민철이의 연필을 뺏은 것은 다른 아이들이 하는 것을 자기는 잘 하지 못하는 데에서 오는 불평의 소리일 수 있다.

중학생 정도가 되면 일반학생들은 수업 받는 것에 대해 어떻게 행동해야 하는지 잘 알고 있다. 하지만 장애학생들은 아이들 특징에 따라서 진행할 수 있는 정도가 다르다. 대영이는 활동하는 데에는 문제가 없지만 지능적으로 부족하고 연필을 쥐고 쓰는 활동에 있어서 많이 더디다. 이런 경우 대영이를 위해서 선생님께서 대영이가 할 수 있는 쉬운 활동지를 주는 것이 좋다. 대영이를 위해서 색연필을 준비해서 다른 아이들이 필기를 할 때 대영이는 그림을 그리거나 색칠을 해 보게 하고 칠판 글씨를 따라 쓰기 어려워하므로 교과서에 있는 것을 쓰도록 하는 등 대영이가 할 수 있는 과제를 제시하는 것이 대영이의 욕구를 충족시켜 줄 수 있는 방법이다.

실제로 중학교 교육과정 내의 여러 교과별로 장애학생들이 할 수 있는 활동지를 만들어 아이들이 활동할 수 있도록 해 봤는데 훨씬 집중하고 수업에 방해되지 않게 참여시킬 수 있었다. 이때 특수교육보조원이 계시거나 또래도우미를 활용한다면 수업시간을 방해하는 일을 훨씬 더 줄일 수 있다.

5 이런 방법도 해 보세요

(1) 비슷한 사례

- 수업시간에 말하기 평가를 하는데 "아~" 하고 소리를 지르는 행동
- 짝꿍의 책에 낙서를 하는 행동
- 함께 사용하는 도구를 혼자만 가지고 놓지 않는 행동
- 수업 도중 자리에서 일어나서 돌아다니는 행동
- 책이나 공책을 찢는 행동

(2) 장애학생의 입장 이해하기

우리가 생각할 때 장애학생이 수업을 방해하면 그런 행동자체가 장애라고 생각하기 쉽다. 소리 지르는 것, 낙서하는 것, 돌아다니는 것, 물어뜯는 것 등이 모두 장애에 의해서 나타나는 현상이라고 보는 경우가 많다. 하지만 우리들이 만나는 아이들의 대부분은 활동에는 전혀 문제가 없고 지적인 면에서 부족한 경우가 많다. 이

런 경우에 교사나 학생들이 원래 저런 행동을 한다고 생각하면 장애학생과 함께한 통합학급은 어려움을 계속 껴안게 된다.

장애학생들이 수업시간에 방해를 하거나 친구를 방해하는 경우는 수업에 참여하고자 하는 마음과 그 친구에게 도움을 청하고 싶은 마음에서 나오는 행동이라고 생각할 수 있다. 관심을 끌기 위한 행동이고 참여하고 싶은 마음, 뭔가가 잘 안 돼서 속이 상해서 뱉어 내는 말들일 수 있다. 이럴 때 함께하고 있는 교사와 일반학생들은 장애학생이 어떤 마음이이서 그런지를 살펴보고 이해해 줄 필요가 있다. 마음을 살핀 후 이해하는 말을 해 주면 아이들은 훨씬 안정을 찾을 수가 있다. '~해서 속상했구나.' '~해서 화가 많이 나는구나.' '잘 하고 싶은데 잘 안 돼서 속상하구나.' 등등 장애학생들을 이해해 줄 수 있는 말들은 일반학생에게 쓰는 말과 다르지 않다. 또한 중요한 것은 이런 것들로 단 한 번에 효과를 본다고 생각해서는 안 된다. 일반학생들이 문제행동을 고치기까지 많은 시간이 걸리듯이 장애학생도 많은 경험과 시행착오를 거치게 된다. 장애학생이 수업에도 잘 적응할 수 있도록 이해하고 마음을 읽어 주는 노력이 필요하다.

(3) 통합학급 일반학생들과 소통하기

통합학급에서 일반학생과 장애학생이 함께 소통하기 위해서는 아이들 서로의 관계형성이 중요하다. 일반학생은 장애학생이 수업을 방해하는 원인이 장애라고 생각하기 쉽다. 그렇기 때문에 오히려 나아지지 않으리라는 확신을 가지고 있다. 하지만 일반학생들도 수학문제를 풀다가 잘 안되면 책상을 치기도 하고 머리를 뜯으며 괴로워하기도 하고 얼굴에 인상을 쓰기도 한다.

이와 마찬가지로 장애학생도 다른 아이들처럼 하고 싶을 때 잘 되지 않으면 나름의 감정을 표시하게 된다. 그것을 이해할 수 있도록 일반학생들에게 안내해 줘야 한다. 일반학생들을 이해시키고 장애학생들을 도와주도록 하기 위해서는 회초리를 통한 꾸짖음보다 진심으로 말하는 것이 중요하다. 진심으로 말하되 한 번으로 끝나지 말아야 한다.

어른도 잘 안 되는 마음을 우리의 아이들이 교사의 감동적인 한 번의 말에 변화되기를 바라는 것은 아이들을 더욱 화나게 만든다. 우리 아이들은 함께할 수 있는 좋은 씨앗을 마음속에 가지고 있다. 그 씨앗이 썩지 않고 좋은 열매를 맺을 수 있도록 우리가 더욱 배우고 아이들의 말을 들어 주고 가르쳐 줘야 한다.

(4) 통합학급에서 할 수 있는 장애이해교육

아이들이 재량활동시간이나 학급활동시간을 활용해서 장애학생을 이해할 수 있는 활동을 해 보게 한다.

친구입장 생각해 보기

- 나는 수학시간에 머리를 쥐어뜯었다.
  왜냐하면 ______________________________
- 나는 수업시간에 하품이 나왔다.
  왜냐하면 ______________________________
- 나는 친구의 책상에 있는 물건을 마구 어질러 놓았다.
  왜냐하면 ______________________________
- 나는 과학시간에 현미경 관찰할 때 현미경을 놓고 싶지 않았다.
  왜냐하면 ______________________________
- 나는 사회시간에 필기할 때 공책에 필기 대신 낙서를 했다.
  왜냐하면 ______________________________
- 나는 수업시간에 소리 내어 울었다.
  왜냐하면 ______________________________

우리와 함께한 장애학생 ○○이가 어떤 행동을 했다면 분명 이유가 있다. 우리가 어떤 행동을 할 때 그 이유가 있듯이. 다른 사람의 입장에서 생각해 보는 것은 어느 누구라도 가능할 수 있어야 한다. 그래야 다른 사람도 나를 이해하고 도와줄 수 있을 테니까 말이다.

방해행동 8 수업시간에 거울 앞을 왔다갔다 하거나 책장 넘기기를 반복적으로 하는 행동

1 이런 일이 있었어요

중학교 2학년 현우는 오늘도 수업시간 종이 울렸음에도 불구하고 교실 뒤편을 배회하고 있다. 특수교육보조원이 와서 현우를 달래고 자신의 통합학급 자리로 안내했다. 수학시간에 어려운 지수법칙을 가지고 아이들과 씨름하고 있던 선생님은 현우의 긁적거리는 소리 때문에 신경이 자꾸 쓰인다.

짝인 혜인이는 눈살을 찌푸리더니 다시 수학문제풀기에 집중했다. 현우는 갑자기 자리에서 일어나 거울 앞으로 가더니 한참을 거울에서 왔다갔다 하면서 놀고 있다. 선생님은 뒤로 가서 현우를 자리에 앉도록 했다. 이때 갑자기 현우가 "아니에요, 아니에요." 하며 소리를 지른다. 아이들의 시선은 순간 모두 뒤로 향하고, 선생

님은 학생들에게 주의를 주어 다시 수업에 집중할 수 있도록 하였다. 오늘 수업도 어수선한 가운데 마무리되는 것 같아 속상하다.

2 선생님 당황스럽지요

(1) 괜히 자리에 앉도록 했나. 그냥 거울 앞에 있도록 내버려 둘 것을

장애학생의 경우 자신의 행동이 문제행동이라는 생각 자체를 하지 못하는 경우가 있다. 아마 현우의 경우도 수업시간에 거울 앞에 가서 거울을 보면 안 된다는 것을 모르고 있을 수도 있다. 그렇다고 이러한 행동을 계속 방치하게 되면 문제행동을 수정할 수 있는 기회를 놓치는 것이 아닐까?

(2) 현우는 왜 수업시간에 벌떡벌떡 일어나거나 책장을 저렇게 큰 소리로 넘기는 걸까

현우가 수업시간에 일어나는 행동에도 반드시 이유가 있을 것이다. 그 이유를 먼저 아는 것이 중요하지만 일반학생들의 교과진도를 나가야 하는 교사로서는 참 어려운 일이다. 하지만 현우의 특성을 잘 이해하고 교과수업시간에 지속적으로 할 수 있는 일들을 만들어 주면 어떨까? 아마 현우도 교과수업에 동참하고 있다는 동질감을 가질 수 있을 것이고 선생님의 칭찬과 관심이 따른다면 수업시간에 자리에 앉아서 집중할 수 있을 것 같다.

(3) 현우 때문에 항상 수업시간이 어수선해지는 것 같아. 역시 장애학생의 문제는 내가 다루기는 너무 힘든 것 같아

때로는 장애학생 때문에 수업분위기가 흐트러져서 참 곤욕스럽다. 하지만 장애학생을 다루는 방법을 익히게 되면 장애학생도 수업시간에 충분히 동참하게 해서 수업을 진행할 수 있다. 장애학생을 다루는 방법은 단번에 해결되는 것은 아니겠지만 통합학급을 잘 운영하기 위한 선생님이라면 특수교사의 도움을 통해서, 학부모 상담을 통해서 혹은 특수교육 관련 전문 서적을 통해서 함께 고민해 보는 것은 어떨까?

(4) 현우는 이 수업시간이 너무 재미없을 거야. 차라리 도움반이나 특수학교에서 공부하는 것이 현우에게 도움이 되지 않을까

가끔 현우처럼 수업시간에 소리를 내거나 교실을 배회하거나 자고 있는 장애학생을 보면 통합학급에서의 수업이 무의미할 것이라는 생각이 든다. 하지만 교실 안에서의 수업활동이 단순히 지식의 전달 이상의 많은 관계를 형성하고 잠재적 교육과정을 생각한다면 현우의 통합학급 생활도 교육적 측면에서 중요하기는 하다. 그래도 특수학급에 보내고 싶은 생각이 자주 든다.

3 아! 그랬구나

(1) 학생 입장

현우는 자폐적인 특성과 정신지체를 함께 지닌 복합장애학생으로 자폐성장애 1급을 받았다. 마음속으로는 아주 많은 열정을 지닌 친구다. 무엇보다 특수학급 교실에서는 제일 열심히 공부하는 친구다. 글을 익히는 시간은 오래 걸리지만 글을 익히기 위해서 무엇보다 열심히 하는 친구다. 책이나 노트에 아무거나 긁적이고 있는 것 같지만 자세히 읽어 보면 자신이 알고 있는 단어들을 열심히 나열하는 경우가 많다.

통합학급에서 책장을 넘기거나 공책에 글을 쓰고 있는 것이 현우에게는 나름대로의 공부하는 방식이다. 다만 일반학생들처럼 총체적으로 사고하고 이를 산출하는 과정에 어려움이 있기 때문에 다른 사람들에게는 수업을 방해하는 행동으로 보일 수도 있다.

(2) 환경이 원인인 경우

현우의 경우 심한 정신지체로 인해서 사실 특수학교가 더 좋다는 여러 선생님의 권유를 받았지만 현우 어머니는 그렇게 생각하지 않는다. 현우가 아침마다 학교를 가기 위해 준비물을 챙기거나 알림장을 확인하는 모습만 보아도 통합교육의 영향으로 다른 친구들을 모델링하고 있기 때문에 문제행동이 현저하게 없다고 생각한

것이다. 다만 현우가 다른 친구들의 학습을 방해하는 것에 대해 늘 미안한 마음을 갖고 있다. 하지만 현우의 문제행동은 통합학급에서만 발생하고 있으므로 통합학급에 들어가는 담당교과 선생님이 현우의 문제행동에 대해 관심을 갖고 대해 주기를 바랄 뿐이다.

4 이렇게 해 봤어요

(1) 현우의 입장에서 이해하기

수업시간에 벌떡 일어나서 거울 앞을 서성이거나 소리 내어 책장을 넘기는 행동은 수업을 방해할 수 있다. 하지만 현우가 수업시간에 무엇을 할 수 있는지 살펴보는 것이 중요하다. 자폐성장애 1급인 현우는 중학교 1학년 수학문제의 해결이 어렵다. 그래서 앞에서 설명하고 있는 선생님의 이야기가 귀에 들어오지 않을 테고 심심해질 것이다. 집중력이 부족하고 할 수 있는 일을 찾지 못한 현우가 할 수 있는 것은 자신이 좋아하는 거울 보기나 책장 넘기기일 것이다. 하지만 현우도 수업시간에 공부를 해야 한다는 것은 알고 있다.

왜냐하면 특수학급에서는 자신의 수준에 맞는 공부를 하고 있으며 통합학급에서도 다른 친구들이 열심히 공부하는 것을 초등학교 6년 내내 보아 왔기 때문이다. 그러므로 무엇을 해야 하는지만 알려 준다면 현우도 충분히 통합학급 수업에 동참할 수 있다.

(2) 현우가 수업시간에 할 일을 제공해 주기

현우가 수업시간에 시끄럽게 하거나 교실 뒤를 돌아다니는 경우 아마도 수업시간이 지루하거나 할 일이 없기 때문일 수 있다. 그 수업시간에 맞는 학습지를 제공하고 쓰게 하거나 책의 한 부분을 노트에 적을 수 있도록 한다면 현우도 열심히 수업에 참여하게 될 것이다.

(3) 수업시간에 할 수 있는 일과 할 수 없는 일에 대해 설명하고 주의 주기

통합학급 수업시간에는 아무래도 담당교과 선생님이 교과진도를 우선시하기 때문에 현우가 문제행동을 보여도 자칫 지나칠 수 있다. 하지만 그때그때 알려 주지 않으면 장애학생은 자신의 행동이 문제행동이라는 것을 모를 수도 있다. 만약 주의를 주었는데도 교사의 말을 듣지 않는다면 일반학생들에게 문제풀이나 노트 필기 등을 내어 주고 현우에게는 단호하게 자리에 앉도록 하여 수업시간에 돌아다니면 안 된다고 확실하게 주의를 주어야 한다. 이때 일반교사가 제어할 수 없을 정도로 학생이 소리를 지르거나 하게 되면 빨리 특수교사의 도움을 청하거나 복도 등으로 학생을 데리고 나올 수 있도록 해야 한다. 특수교사가 개입하거나 잠시 복도와 같은 다른 장소에서 학생이 흥분을 가라앉힐 수 있도록 한 다음 재차 주의를 주어서 수업시간에는 꼭 자리에 앉아서 수업을 받을 수 있도록 한다.

처음에는 힘들겠지만 몇 번 이러한 행동을 반복한다면 학생도 충분히 이해할 수 있다. 그리고 수업시간에 자리에 앉아 주어진 과제를 잘 이행했을 때 칭찬 스티커나 보상을 주면 더욱 효과적이다.

(4) 통합학급에서 교육과정 수정하기

대체로 일반교사들은 장애학생은 통합학급의 수업에 동참하기 어려울 것이라고 생각한다. 하지만 교과교육과정에서 우리가 학생들에게 전달하고자 하는 것이 무엇인지를 고민하다 보면 정신지체 1급의 장애학생도, 자폐성장애 1급의 장애학생도 일반교과의 내용을 함께 공부할 수 있다. 일반학급에는 1등부터 40등까지 다양한 등수의 아이들, 다양한 특성, 다양한 가정환경, 다양한 지적 배경을 가진 학생들이 모여서 공부한다.

장애학생도 이 다양한 아이들 중 하나일 뿐이다. 담당교과 선생님이 40명의 학생을 상대로 일대일의 개인별 교과프로그램을 짤 수는 없지만 분명 수업을 하는 과정에서 수준별 수업을 진행하고 있다. 이와 마찬가지로 어려운 교과내용이지만 장애학생들이 함께 참여할 수 있는 내용을 발췌해서 수정한 학습지 등을 제공하게 된다면 충분히 장애학생도 교과수업에 참여할 수 있게 된다.

5 이런 방법도 해 보세요

(1) 비슷한 사례

- 수업시간에 계속 노래를 부르거나 흥얼거리는 소리를 내는 행동
- 아무 이유 없이 선생님을 부르거나 친구를 부르는 행동
- 수업시간에 코 골며 자는 행동

(2) 교육과정 수정 방안

통합학급에서 장애학생들이 교육과정에 접근할 수 있도록 하기 위해서는 다양한 노력이 필요하다. 장애학생이 통합학급의 수업에 참여하도록 하기 위해서는 '개별화된 교육과정의 수정' 이 고안되어야 한다.

우선 교육과정 내용에서 학업 중심의 교과내용 외에 기능적으로 수정한 학업 기술 및 지역사회 생활에 필수적인 사회적 기술들을 삽입하여 수정할 수 있다. 예를 들면, 중학교 2학년 기술가정의 1단원에 있는 의복마련과 관리에서의 학습목표가 '의복이 갖는 의미와 기능을 이해하여 상황과 개성에 맞는 옷차림을 할 수 있다.' 라면 이에 대해 장애학생을 위해서는 '계절에 맞는 옷차림을 할 수 있다.' 로 수정할 수 있다. 이렇게 학습목표가 수정이 되면 이 단원을 배울 동안 일반학생들과 동일한 과정의 학습내용을 단순화하여 접근하도록 할 수 있다.

또한 학습 환경의 구조화를 들 수 있다. 일반교사가 장애학생을 위해서 교육과정을 완벽하게 수정하는 것은 어려우므로 특수교사나 특수교육보조원과 함께 협력하여야 한다.

(3) 학부모 상담

장애학생을 일반학급에 통합시키는 경우에는 학부모 또한 내 아이가 통합학급에

서 잘 적응할 수 있도록 적극적인 자세를 지녀야 한다. 단순히 장애를 가졌기 때문에 수업참여가 어려울 것이라는 부정적인 생각보다는 방법을 달리하면 얼마든지 수업에 참여할 수 있다는 생각을 지녀야 한다.

(4) 통합학급에서 알림장 꼭 쓰기

알림장에는 학교생활 대부분의 일정이 담겨져 있다. 중 · 고등학교에서는 알림장을 쓰지 않는 경우도 있지만 대부분의 일정을 칠판이나 메모를 통해서 게시하고 도우미학생을 통해 알림장을 써서 학교생활이 학부모에게 연계되도록 해야 한다. 학부모는 날마다 알림장 검사를 통해서 학생이 학교생활에서 제외되지 않을 수 있도록 해야 한다.

(5) 일반학생도 내 아이와 똑같다고 생각하기

장애학생의 일부 학부모 중에는 내 아이만을 중심적으로 생각하는 경우가 있으나 장애가 있는 내 아이 때문에 일반학생이 피해를 볼 수도 있다는 생각을 해야 한다. 통합학급에서 소리를 지르거나 친구를 자꾸 건드리거나 심심하다고 교실을 배회하거나 하는 행동은 다른 학생들에게 피해를 줄 수 있다는 것을 고려해야 한다.

따라서 서로가 양보하며 서로 돕고 이해하려는 분위기가 형성되어야 한다. 장애학생과 일반학생이 교실에서 서로에게 도움이 되는 방법들을 찾으려는 노력이 있어야 한다.

(6) 너도 할 수 있다는 자신감을 심어 주는 칭찬하기

대부분의 장애학생은 자신감이 상당히 낮거나 결여되어 있는 경우가 많다. 특히 정신지체학생은 반복된 실수로 학습된 무기력을 가지고 있는 경우가 많다. 현우는 일반학생과 똑같이 받는 통합교육에서 성공의 기회보다는 실패의 경험이 더 많다. 하지만 장애학생들에게 일반학생들보다 더 많은 교육기회를 제공하고 장애학생이 이를 발판으로 삼아 꾸준히 반복하고 열심히 한다면 성취감을 경험할 수 있다.

좀 더 알아보기

(1) ADHD 학생의 문제행동

- 수분 이상 어떤 활동에도 집중할 수 없다.
- 몸이 지속적으로 움직인다.
- 충동적으로 행동하고 결과를 고려하지 않는다.
- 소리에 쉽게 방해받는다.
- 시각적 자극에 쉽게 방해받는다.
- 간단한 지시를 따르기도 어려워한다.
- 다른 사람과 자주 싸운다.
- 오랜 시간, 즉 수업시간에 앉아 있기 어렵다.
- 거칠고 뒹구는 놀이에 참여하는 것을 좋아한다.
- 부드러운 가구, 벽, 마루에 충돌한다.
- 새로운 과제에 쉽게 좌절한다.
- 다른 친구의 사적인 공간에 침범한다.
- 소근육 운동기술의 지체를 보인다.
- 언어기술의 지체를 보인다.
- 인지적 기술의 지체를 보인다.
- 자조기술의 지원이 필요하다.

지도방법

- 투입된 자극을 고유수용감각에서 수용하기 위한 기회를 제공함으로써 신경체제를 조직하고 차분함을 유지할 수 있도록 돕는다. 예를 들어, 큰 나무 블록이나 책상 닦기, 책이 가득 든 가방 메기, 무게가 나가는 조끼 입기와 같은 무거운 작업을 포함한다.
- 입으로 고유수용감각을 제공한다: 무해한 고무 튜브나 질긴 음식, 베이글과 같은 과자 등을 씹게 하기

- 교실에서 거리가 떨어진 곳에 휴식을 취할 수 있는 조용한 공간을 제공한다. 첫째, 교실 한구석에 큰 상자를 비치해 방 한쪽 면에 두되, 상자에 문을 만들고 그 안에 쿠션이 있는 패드를 깐다. 둘째, 장난감 가게에서 파는 작은 텐트를 친다. 아동용 크기의 텐트가 좋다. 셋째, 식탁 아래에 몇 개의 베개를 두고 작은 테이블 위에 식탁보, 담요, 천을 덮어 둔다.
- 천으로 낮은 천장을 만듦으로써 교실의 소음을 상당량 감소시킬 수 있다.
- 사적인 공간을 만들어 줄 수 있는 책장이나 책상 칸막이를 사용하여 시각적 방해를 최소화한다.
- 학생을 차분하게 하는 부드러운 악기의 음악을 틀어 준다
- 학생이 하루의 일부분 동안 어려움을 보인다면, 일과를 재구조화한다. 예를 들어, 이야기 나누기 시간을 항상 오전에 하기보다 학생이 오전이나 오후 중 언제 더 잘 집중하는지를 관찰하여 조정한다.
- 촉각적으로 예민한 학생이라면 외투나 스웨터를 입고 있도록 허용한다. 허전한 피부를 보호하는 것은 다른 친구들로부터 원하지 않는 신체적 접촉을 줄일 수 있다.
- 성공적인 행동관리 체제를 사용한다. 교수에서만이 아니라 가족의 행동관리방식을 지속적으로 조절해 준다.
- 학생의 행동적 관심에 관하여, 아동의 발달수준에 상응하는 활동은 항상 중요하다.
- 과제에 참여하기 어려워하는 학생일 때, 활동이 너무 어려운 것은 아닌지 생각해 보아야 한다.
- 역동적 운동 경험의 대안적인 조용한 활동들을 계획한다.
- 학생을 위해서 '무거운 작업' 이 무엇인지 찾는다. 이러한 작업은 책상이나 칠판 닦기 또는 짐이 든 상자 밀기, 상자에 친구들 태우고 밀어 주기, 무거운 책이나 장난감 나르기, 가구 이동하기, 지우개 털기 등이다.
- 곰처럼 걷기, 게걸음, 원숭이 막대와 같이 무게를 견뎌 내는 게임을 한다.
- 무게가 나가는 조끼를 입게 하거나 가방 안에 책을 가득 넣어서 메게 한다.
- 모래나 진흙 파기, 단단한 찰흙이나 점토, 줄다리기, 단단한 블록이나 레고 구성하기,

물 쏟기, 종이 찢기, 필름 상자 열기와 같은 저항력 있는 활동을 격려한다.
- 베이글, 바게트 빵, 육포, 말린 과일과 같은 씹는 음식을 준다. 이러한 음식들은 교사가 작은 허리 주머니 등에 담아서 다니면 좋다.
- 빨대로 조금씩 빨 수 있는 셰이크나 요구르트와 같은 걸쭉한 음료를 준다.
- 정글짐에 오르게 한다.

(2) 지체장애학생 및 건강장애학생의 문제행동

- 직립하여 서 있기 어렵다.
- 머리를 조절하기 힘들어 한다.
- 기능적 능력이 제한된 기형
- 쉽게 피곤해 한다.
- 한쪽 또는 전체의 비정상적인 근육의 긴장
- 다리에만 비정상적인 근육의 긴장
- 저긴장근육/약하게 보인다.
- 고긴장근육/경직된 것으로 보인다.
- 협응과 균형에 문제가 있다.
- 입술을 다물기 어렵고, 침을 흘린다.
  - 떨림
  - 발작
  - 도움 없이 걸을 수 없음
  - 도움 없이 앉을 수 없음
  - 관절의 고통
  - 쉽게 부러지는 뼈
  - 삼키기 어려움
  - 음성 언어 사용이 어려움

지도방법

- 머리와 등을 반듯이 펴고 엉덩이를 굽혀 앉는 자세를 조심스럽게 한다.
- 아동이 직립하도록 돕는 의자와 책상을 마련한다.
- 흡입 컵, 겸자, 접착 천과 같은 재료로 학습을 안정시킨다.
- 그림 아이콘과 같은 대안적 의사소통 방법을 제공한다.
- 장난감을 조작하기 위해 전기 스위치를 제공한다.
- 거품관을 추가하는 데 잡기 쉬운 물건을 만든다.
- 직립자세를 취하고 유지하도록 돕는 책상 판 위에 사물을 둔다.
- 어떤 학생은 측면이 있는 의자가 필요하다.
- 피로한지 신호를 본다: 학생들이 스스로를 지치게 하는 일도 있다.
- 활동 시 두 손을 사용하도록 격려한다.
- 근육의 긴장이 지나치다면, 견고한 찰흙으로 놀이를 하며 활동의 저항을 피한다.
- 이동시키기 전에 아동에게 알려 준다.
- 아동이 서 있는 무게를 지지할 수 있는 가구를 방에 마련한다.
- 의학적으로 금기가 아닌 한 학생의 자세를 자주 변화시킨다.

쉬어 가는 코너

주의력결핍과잉행동장애(ADHD) 아동 진단자료
- 코너스 평정 척도 -

이 척도는 부모나 교사가 가정과 학교에서 쉽게 사용할 수 있는 도구로 항목별 행동을 전혀 보이지 않을 경우 0점, 약간 보이면 1점, 상당한 수준이면 2점, 아주 심할 경우에는 3점으로 4단계로 점수화하여 평정한다. 부모 평정 결과 항목별 평정 결과의 합이 16점 이상일 때, 교사 평정 결과의 경우는 총점이 17점 이상일 때 ADHD로 진단될 가능성이 있는 것으로 판단하며, 직접적인 진단 기준이라기보다는 더 자세한 진단을 받을 필요성이 있음을 의미한다.

관찰된 행동		정 도			
		전혀 없다 (0점)	약간 (1점)	상당히 있다 (2점)	아주 심하다 (3점)
1	차분하지 못하고 너무 활동적이다.				
2	쉽사리 흥분하고 충동적이다.				
3	다른 아이들에게 방해가 된다.				
4	한번 시작한 일을 끝내지 못하고 주의집중 시간이 짧다.				
5	늘 안절부절 못한다.				
6	주의력이 없고 쉽게 주의가 분산된다.				
7	요구하는 것이 있으면 금방 들어주어야 한다.				
8	자주, 또 쉽게 운다.				
9	금방 기분이 확 변한다.				
10	화를 터뜨리거나 감정이 격하기 쉽고 행동을 예측하기 어렵다.				

총 점 = ____________

분노관리 프로그램

영 역	차 시	차시별 목표	활동 내용
분노 인지	1	• 분노에 대한 상식 알아보기 • 분노에 대하여 정의 내리기	– 분노와 관련된 상식에 대한 O, X 퀴즈 – 자신의 분노 상황을 기록하는 분노일지(anger log) 제공하기
	2	• 분노를 일으킬 수 있는 말(trigger word)에 대해 알아보기	– 싸움이나 말다툼을 일으키는 단어에 대하여 집단 토의 – 내게 분노를 일으키는 말이 무엇인지를 생각하는 '나는 이 부분에 민감해요.' 학습지 작성하기 – 분노에 가장 적절하게 반응하는 주인공에 대한 포스터 그리기
	3	• 분노를 일으키는 원인(trigger)을 알아보기	– 내가 화가 나는 원인을 생각하는 '나는 이럴 때 화가 나요.' 학습지 작성하기 – 자신의 생각을 발표하기
자기 이해	4	• 자기 칭찬하기	– 거울을 보며 자기 칭찬하기(앞으로 나와 한 사람씩 역할놀이)
	5	• 자기 수용하기	– 자신에 대하여 긍정적으로 말하기 – 다른 사람에 대하여 긍정적인 말 쓰기 게임
타인 이해	6	• 다른 사람의 감정 인식하기(분노 신호)	– 다른 사람이 분노하는 상황에 대하여 토의해 보고 역할놀이 – '분노 신호를 찾아라.' 학습지
	7	• 다른 사람의 분노 인식하기	– 비디오 시청 – 다른 사람의 분노 신호에 대하여 역할놀이
분노 조절 전략 · 침착	8	• 나의 생각 과정과 분노와의 관계 알아보기	– ABCD의 의미, ABCD 찾기 – 나의 ABCD 찾아보기
	9	• 침착함을 유지하는 방법 배우기 1	– 숨 쉬는 방법 배우기(tension scale) – 기분이 좋아지는 상상하기 – 숫자 거꾸로 혹은 바로 세기 – 생각 멈추기 – 4가지 방법에 대하여 느낌 발표하고, 집단 토의
	10	• 침착함을 유지하는 방법 배우기 2 • 자기점검, 자기통제 배우기	– 침착하게 내 생각 표현하기(the four levels of muscle) – 분노 일지 쓰기 과제

합리적인 의사소통	11	• 말로 분노 전달하기	- 공격적으로 말하는 것보다 합리적으로 이야기하는 것이 효과적이라는 이야기 듣기 - 분노가 유발되는 상황에서 어떻게 말할 것인지 짝끼리 역할놀이 - 공손하게 말하기를 홍보하는 포스터 작성하기
	12	• 적극적으로 듣기	- 듣기와 관련된 집단 토의 - 말 전하기 게임 - 듣기 체크리스트 작성하기
분노 상황 문제해결	13	• 문제해결 전략 및 대안적 문제 전략	- 문제해결 전략기술 알아보기 - 문제 상황에 대하여 어떻게 반응할 것인지에 대한 역할놀이 - 문제해결 전략을 이용하여 대처하였을 때의 느낌에 대하여 집단토의
	14	• 개별화된 분노조절계획(Individualized anger management plan) 세우기	- 분노조절계획의 필요성 알기 - 행동계약서 쓰기 - 이 프로그램을 통하여 느낀 점에 대하여 모둠끼리 집단토의

출처: 박윤아(2007). 분노조절프로그램이 정서 및 행동장애 위험아동의 공격성 및 정서적 능력에 미치는 영향. 이화여자대학교 일반대학원 석사학위논문.

눈물이 나와도 웃음은 못 참아

학교에서 장애를 갖고 있는 아이들 중에 자신의 행동을 스스로 통제하지 못하는 경우를 우리는 종종 볼 수 있다. 그중에 어떤 아이는 어느 물건에 집착하는 경우가 있고 음식에 집착하는 경우도 있다. 또 울음이나 웃음을 잘 통제 못 하고 상황이 아님에도 계속적으로 그러한 행동을 하는 예가 참 많다.

장애 아이들의 집착하는 행동은 때론 웃음으로 넘길 수 있는 부분도 많다. 하지만 학교에서 수업 중에 누가 계속 큰 소리로 웃거나 계속하여 울고 있다면 그것은 무척 신경이 쓰이는 일이기도 하다.

한 번은 우리 반 아이가 아침에 등교를 하고 교사를 보면서 '하하하하, 하하하하……' 웃으며 들어왔다. 두 눈에는 약간의 눈물이 배어 있었고 아마 집에서 출발하면서 부모에게 무슨 일로 혼난 모양이다. 그 웃음은 수업이 시작되었음에도 불구하고 계속되었고 교사의 주의에도 전혀 아랑곳하지 않고 오히려 관심을 더욱 끌려는 듯이 웃어대고 있는 것이다.

교사는 이번 기회에 다시는 아무 때나 웃지 못하게 해야겠다는 마음으로 엄하게 소리를 높였다. 하지만 이 아이는 그런 교사의 모습을 보며 더욱 웃음으로 대응하고 있었고 오히려 교사의 약을 올리는 웃음으로 들렸다. 이쯤 되니 수업은 이제 중단되었고 교사는 약간의 짜증과 조금의 오기까지 생겼다. 그래서 그 아동을 불러 두 손을 들고 있게 하였다. 그리고 무척 화가 난 것처럼 하였다. 돌아서면 웃음이 나와도 가끔 그런 방식으로 아이들을 통제했었기에 말이다.

그렇게 한참 벌을 받으니 팔이 아픈지 그 아이는 두 입술을 꼭 물고 웃음을 참으려고 노력하였고 두 눈에는 눈물이 흘러내렸다. 하지만 다시 웃기 시작하였다 '으흐흐흐흐 하하하하 하하하' 자신의 입을 손으로 틀어막으며 웃는 것이다. 다시 '하하하하 하하하하……' 이러한 모습을 한참 동안 바라본 교사는 안쓰러운 마음에 그냥 자리에 앉도록 지시를 하고 말았다.

그 아동의 마음과 눈물이 가득한 눈으로는 웃지 말아야 할 상황을 아는 것 같은데 웃음을 통제하지 못하는 자신을 알고 있는 것 같았기 때문이었다. 그 후 그렇게까지 웃는 일은 다시 일어나지 않았는데 그는 자신의 웃음으로 자신의 마음을 이해해 달라는 것 같았다.

[전선주 / 『꺼야꺼야 할 꺼야』 中]

02

공격행동

1. 친구들이 만들어 놓은 작품을 망가뜨리는 행동
2. 친구를 무는 행동
3. 수업 중에 옆 짝꿍을 때리는 행동
4. 갑자기 욕을 하거나 친구를 때리는 행동
5. 너무 쉽게 짜증을 내거나 화를 내는 행동
6. 사소한 일에도 소리를 지르거나 화를 내는 행동

공격행동 1 친구들이 만들어 놓은 작품을 망가뜨리는 행동

1 이런 일이 있었어요

만 5세 유아학급의 자유선택활동시간이었다. 쌓기 영역에서 5명의 친구들이 열심히 주차 타워를 쌓아 올리며 블록으로 구성놀이를 하고 있다. 진이는 친구들에게 같이 놀자고 이야기를 먼저 꺼낸다. 친구들이 진이에게 반응이 없자 화가 난 진이는 친구들이 자기랑 놀아 주지 않는다며 교사에게 이른다.

교사가 친구들에게 가서 다시 한 번 함께 놀자고 요청해 보라고 말하자 곧장 친구들에게 달려간 진이는 옆에 있던 블록을 집어 들더니 친구들이 쌓아 올린 주차 타워를 난데없이 부숴 버린다. 친구들은 깜짝 놀라 할 말을 잃었고, 화가 난 일부 친구들은 교사를 부르며 진이가 한 일의 부당함에 대해 일러 준다.

주차 타워를 부숴 버린 진이는 언제 그랬느냐는 듯이 옆의 역할 영역에 가서 다른

장난감을 들고 모르는 척 새로운 놀이를 하고 있다. 이와 유사한 분쟁이 매일 매일 반복적으로 일어나는 이 학급의 담임교사는 어떻게 해야 할지 고민에 빠져 있다.

2 선생님 당황스럽지요

(1) 저 녀석 불러서 혼내 주어야 되는 거 아냐

일단 아이들 사이에 문제가 생기면 수업의 흐름이 깨지기 때문에 교사들은 당황하기도 하지만, 때로는 반복적으로 발생하는 문제로 인해 순간 아이를 심하게 야단치고 싶은 욕구가 일어나기도 한다.

그러나 교사가 흥분하여 아이들 간의 문제를 해결하려 하다 보면 한쪽으로 치우친 판단을 하여 문제가 발생된 상황을 객관적으로 바라볼 수 없게 된다. 또한 문제의 상황을 제대로 파악하지 못하였을 때 그와 유사한 일들이 다시 일어날 가능성을 배제할 수 없다.

(2) 매일 말썽이군. 일부러 저러는 것일까

매일 일상처럼 문제를 일으키는 유아를 보면 습관처럼 못된 행동을 한다는 생각이 들 정도다. ADHD 아동들이 일부러 문제행동을 일으키는 것처럼 보이기 때문이다. 아무리 부주의, 충동성, 과잉행동 특성이 있다 해도 너무한 것 아닌가 싶다.

(3) 이런 과격한 행동에는 약물치료를 하는 것이 좋지 않을까

ADHD 아동은 신경전달물질이 일정량 전달되지 않기에 이미 과잉행동을 한 뒤에 지시가 들린다. 그러므로 이들의 뇌세포 문제가 아니라 뇌세포와 뇌세포 사이에서 작용하는 신경전달물질의 재활용 체계가 문제이므로 주의를 집중하게 되면, 선생님의 지시대로 할 수 있게 된다고 본다. 이를 돕는 방법으로 약물치료가 있다.

(4) 다른 친구가 시비를 먼저 걸었던 건 아닐까

문제행동의 원인 제공을 ADHD 아동이 하기도 하지만, 간혹 문제행동을 일으킨 주요 대상이라는 부정적 인식으로 인해, 문제의 원인이 아닐 때에도 지목되는 경우가 발생할 수 있다. 또한 상황에 대한 인지능력이 부족하여 문제를 일으키지 않고 문제 상황 옆에서 구경을 하고 있었더라도 꽤 많은 또래 친구들에 의해 문제를 일으킨 원인 제공자로 전가되기도 할 수 있으므로 세심한 주의가 필요하다.

3 아! 그랬구나

(1) 학생 입장

ADHD는 학생에 따라 보이는 행동 양상이 다양하고 똑같지 않다. 이들의 대부분은 수면이 부족하거나 잠들고 깨는 데 어려움이 있으며 친구들과의 관계 형성에도 어려움이 있을 수 있다. 어느 날 하루아침에 생긴 문제가 아니라 쌓여서 생긴 문제일 수 있다.

(2) 유전인 경우

유전적 원인으로 가족력이 있을 수도 있다. ADHD 아이들의 반수 이상에서 적어도 한 부모에게서 이 장애가 있으며 1/3 이상에서 그들의 형제자매 중 한 아이가 같은 진단을 받기도 한다. 뇌의 신경전달물질의 작용에 문제가 있는 것이다.

(3) 양육 과정에서 조장된 경우

가족력의 여부이든, 뇌의 신경전달물질의 작용에 문제가 있어서든 아동의 행동에 문제가 발생하였을 때 양육 과정에서 부모가 문제행동에 대처하는 능력에 의해 학생의 문제행동이 더 조장되기도 한다. 실제로 ADHD 아동의 부모들은 양육 과정에서 아동의 특성에 대처하는 방법을 몰라 난감해하며, ADHD 아동이 반항적이고 공격적인 행동을 보이거나 규율을 잘 지키지 않는 등의 문제행동을 지속적으로 보이는 특성으로 인해 부모들의 스트레스 수준이 높고, 지시적이고 강제적인 양육방식을 택할 가능성이 높으며 이로 인해 자녀의 저항과 공격성이 더 높아지고 실제 수행력에는 별 효과가 없을 가능성이 커진다.

4 이렇게 해 봤어요

학교에서나 가정에서 분노를 조절하도록 돕는 것은 쉬운 일이 아니다. 유아마다 성향이 다르지만 ADHD 아동의 화난 감정을 조절하도록 지도하는 것은 많은 인내와 시간이 필요하다. 같은 ADHD로 진단을 받았더라도 놀이 분쟁 상황에서의 대처 행동은 아동마다 다르다. 예를 들어, 문제를 일으켜 놓고 모른 척하며 다른 곳으로 이동해 갈 수도 있지만, 한편으로 친구들과 언성을 높이며 싸울 수도 있다.

그 순간 교사도 흥분하면 상황이 긍정적으로 종료되지 않는다. 그러므로 일단 분쟁이 커질 것으로 예상되는 경우 ADHD 아동과 친구들을 물리적으로 떨어뜨려 놓는다. 순간 너무 화가 나서 폭발한 것처럼 보이는 아동도 있고, 거기에 별별 욕을 다 하는 ADHD 아동이 있을 수도 있다.

앞의 사례와 같이 물건을 던져서 놀이 상황을 이미 엉망으로 만든 경우라면 일단 사과를 하게 하되, ADHD 아동이 당장 사과를 하려고 하지 않으면 친구들에게 "함께 놀지 못하여 진이 마음이 조금 상했나 봐. 마음이 편안해질 때까지 기다려 줄 수 있지?"라고 말한 뒤 그 상황을 피하게 한다. 화가 화를 부른다는 말이 있듯이 화난 감정은 쉽게 전이되는 특성이 있다. 그 상황을 내버려 두면 화가 난 상태에서 쉴 새 없이 말대꾸를 하게 되고, 친구들과 언쟁이 생길 수 있으며, 그 과정에서 교사의 마음까지 상할 수 있다.

시간이 흐르거나 분위기가 바뀌었다면 사과하게 한다. 친구들에게도 역지사지의 마음을 갖도록 역할놀이를 해 보며 진이의 마음을 읽어 보게 하여 함께 어울릴 수 있도록 한다. 또한 진이의 입장에서 잘못한 일은 반드시 먼저 사과해야 한다는 것을 알려 준다. 어른도 대인관계 속에서 잘 소화해 내지 못하는 것이 '사과'와 '거절'의 기술이다. 가족 간에도 진솔하게 담아내지 못하는 것이 사과라고 생각한다. 그러나 관계를 정상적으로 회복하기 위해서 잘못한 이에게 사과하는 것은 매우 중요한 사회성 기술이다. 아동이 화가 난 마음을 다스릴 수 있도록 지도하는 구체적인 방법은 다음과 같다.

화가 난 마음을 다스리는 방법

- 그 자리를 피하게 한다.
- 친구들과 사이좋게 놀았던 상황을 떠올리게 한다.
- 그 상황에서 숨을 깊게 쉬고, 마음속으로 1부터 10까지 세게 한다.
- 혼자만의 조용한 공간에 앉아서 마음을 가라앉히도록 돕는다.
- 활동을 바꾸거나 장소를 바꾸어 분위기를 전환해 준다.
- 조용한 곳에 가서 음악을 듣게 한다.
- 화가 난 이유를 생각해 보고 이야기하게 한다.
- 바람을 쐬게 한다.

5 이런 방법도 해 보세요

(1) 비슷한 사례

- 잘못된 행동을 반복적으로 하는 아이
- 하루 일과 중 과제를 친구들보다 매일 늦게 끝내는 아이
- 교사의 말에 반대로 대꾸를 너무 자주 하는 아이
- 말다툼을 자주 하는 아이

(2) 친구를 다치게 하는 학생 지도방법

친구가 걸어가고 있는 중에 아무 이유 없이 발을 걸어 친구를 넘어뜨리자 그 아이는 앞니 2개가 부러지며 심하게 다친다. ADHD 아동들은 위험에 대한 인식이 낮고 위험한 상황을 예견하는 능력이 부족하기 때문에 주위 사람이 '위험해.' 라고 말했을 때는 이미 문제 상황이 발생했을 경우가 허다하다. 문제행동을 시작하기 이전에 교사나 주변 어른들이 문제 상황을 사전에 감지하고, 중재하는 것이 가장 효과적이다. 공격행동을 사전에 감지하기 위해서는 교사나 부모가 민감해야 한다. 항상 위험한 행동의 결과가 발생하기 이전의 전조 증상을 기억해 두었다가 상황에 처했을 때 기민하게 대처하는 능력이 필요하다. 보통 부주의한 부모들의 자녀에게서 안전사고가 잦은 예가 좋은 본보기다.

(3) 충동성을 자제하지 못하는 학생 지도방법

평소 충동성을 조절하지 못하여 무엇이든 즉흥적으로 떠오른 기분에 따라 다음 행동을 결정짓는 진이는 학교에서뿐 아니라 가정에서도 매번 즉흥적인 행동 특성을 보여 육아를 전담하는 어머니가 곤란을 겪고 있다. 식당에 가서 저녁을 먹기로 하였는데 식당에 있는 뽑기 기계 속 장난감을 갖고 싶은 진이는 순간 뽑기를 하고 싶다는 생각에 주문한 음식이 나오기 전부터 뽑기할 돈을 달라고 어머니에게 끊임없이 요구하였다. 한참을 졸라도 못 들은 척하던 어머니는 진이의 끈질긴 요구 끝에 "밥을 먹고 나서 줄게." 라고 약속을 하였다.

일단 약속을 얻어 내도 진이는 만족하지 못하고 다시 "엄마는 항상 약속하고 안 사 주잖아." 라고 시비를 건다. 어머니가 이내 "내가 언제?" 라고 답하면서 아동이 파고든 '약속을 지키지 않는 엄마' 라는 '양심' 의 굴레에 갇혀 아동에게 스스로 공약한 내용을 잊고 아동과의 새로운 말싸움에 가담하게 되었다. 긴 말싸움 끝에 어머니는 아동과의 기 싸움에서 지기 십상이며 이미 짜증이나 과잉행동이 상당히 진전된 상황에서 사람들이 쳐다보는 눈과 체면을 의식하여 뽑기할 돈을 주고 말았다.

결국 지금까지 꿋꿋하게 지켜 오며 진이를 훈계했던 어머니의 말은 공허한 메아

리일 뿐이고, 이미 진이의 짜증이나 과잉행동은 상당 수준 확대된 상황이 되었다. 게다가 아이와의 싸움에서 졌기 때문에 앞으로 진이는 자신의 즉흥적이고 충동적인 요구를 부모에게 끈질기게 요구할수록 자신의 요구가 결국은 관철된다고 느끼게 되며, 점차 진이의 행동은 더 자주, 더 강력하게 일어날 가능성이 높아지게 될 것이다. 그러므로 약속은 반드시 지켜야 한다. 예를 들어, 매번 식당에 올 때마다 뽑기를 하는 것이 문제라면, 식당에 가는 이유는 식사를 하기 위해서라는 것을 식당에 가기 전부터 주지시킨다. 식당에 가서도 원칙은 불변이며, 중도에 아동이 조건부 타협을 시도하더라도 식당에 온 이유를 분명하게 말해 준다.

아동이 어떠한 시비나 조건을 통해서 부모의 마음을 흔들어 놓더라도 약속과 원칙을 깨지 않는 일관성을 보여야 한다. 그러한 일관성을 하루 이틀 쌓아 갈 때 아동은 충동적 요구는 관철되지 않는다는 원칙을 깨달으며 충동성을 자제할 것이고, 이러한 일관성의 여파는 어느새 다양한 국면에서의 충동성 또한 자연스럽게 조절할 수 있는 원동력이 될 것이다.

(4) 문제행동의 기전 이해하기

ADHD 아동들이 일부러 문제행동을 일으키는 것은 아니다. 주의를 기울이기 전에 이미 행동으로 나타난 결과이기 때문에 발생된 상황으로 이해해야 한다. 전문가들은 주의를 집중하지 못하는 이유를 뇌의 모든 회로에서 노르에피네프린과 도파민이 충분하지 않기 때문이라고 생각한다.

예를 들어, 교사의 지시가 신경절에 이르면 도파민이 신경절로 이동해야 하는데 ADHD인 경우 정상인보다 도파민 운반체가 70% 더 많아 적은 양의 도파민을 신경절로 이동하게 되어 주의집중을 못 하는 것으로 간주된다. 모든 정보를 보낸다 해도 그 정보가 항상 신경절을 건너지는 못하는 이치와 같다. 교사가 지시를 했어도 ADHD 아동은 신경전달물질이 일정량 전달되지 않기에 이미 과잉행동을 한 뒤에 지시가 들린다는 것이다. 그러므로 문제를 일으키기 전에 예방하는 것이 과잉행동을 관리하는 데 무엇보다 중요하다.

(5) 약물치료에 대한 부모의 마음 이해하기

대개 장애아의 과잉행동 정도가 심할 경우 부모님께 정신과 상담을 통한 약물치료를 의뢰하게 된다. 그러나 처음 약물치료에 대한 권고를 받게 되는 대부분의 부모님은 약물치료에 대한 전통적인 관념과 부작용에 대한 걱정 때문에 쉽사리 결정하지 못한다. 당장 학급에서 어려움을 겪는 교사의 입장을 이해하지 못하는 것이 아니라, 약물치료의 종료 시점까지 고려해야 하는 과중한 책임을 안고 있기 때문이다. 치료 효과에도 불구하고 졸음, 나른함, 변비, 체중 증가, 식욕 감퇴 등의 부작용이 학생마다 다르게 나타나기도 하므로 학생을 대신하여 신중한 검토와 결정을 해야 하는 부모의 입장을 이해할 필요가 있다.

공격행동 2 친구를 무는 행동

1 이런 일이 있었어요

6세 인성이는 오늘도 유아학급에 오자마자 교실을 난장판으로 만들고 있다. 블록을 쌓고 있는 종우 옆을 지나면서 블록을 무너뜨려 종우를 울리고 바닥을 뒹굴면서 발을 뻗어 이 아이, 저 아이를 넘어뜨린다. 급기야 자동차를 좋아해서 자동차를 손에서 놓지 않는 동건이에게 다가가 자동차를 뺏으려 한다. 밀고 당기기를 계속하다가 결국 교사가 중재에 나서 자동차를 동건이에게 돌려주었는데 인성이는 순식간에 달려가 동건이의 팔을 물어 버렸다.

동건이의 팔엔 선명한 이빨 자국이 났고 주변이 빨갛게 부어오르기 시작했다. 인성이의 손목을 잡아 생각의자에 앉히고 화난 얼굴로 쳐다보는데 인성이는 본인의 잘못은 모르고 잡힌 손목이 아프다며 교사에게 소리 지르고 발로 차며 운다. 눈은 계속 자동차를 들고 있는 동건이를 노려보고 있다. 교사가 손을 놓기만 하면 다시 달려가 물 기세로 말이다.

2 선생님 당황스럽지요

(1) 친구의 몸에 상처를 내는 행동은 어떤 일이 있어도 고쳐야 하는데

유아들 사이에 잦은 부딪힘이 있긴 하지만 이렇게 친구 몸에 상처를 내는 행동은 또래와의 관계에서 가장 심각한 문제행동일 수 있다. 그런데 어떻게 지도해야 할지 정말 난감하다. 이럴 때는 친구에게 의사소통하는 방법부터 가르쳐야 할 것 같다.

(2) 인성이가 자신의 잘못을 모르는 것은 아닌지

자신이 친구의 팔을 물어 놓고 오히려 더 화가 나 있는 인성이를 이해하기 참 어렵다. 인성이가 자신의 잘못을 모르는 건 아닐까?

(3) 부모님과 상담을 해야 하지 않을까

친구들의 몸에 상처를 내는 행동은 다친 학생의 부모님 입장에서는 걱정스럽고 속상한 일이며, 또래관계에서도 분명 어려움을 겪게 될 일이다. 부모님과 상담을 해서 이 문제를 가정과 함께 해결해 나가는 게 좋을 것 같다.

(4) 물리면 얼마나 아픈지 인성이도 알아야 하지 않을까

친구를 때리거나 무는 행동을 할 때, 인성이도 그 고통을 느낄 수 있을 만큼의 처벌이 행해져야 하는 건 아닐까?

3 아! 그랬구나

인성이가 친구의 팔을 물게 된 경위와 인성이가 나타내는 여러 가지 문제행동의 원인을 먼저 살펴볼 필요가 있다. 인성이의 잠시도 가만히 있지 못하는 산만함과 충동적인 행동은 ADHD로 의심해 볼 수 있다. ADHD 유아에게서 나타나는 행동 특성이 모두 같을 수는 없지만 앞의 행동은 일반적으로 ADHD 유아에게서 나타나는 행동 특성이며 친구의 팔을 물어 버린 행동은 본인이 갖고 싶은 물건에만 집착하여 주변을 인식하거나 위험을 감지하지 못한 탓으로 인한 결과인데 대부분의 ADHD 유아는 이러한 사회적응능력 결여로 인해 또래관계에 어려움을 겪고 있다.

앞의 사례를 통해 인성이의 마음을 읽어 보면, 인성이는 유치원에 오자마자 블록을 무너뜨려 종우를 울리게 된다. 일부러 무너뜨린 건 아닌데 주변 환경을 세심히 보지 못하고 늘 물건을 자주 떨어뜨리고 부수게 되는 인성이에게는 흔히 있는 일이다. 친구가 울었을 때, 부정적인 피드백을 받았고 본인이 실수했지만 부정적인 피드백에는 은근히 화가 났을 수도 있다. 그래서 혼자 바닥을 뒹굴며 놀아 보기로 했는데 지나가던 아이들이 부딪히고 넘어지며 또 부정적인 피드백을 받았다. 다른 놀이로 전환하려 할 시점에 동건이의 자동차가 눈에 들어왔고 인성이는 동건이의 자동차니까 내가 뺏으면 안 된다는 인식이 전혀 없는 가운데 달려가 밀고 당기며 실랑이

를 벌인 것이다. 선생님은 인성이가 너무 갖고 싶은 장난감을 다시 동건이에게 돌려주었고 인성이에게 화내는 모습에 오히려 인성이는 더 화가 났다. 본인의 잘못을 전혀 인식하지 못하고 내 편을 들어주지 않는 선생님에게 오히려 화가 난 것이다.

공격행동이 나타나는 것을 예방할 수는 없었는지를 생각해 보아야겠고 팔이 물려 아파하는 동건이를 달래 줌과 동시에 인성이가 왜 그런 행동을 했는지 차분히 들어보는 여유와 이해가 필요하다.

4 이렇게 해 봤어요

(1) 사회적 기술 향상 프로그램 적용

인성이가 유아학급에 들어오면서부터 다양한 문제가 발생하는데 스스로 놀이를 선택하고 규칙을 이해하고 양보하는 사회적 기술 능력이 부족해서 오는 문제가 대부분일 수 있다. 교사는 나타나는 문제를 보기 전에 사회적 기술 능력이 부족함을 인식하고 사회적 기술 능력을 향상시킬 수 있도록 프로그램을 적용하는 것이 필요하다.

규칙의 필요성을 이해하기, 부정적인 행동을 피하기, 행동하기 전에 생각하기, 행동하기 전에 상황을 충분히 이해하기, 주의 깊게 듣기 등을 단계적으로 적용해 보는 사회적 기술 향상 프로그램을 적용하여 사회적 기술을 습득한다면 문제행동이 발생하는 것을 예방할 수 있다.

(2) 스티커판 활용하기

ADHD 유아의 경우, 충동성 및 사회적응능력의 결여는 지속적이고 일관성 있는 지도로 인해 개선되는 사례가 많다. 인성이의 경우도 부모, 교사, 기타 지원하는 사람들이 팀을 이루어 원만한 학급생활과 또래관계를 도울 수 있는 프로그램을 계발 · 적용한다면 앞과 같은 사례의 발생 빈도를 줄일 수 있을 것이다.

스티커판을 활용하기 전에 인성이의 행동을 분석하는 것이 중요하다. 배경사건,

사회적 기술 향상 프로그램

1단계: 규칙의 필요성 이해하기

❶ **행동목표**: 적절한 행동(교실에서 뛰지 않기)이 안전하고 정돈된 환경을 만드는 데 도움이 된다는 것을 배워야 한다.

❷ **단원지도**

- 필요성 확립하기
- 주제 도입하기
- 기술요소 확인하기
  - 지시를 듣는다.
  - 교실 규칙을 따른다.
  - 친구를 돕는다.

❸ **기술시범 보이기**: 인형극

❹ **행동 시연하기**: 역할극

❺ **연습하기**

❻ **독자적으로 사용하기**: 교사는 지속적으로 칭찬하고 강화한다.

❼ **지속하기**: 이 기술을 기억하고 지키는 아동에게 교사는 사회적 기술 메달을 걸어 준다.

응용발달심리연구센터 자료 중 발췌

선행사건, 문제행동과 결과를 기록하고 문제행동을 바람직한 행동으로 바꾸기 위한 대체행동을 지도해야 한다. 예를 들어, 또래관계에서 갈등상황이 발생했을 때 팔을 물거나 때리는 등의 공격적인 행동을 하지 않고 교사의 중재를 기다리거나 대화로 문제를 해결하면 즉시 자동차 스티커를 손에 붙여 주며 강화하고 손을 잡고 스티커판 앞으로 함께 간다. 자동차 스티커가 10개 모이면 선물을 주기로 미리 약속한 스티커판에 스티커를 붙이며 다시 한 번 약속을 하고 칭찬하며 강화한다.

이때 인성이의 지적 능력과 감정조절능력을 고려하여 스티커가 아닌 장난감을 바로 제시하고 놀 수 있도록 시간을 줄 수도 있으며, 스티커판을 가정으로 보내 가족으로부터 긍정적 지원을 한 번 더 받은 후에 부모에게 선물을 받게 할 수도 있다. 그러나 스티커를 활용한 보상은 자칫 포화가 발생할 수 있으므로 활용 시 세심한 고려가 필요하다.

5 이런 방법도 해 보세요

(1) 비슷한 사례

- 급식시간에 차례로 급식을 받으려고 줄 서 있는 아이들을 뒤에서 미는 행동
- 선생님한테 혼나서 울다가 옆에 있는 친구를 물어 버리는 행동
- 미술시간에 친구의 크레파스를 힘으로 뺏으며 때리는 행동

(2) 전문가와 협력

- ADHD의 경우 신경전달물질의 불균형으로 인해 다양한 문제행동이 초래될 수 있다는 연구결과가 보고된 바, 병원진료 의뢰 후 약물치료요법을 적용하며 의사와 지속적으로 협력한다.
- 상담전문가와의 상담을 통하여 행동중재전략을 세우고 프로그램을 진행하면 문제행동 수정에 도움이 된다.
- 강화는 즉시 그리고 일관성 있게 이루어질 때 효과가 높아지므로 교사, 부모, 의사, 친구 등이 팀을 이루어 일관성 있게 접근한다. 그래야 문제행동을 감소시킬 수 있다.

(3) 도우미를 활용

- 또래도우미는 놀이를 함께하며 긍정적 모델이 될 수 있다.
- 활동도우미를 활용하여 생활을 원만히 할 수 있도록 지원할 수 있다.

(4) 학생의 마음 읽기

공격성을 보이는 아이들의 대부분이 올바른 교체행동을 찾지 못했거나 긍정적 지원을 받지 못한 경우가 많은데 나타난 결과보다 원인을 찾아 학생의 마음을 읽어 준다면 문제행동이 일어나기 전에 예방할 수 있다.

공격행동 3 수업 중에 옆 짝꿍을 때리는 행동

1 이런 일이 있었어요

희연이는 초등학교 2학년 학생이다. 오늘은 담임선생님이 갑자기 교육청 연수에 가게 되어 하루 동안 강사 선생님이 희연이네 학급을 담당하게 되었다. 아침부터 불안한 듯 자리에 잘 앉지 않으려 하고, 교실을 서성이던 희연이는 수업을 시작하자 갑자기 짝꿍을 때리기 시작하였다. 희연이의 갑작스런 행동에 강사 선생님은 희연이의 손을 잡고 친구를 때리면 안 되는 거라고 몇 번의 주의를 주었다.

처음엔 가볍게 짝꿍을 툭 치는 행동이었지만, 이런 일이 반복되자 평소 희연이를 잘 돌봐 주던 짝꿍은 물론이고 다른 친구들까지 희연이의 옆자리에 앉으려고 하지 않았다. 평소에도 희연이가 이런 행동을 하는지 묻자 반 아이들은 가끔씩 이런 행동을 보이고 일단 때리기 시작하면 점점 강도도 세지고 잘 멈추지 않는다고 한다. 결국 강사 선생님은 평소 희연이를 잘 알고 있는 보조원의 도움을 받아 희연이를 맨 뒷자리에 앉히고, 희연이가 좋아하는 색 찰흙을 가지고 놀도록 하였다. 그러나

희연이는 색 찰흙을 가지고 놀다가도 갑자기 보조원과 앞자리에 앉아 있는 친구를 때렸다.

2 선생님 당황스럽지요

(1) 반 친구들이 좀 더 참고 이해하도록 가르칠 수 있을까

아무래도 희연이는 장애가 있는 아이니까 반 친구들로 하여금 우리가 희연이를 좀 더 이해하고 너그러워지자고 가르쳐야겠다는 생각이 든다. 하지만 희연이가 때리는 강도가 세지면 그때도 참으라고 반 아이들에게 강요할 수는 없는 노릇이니 이 방법도 궁극적인 해결책은 아닌 것 같다. 같은 또래에게 일방적으로 이해하고 참도록 하는 것은 형평성에도 어긋나는 것 같고, 이렇게 하다가는 아이들의 불만이 쏟아져 나올까 걱정도 된다.

(2) 맨 뒷자리 다른 친구들을 건드릴 수 없는 장소에 보조원과 같이 앉도록 해 볼까

일단은 다른 학생들을 보호하는 것이 중요하므로 희연이가 다른 친구들을 때리지 않도록 거리를 두고 앉히는 방법도 괜찮을 것 같은데 수업 과제를 혼자 하는 것도 어렵고, 불쑥 일어나 친구를 때리러 다니니 보조원이 늘 곁에 있었으면 좋겠다는 생각이 든다. 그렇지만 여러 명의 장애아를 지원해야 하는 보조원을 항상 희연이 옆에만 머물게 할 수도 없으니 이 방법도 임시방편으로 밖에는 사용할 수 없을 것 같다. 만약에 다른 아이들과 동떨어져 앉아 보조원하고만 있는 희연이를 어머님이 보신다면 혹시 속상해하시지는 않을까 걱정도 된다.

(3) 희연이가 도우미 짝꿍을 때리면 어떻게 하지

우선 수업을 시작할 때는 희연이를 도와줄 도우미 짝꿍을 희망하는 학생과 함께 앉히고, 만약 희연이가 짝꿍을 때리면 뒤에 혼자 앉게 될 것이라고 말해 줄 수도 있겠다. 그런데 이 방법은 희연이가 이미 짝꿍을 때린 후에나 사용하는 방법이고 이 일이 자주 발생하기 때문에 아무도 희연이의 짝꿍을 안 하려고 할 수도 있으니 걱정이다. 매번 뒷자리로 이동시키는 것도 수업을 중단하고 해야 하는 일이니 이 또한 번거롭기는 매한가지다.

(4) 이런 아이들은 일대일 교육을 받기 위해 특수학급에 있는 시간을 늘리는 것이 좋지 않을까

이유도 없이 주변의 성인이나 친구들을 때린다면, 아무리 통합교육이 중요해도 희연이를 위해서나 다른 친구들을 위해서도 특수학급에서 일대일로 교육받는 것이 더 좋을 것 같다. 이런 문제행동이 계속될수록 친구들도 희연이를 점점 더 싫어하게 될 테니 말이다. 하지만 어떤 시간에는 희연이가 전혀 문제행동을 하지 않고 잘 앉아서 수업을 받을 때도 있는데 그 시간이 언제인지 예상할 수도 없어 어떤 시간에 특수학급에 있도록 해야 할지 결정하기가 어렵다. 희연이의 부모님 또한 되도록 희연이가 통합학급에 있는 시간이 많았으면 하셔서 상황이 더 난처하다.

3 아! 그랬구나

희연이 같은 자폐성장애학생들은 반복적이고 고정된 일과를 편안해하는 반면, 변화에 대한 두려움과 불안감을 크게 느끼는 편이다. 수업 장소가 교실에서 체육관으로 갑자기 바뀔 때, 시간표 순서가 바뀔 때 더욱 그러하다. 희연이는 담임선생님이 아닌 다른 선생님과 공부를 해야 할 때와 같이 평소 일과가 바뀌게 되면 많은 스트레스를 받고 불안감을 경험하며 이 때문에 문제행동을 보이는 경우가 잦다.

일반학생들이야 잠깐의 설명으로도 이를 쉽게 이해하고 수용하겠지만, 자폐성장애학생들은 사전에 변동된 일정에 대해 안내해 주는 것이 필요하고 그래도 불안감을 느낄 때는 스스로 자신의 마음을 편하게 만들 수 있는 휴식시간을 주거나 선호하는 활동을 하도록 허용해 주어야 한다. 어쩔 수 없는 상황이기 때문에 무조건 받아들이도록 지도하는 방법은 자폐성장애학생들의 기질적 특성을 전혀 고려하지 않은 것이므로 이에 대한 이해가 선행되어야 한다.

4 이렇게 해 봤어요

(1) 사전 안내: 그림 일과표와 상황 이야기

자폐성장애학생들이 경험하는 일과 변화에 대한 불안감을 감소시키기 위해 사용하는 방법 중 하나는 변화된 일과에 대해 반복적으로 사전 안내를 제공하는 것이다. 일반적으로 교실 앞면에는 시간표가 있지만, 자폐성장애학생들이 이를 보다 잘 이해할 수 있도록 그림이나 사진으로 하루 일과를 안내하는 것이 더욱 효과적이다. 특히 자폐성장애학생들은 '시각적 학습자' 라고 불릴 만큼 시각적으로 제시되는 정보에 집중을 잘 하고 이해가 빠른 것으로 알려져 있다. 따라서 희연이를 위해 교사는 일과가 바뀌게 될 때 아침에 바뀐 일과를 시각 자료와 함께 반복적으로 알려 주면서 희연이가 상황 변화를 수용하고 불안감을 감소시킬 수 있는 전략을 사용하는 것이 좋다.

또한 자폐성장애 아동들이 변화에 적응하거나 상황에 적합한 행동을 할 수 있도록 하는 방법으로 상황 이야기 중재방법이 있다. 상황 이야기란 특정 상황에서, 무슨 일이, 왜 일어나는지에 대한 특정한 정보를 제공하기 위해 적절한 사회적인 단서와 상식적인 반응을 설명하는 짧은 이야기를 말한다. 주어진 상황에 적절한 반응이나 사회적 상황, 적절한 단서들을 설명하기 위해 교사, 부모, 양육자 등이 작성하며 작성된 내용을 문제행동이 발생하기 전 반복적으로 학생이 읽도록 하여 상황에 대한 이해나 대처방법을 알 수 있도록 지원한다. 상황 이야기에는 설명문, 조망문, 지시문이 공통적으로 포함되며, 조절문을 첨가하기도 하는데 희연이를 위한 상황 이야기의 예를 종류별로 다음과 같이 작성하였다.

설명문	우리는 학교에서 여러 선생님들과 함께 공부합니다. 담임선생님도 계시고, 다른 교과 선생님들도 계십니다. 가끔씩 선생님이 편찮으시거나 출장을 가시면 다른 선생님들과 공부를 하게 될 때도 있습니다.
조망문	평소와 달리 다른 선생님들과 공부하게 되면 기분이 나빠질 수도 있습니다. 그렇다고 내가 친구들을 때리면 친구들이 아파하고 싫어합니다.
지시문	나는 다른 선생님과 공부하게 될 때, 친구들을 때리지 않고 공부할 수 있습니다.
조절문	내가 좋아하는 뽀로로가 친구들과 사이좋게 지내는 것처럼 나도 다른 친구들과 사이좋게 공부할 수 있습니다.

(2) 스트레스에 대처할 수 있는 공간 마련해 주기

예방 전략으로 일과를 안내하고, 상황 이야기를 통해 학생이 상황을 이해하고 대처하도록 하였을지라도 변화에 대한 불안감으로 스트레스를 받는 학생의 경우 문제행동이 아닌 다른 방법으로 스트레스에 대처할 수 있도록 지원해야 한다. 구체적으로 사람들이 북적거리는 환경을 선호하지 않는 자폐성장애학생을 위해 혼자서 쉴 수 있는 별도의 공간을 마련해 주고 스스로 정서적인 안정을 얻도록 혼자 있는 시간을 만들어 주었다.

다만 이 공간에서의 시간이 놀이시간이 되어 학생이 수업참여를 거부하고 이 공

상황 이야기와 관련된 자료

『나의 학교이야기』(파라다이스복지재단에서 나온 교육자료로 CD를 포함한 책)

이 책의 1부는 긍정적인 사회적 행동에 관련된 내용으로 교실과 교실 외의 환경에서 생활하는 방법에 대한 두 개의 하위 영역으로 구성되어 있다.

2부는 친사회적 행동에 관련된 내용들로 하위 영역은 '새로운 친구들을 사귈 때는 이렇게 합니다.'와 '나와 친구들의 마음을 잘 알게 되었습니다.'의 두 개 영역으로 구성되어 있다. 이 책에서 제시된 상황 이야기는 실제적인 학교 상황을 중심으로 발생하는 여러 다양한 상황들을 구체적이고 명시적인 이야기로 구성하였다. 그와 관련한 그림 자료들을 제공함으로써 장애아동들이 학교 내의 다양한 물리적 공간과 여러 활동들이 진행되는 구체적인 활동 시간에 긍정적이고 바람직한 사회적 능력을 향상시키고 부적절한 문제행동을 감소시킬 수 있을 것으로 기대된다. 또한 학교에서 주로 상호작용하게 되는 또래 및 교사들과의 상호작용에서 발생할 수 있는 다양한 상황들에 따라 실제적이고 구체적인 야야기를 제시함으로써 친사회적 행동 촉진을 위한 자료로 사용할 수 있다.

간에만 머무르지 않도록 별도의 장난감이나 놀이는 허용하지 않았으며 시간을 정해(알람 사용) 휴식 시간을 제공하고 추가 시간이 필요한지를 다시 묻는 방식으로 운영하였다.

5 이런 방법도 해 보세요

(1) 비슷한 사례

- 난간으로만 걸으려고 하는 행동
- 자기만의 방식, 자기가 하고 싶은 것만 하려는 행동
- 평소 좋아하는 사람인 것 같은데 느닷없이 웃으며 때리는 행동

(2) 동영상을 활용한 시간표 제공하기

기존에 하던 활동에서 다른 활동으로 전이하는 데 어려움이 있는 학생들을 위해 이전 수업활동 사진을 찍어 두었다가 아침의 일과와 마칠 시간을 예고하는 동영상을 준비한다.

(3) 친구들과 친해질 수 있는 협동학습 기회 제공하기

일과 변화에 대한 두려움이 아니라 친구에 대한 관심을 때리는 행동으로 표현한다면 다른 접근방법이 필요하다. 평소 협동학습을 통해 자주 상호작용할 수 있는 기회를 제공하고 적절한 상호작용 방법이 무엇인지 알려 주고 이에 따라 행동하면 이를 칭찬해 준다.

(4) 평소 일과에 조금씩 변화를 시도하기

틀에 박힌 일상에 고착된 자폐성장애학생의 일과를 바꾸기란 좀처럼 쉽지 않다. 그러므로 학생이 어린 연령일수록, 학생이 감지하지 못하도록 일정의 시간이나 내용을 조금씩 바꾸어 주는 시도가 필요하다. 예를 들면, 식당으로 이동하는 정해진 길로 가는 도중 다른 학급에 잠깐 들러서 티슈를 빌려 가는 활동을 추가하거나 어떤 날은 늘 다닌 길이 아닌 일부러 돌아가는 등의 짧은 시간과 내용의 변화를 줌으로써 행동이 고착되지 않도록 융통성을 부여해 준다.

공격행동 4 갑자기 욕을 하거나 친구를 때리는 행동

1 이런 일이 있었어요

초등학교 5학년 승호는 늦잠을 잔 탓에 아침을 먹고 오지 못해 빨리 점심시간이 오길 기다리고 있다. '이제 4교시만 지나면 점심시간이구나.' 라는 생각에 시계를 보고 있던 찰나 지나가던 영수가 승호의 책상을 치고 지나가는 바람에 승호의 공책이 바닥에 떨어지고 말았다.

미처 이 상황을 눈치 못 챈 영수에게 가해진 승호의 발차기! 영수는 교실 바닥에 털썩 주저앉아, 왜 승호가 자신에게 발차기 공격을 했는지도 모른 채 어리둥절해하며 금세 눈물을 터뜨렸다. 한 반에 있던 다른 친구들도 순식간에 일어난 사건에 당황하고 있을 때 가정통신문을 정리하고 있던 담임선생님은 이 상황을 어떻게 정리해야 할지 갑갑하기만 하다.

2 선생님 당황스럽지요

(1) 상황을 어떻게 정리해야 하나? 영수 어머니께는 뭐라 설명하지

모든 학생들이 큰 잘못이라고 생각할 정도로 친구에게 공격을 가한 승호를 어떻게 처벌해야 할까? 이런 공격행동은 누구도 용서될 수 없는 심각한 행동이라는 것을 모든 친구들이 알고 있기 때문에 모두에게 형평성이 있으면서도 승호의 개인적 특성을 고려한 올바른 지도방법이 필요한데 교사 입장에서 이런 상황 정리는 매우 난처한 일임에 틀림없다.

장애를 가지고 있다고 해서 모든 것이 용서될 수는 없다는 생각이 들지만 과연 어떤 처벌이 승호의 행동 개선에 도움이 될 수 있을까? 또한 자신의 실수도 모른 채 갑작스럽게 공격을 받게 된 영수를 어떻게 이해시킬 것이며, 영수 어머니에게 설명할 방법도 마땅히 떠오르질 않는다.

(2) 이런 학생을 더 이상 통합학급에서 공부하게 둘 수는 없을 것 같아

이런 공격행동을 보이는 학생과 한 반에서 공부하는 것에 대해 같은 반 학생들과 부모님들이 심한 반대를 하게 되지 않을까? 담임으로서 이런 공격행동을 보이는 학생의 통합교육 타당성만을 강조할 수는 없는 노릇이다.

(3) 번번이 이러다가는 대형 사고가 날 것 같군. 이번에 제대로 혼내지 않으면 더 심각한 사태가 벌어질지 몰라

아주 사소한 일에도 다른 학생들의 안전을 위협할 정도로 심각한 공격행동을 보인다면 앞으로 더 큰 사고가 일어날지도 모른다. 이번에 제대로 혼내는 일이 필요할 것 같은데, 이미 상황이 벌어진 후에 승호를 혼내고 벌을 준다고 해서 승호의 행동이 달라질 수 있을까?

(4) 승호는 도대체 왜 이럴까? 폭력적인 컴퓨터 게임에 빠져 사는 거 아냐

아무리 학생들마다 상황을 받아들이고 대처하는 방법이 다르다고 할지라도, 보다 근본적으로 승호의 공격성을 부추기는 다른 이유가 있는 것은 아닐까? 이유를 아는 것도 어려운 일이지만, 환경적 요인들은 교사 힘으로 해결할 수 있는 문제가 아니므로 더 답답하다.

(5) 내 힘으로는 어쩔 수 없어. 다른 상담교사나 보다 전문적인 누군가가 필요한 게 아닐까

이런 학생들을 위해 최근 국가에서 제공하는 상담 프로그램이나 교외 시설이 있다던데……. 이런 공격행동은 더 이상 학교, 학급에서 해결할 수 있는 일이 아닌 것 같다. 다른 상담교사나 정신과 의사 같은 보다 전문적인 도움을 받을 수 있는 곳은 없을까?

3 아! 그랬구나

아이들에 따라 한 가지 사건에 대해서도 쉽게 화를 내고 그 화를 잘 다스리지 못하는 경우가 있다. 승호와 같은 정서 · 행동장애학생들은 그저 스치듯 바라보아도 왜 자신을 노려보냐며 화를 내기도 한다. 이런 아이들은 자신이 경험하는 상황에 대해 쉽게 흥분하는 판단을 하고, 이런 상황은 주로 학생이 이미 감정적으로 흥분된 상태에 있을 때 일어난다. 다시 말해, 이미 기분이 좋지 않은 상황, 쉽게 정서적으로 흥분할 준비가 되어 있는 상황에 있을 때 주어진 사건 속에서 부정적인 판단을 하기가 쉽다는 것이다. 늦잠으로 아침을 못 먹고 온 승호는 이미 민감한 상태이기 때문에 이럴 경우 더 쉽게 감정적인 흥분 상태에 놓이게 된다.

승호는 아마 영수가 실수로 자신의 책상을 건드리고 공책을 떨어뜨렸다고 판단했을 수도 있다. 아니면 영수가 일부러 그랬다고 생각하는 부정적인 상황 판단을 했을 수도 있다. 어찌되었든, 자초지종을 묻거나 따져 보는 효과적인 의사소통 방

법을 잘 모르고 있기 때문에 영수에게 이유를 묻거나 사과를 구하기보다는 공격행동을 하게 된 것이다. 아무리 민감한 아이라 해도 모두가 이런 폭력적인 방법으로 해결하지는 않지만, 이런 상황에 어떻게 말을 해야 할지 잘 모르는 아이들은 욱하는 마음에 말보다 주먹이 앞설 때가 있다.

4 이렇게 해 봤어요

(1) 건강 상태나 환경의 변화에 대해 조사하기

승호를 돕기 위해 가정 먼저 특별히 화를 잘 낼 수밖에 없는 배경 원인이 있는지 조사하였다. 보호자 상담 및 전화 연락을 통해 갑자기 건강 상태가 악화된 것은 아닌지, 가정에 감당하기 어려운 변화가 발생한 것은 아닌지를 먼저 확인하였다.

(2) 분노관리 프로그램 적용 및 지역사회 기관 이용하기

승호가 쉽게 흥분을 높이지 않도록 먼저 배경 요인이 되는 아침 식사 거르기 문제를 가정과의 협력을 통해 해결할 필요가 있었는데, 매일 아침 알림장을 통해 아침 식사 여부를 확인할 수 있었다. 그 다음 스스로 자신이 어떤 상황에서 어떤 방식으로 화를 내는지 인식하고 조절하도록 별도의 분노관리 훈련을 제공하였다. 최근 Wee center에서도 이 훈련을 제공받을 수 있고, 구체적인 훈련 프로그램들이 논문을 통해 제공되고 있으며, 한 연구에서 적용한 훈련 프로그램의 예시는 이 장의 마지막에 제시되어 있다.

분노관리 훈련과 함께 이미 화가 났을 때 자신의 화를 가라앉히기 위해 사용하도록 승호에게 이완 훈련을 실시하였다. 이는 심호흡을 하면서 숫자를 거꾸로 세는 등의 방법으로 자신의 흥분 상태를 가라앉히도록 하는 훈련, 자신의 감정을 말로 표현하는 훈련이다.

만약 학생의 공격행동에 영향을 미치는 요인으로 가정 문제가 있거나 특별한 상담 전략이 필요할 경우 지역사회의 여러 기관을 통해 지원을 제공받을 수 있다. 기관별 지원 내용과 관련 정보는 이 장의 후반부에 제시된 자료를 참고하기 바란다.

(3) 화가 난 순간 나에게 편지 쓰기

감정조절이 잘 되지 않을 때 조용히 혼자 앉아서 차분하게 자신에게 편지를 써 보는 것도 유용하다. 처음에는 화가 난 마음으로 시작하겠지만, 글을 써 내려가면서 어느새 자신의 감정을 추스를 수 있게 된다. 이것은 어른에게도 효과적인 방법이므로 승호에게 편지 대신 휴대전화 문자를 스스로에게 보내 위로와 공감을 표현하도록 하였다.

(4) '친구의 마음을 이해하는 약' 처방하기

때로는 유머가 필요할 수 있다. 친구의 입장을 이해하거나 문제가 발생한 상황을 이해하도록 도울 수 있는 '특별한 약'을 처방해 주어 학생들이 심각한 상태를 좀 더 가볍게 넘길 수 있는 지혜를 갖게 하였다.

따뜻한 마음을 지니는 약

__________ 님께
1일 회 일분
매식 전 · 간 · 후 분 복용
사랑이 그리울 때마다 1포(정) 복용
20 년 월 일

〈복용 시 참고사항〉
부드러운 알약은 녹여 드시고, 딱딱한 알약은 인내심을 가지고 끝까지 녹여 드시면 됩니다.

〈사용상의 주의사항〉
★ 다음의 환자에게는 투여하지 마십시오.
이 약의 의미를 이해하지 못할 것 같은 사람
★ 부작용
- 스승을 존경하지 않는 이에게 약을 조제할 경우에는 혈압이 올라가거나 목소리가 커지는 등의 부작용이 생길 수 있습니다.
- 너무 단 약만을 조제할 시 치아 건강에 해로울 수 있습니다.
- 이 약은 어린이의 손이 닿는 곳에 안심하고 두셔도 됩니다.

〈일반적 주의사항〉
- 드물게 약 효과를 못 거두시는 분도 있을 수 있습니다. 조제하는 사람의 사랑과 정성을 믿지 못할 시에는 약효가 없습니다.
- 복용자의 눈에서 눈물이 나거나 가슴이 찡한 증세가 있을 수 있습니다.
- 잠자리에서 복용했을 시에는 꼭 이를 닦고 주무십시오.

★ 복용기간
조제 후 1주일 이내(조제하는 약에 따라 약간의 차이는 있습니다.)

모 ◆ 하 ◆ 위 ◆ 약 ◆ 국
모두는 하나를 위하고 하나는 모두를 위하는 초등학교 4학년 8반

5 이런 방법도 해 보세요

(1) 비슷한 사례

- 갑자기 소리 지르며 화를 내는 행동
- 자신의 물건이나 친구의 물건을 갑자기 던지는 행동
- 앉아 있지 못하고 자리를 박차고 교실 밖으로 나가 버리는 행동

(2) 상호 지원하는 학급을 만들기 위한 집단 강화 게임

학급 전체가 서로 지원하는 긍정적인 학급 분위기를 만들기 위해 집단 강화 방법에 기초한 게임을 할 수 있다. 우선 학생들의 이름이 담긴 종이 중 무작위로 한 명의 이름을 뽑아 다른 주머니에 옮겨 놓는다. 2주 후에 뽑힌 학생이 누구인지 확인할 때까지 그 학생이 사건을 일으키지 않거나 사전에 정한 기준 이하의 빈도로 안전하게 시간을 보내면 학급 전체가 추가 휴식시간을 갖는다든지, 방과 후 축구게임을 한다든지 하는 공동의 상을 받게 된다.

뽑힌 학생이 누구인지 모르기 때문에 학급 전체가 공동의 상을 받기 위해 서로를 지원할 수 있는데, 특정 학생을 지원하도록 하기 위해 교사가 의도적으로 대상 학생의 이름이 뽑히도록 사전에 조작할 수도 있다. 목표에 도달하게 되어 반 전체가 상을 받을 때 교사는 사전에 뽑힌 학생의 이름을 공개할 수 있으며, 그렇지 못할 경우 다른 학생들의 원망을 듣지 않기 위해 비공개로 남겨 둘 수도 있다.

(3) 분노 온도계를 사용해 학생의 자기 이해 돕기

분노 온도계(anger thermometer)는 분노조절 프로그램 중 자신이 화가 났다는 징후를 인식하는 데 도움을 주는 방법이다. 다음은 학생이 분노 온도계를 작성한 예시 자료로 학생들이 스스로 화가 났을 때의 징후를 인식하고, 화를 일으키는 원인을 이해할 수 있는 자료가 될 수 있다.

분노 온도계를 사용하는 첫 번째 단계는 성인과 학생이 함께 100부터 0까지의 수치를 사용해 감정의 범위를 설정하는 것이다. 이때 성인의 경험담을 제공하거나 학생이 겪은 최근의 경험을 회상하는 것이 도움이 될 수 있다. 가장 참기 힘든 최고의 반응치가 100이 되고 그냥 평온한 상태는 0이 되며 이를 중심으로 적절한 간격으로 온도를 설정할 수 있다. 이어서 자신의 신체적 · 행동적 분노 신호와 이러한 분노를 일으키는 상황에 대해 작성해 봄으로써 실생활에서 자신이 화가 난 상태가 어느 정도인지 인식하고 문제를 해결할 수 있다는 것을 알게 한다.

승호의 분노 온도계가 100℃라면 끓는 물에 화상을 입는 것과 같이 가까이에 있는 누군가에게 해를 줄 수 있으므로 이때는 자신의 분노 온도가 낮아질 수 있도록 혼자만의 시간과 온도를 낮추는 해결 방법이 필요하다는 것을 의미한다. 따라서 승호가 100℃의 화가 날 때를 스스로 인식하고 이때 자신과 다른 사람을 보호하기 위한 전략을 해결 방법으로 선택할 수 있도록 지도해야 한다. 그 외의 온도에서도 학생들이 일단 자신의 분노 신호인 행동적 단서를 인식하면 그 다음에 무엇을 해야 하는지 선택할 수 있도록 하는 문제해결 과정으로 연결될 수 있다.

온 도(℃)	이럴 때 나는(나의 분노 신호): 화가 났음을 나타내는 행동 목록	언제, 무엇 때문에
100	- 주먹과 발이 나간다. - 아무것도 안 보이고 속에 불이 나는 것 같다.	- 오해받을 때 - 억지로 하라고 할 때
80	- 소리를 지르며 씩씩거린다. - 몸이 부들부들 떨린다.	- 친구들이 나나 내 물건을 건드릴 때
60	- 입술이나 어금니를 깨문다. 이렇게라도 안 하면 욕을 할 것 같다.	- 친구들이 날 보고 쑥덕거리는 것 같을 때
40	- 주먹을 꽉 쥔다. - 심장이 쿵쾅거린다.	- 숙제하려고 책상에 앉았는데 엄마가 숙제하라고 할 때
20	- 숨을 빠르게 쉰다.	- 다른 사람이 날 쳐다보는 것 같을 때
0	- 아무 생각이 없다. - 평온하다.	- 혼자 있을 때

(4) 문제해결 전략 가르치기

문제해결 전략 교수란 문제를 확인하고 이를 해결하기 위해 어떤 방법이 있으며 각각에 따른 결과가 어떠할지 생각해 봄으로써 적절한 방법을 선택하고 그 결과를 평가하여 추후 일어날 상황에 대한 평가 자료로 사용하도록 하는 것이다. 상황이 좋지 않고 기분이 나쁠 때(나의 분노 온도가 60~80℃일 때) 학생이 할 수 있는 4단계 작전(멈춰-생각해-골라-다시 생각해)을 시작하도록 사전에 가르치고 연습 기회를 제공한다.

1단계는 무조건 멈춰서 아무것도, 아무 말도 하지 않고 그냥 있는 것이다. 2단계는 조용히 마음을 가라앉히고 무엇이 문제인지, 어떻게 할지 여러 종류의 생각을 해 보는 단계다. 3단계에서는 이렇게 생각한 지금 당장 할 수 있는 여러 가지 일들 중 가장 문제를 적게 일으키고 상황을 덜 악화시킬 수 있는 가장 좋은 방법을 고른다. 마지막으로 4단계에서는 자신이 선택한 방법을 골라서 해 본 후 선택 방법과 그에 따른 결과를 돌아보며 자신이 생각한 대로 된 것인지, 다음에는 어떻게 해야 할지, 좀 더 좋은 방법은 없는지 다시 생각한다. 이와 같은 4단계 작전은 실제로 문제가 되는 상황들을 설정하고 그에 따른 행동과 결과를 연결시키는 역할 놀이를 통해 학생들이 연습할 수 있도록 하면서 지도할 때 효과적이다.

다음은 문제해결 전략 연습을 위해 승호가 작성한 분노 온도계에 기초하여 80℃의 분노를 야기시키는 상황을 제시하고, 4단계 작전을 완성해 가는 과정을 예시로 제시한 것이다. 처음 교사는 4단계 작전을 시범 보이면서 속으로 하는 생각을 겉으로 들리게 말한다. 그다음 승호는 교사의 시범을 따라 4단계 작전으로 실행하고 겉으로 말하며 했던 과정을 점차 속으로 생각하면서 행동하는 연습을 한다.

상 황	영수가 승호의 책상을 치고 지나가는 바람에 승호의 공책이 바닥에 떨어졌다.
1단계 멈춰	뭐야? 무슨 일이 일어난 거지? 일단 좀 생각해 보자.
2단계 생각해	영수 때문에 공책이 바닥에 떨어졌잖아. - 내가 얼마나 화가 났는지 한 번 제대로 보여 줄까? - "이번만 봐 준다. 한 번만 더 그러면 죽을 줄 알아."라고 말할까? - 내 기분이 어떤지 말하고 사과를 받아야겠다.

3단계 골라	- 주먹으로 영수를 한 대 치면 내 화는 풀릴지 몰라도, 오후 내내 벌을 서게 되겠지? - 큰 소리를 내도 선생님께 혼이 날 거야. 벌 청소를 하게 될지도 모를 일이야. - 그래. 지금은 내가 왜 화가 났는지 영수에게 말하고 제대로 사과를 받는 편이 낫겠어. → "최영수! 네가 지금 내 책상을 치는 바람에 내 공책이 떨어졌잖아. 당장 사과해. 그리고 앞으로 좀 조심해 줘."
4단계 다시 생각해	- 영수의 사과를 받으니 기분도 풀리고, 선생님께 혼도 안 났네. 다음에도 이 방법을 써야겠어.

(5) **변화를 위한 노력 보상하기**(쿠폰 주기)

자신이 화가 나려고 하는 상황을 스스로 인지하고 대처 전략을 사용했을 때 쿠폰을 주는 방법(토큰 경제)을 함께 사용할 수 있다. 분노 온도가 60℃쯤에 이르렀을 때 화나게 하는 상황을 피하는 방법을 가르치고 이런 행동을 하면 학생이 좋아할 만한 쿠폰(숙제 면제, 선생님과 떡볶이, 청소 당번 휴일 등)을 주는 것이다.

공격행동 5 너무 쉽게 짜증을 내거나 화를 내는 행동

1 이런 일이 있었어요

대혁이는 눈웃음이 아주 매력적인 6학년 학생이다. 학업적인 질문에 답하기에는 어려움이 있지만 평소 대답도 잘 하고, 선생님에게 자신의 경험과 관심을 종알종알 잘 표현하는 밝은 성격을 가졌다. 하지만 가끔씩 두 얼굴의 어린이가 되고는 하는데 풀 뚜껑이 잘 열리지 않거나 친구가 자신의 어깨를 쳤을 때, 학습지를 풀기 위해 교사에게 질문하였는데 교사가 바로 오지 않을 때와 같이 아주 사소한 일에도 소리를 지르며 울먹이거나 어떤 때는 친구의 따귀를 때리기도 한다. 대혁이를 좋아하는

친구들이 관심을 표현한 것인데도 가끔씩 버럭 화를 낼 때는 모두가 한동안은 대혁이의 곁에 가지 못한다.

2 선생님 당황스럽지요

(1) 이러다가는 아무도 대혁이의 친구가 될 수 없겠어

이런 행동이 지속되면 다른 친구들도 대혁이의 장점보다 쉽게 화내고 짜증 내는 아이로 여길까 걱정이 된다. 아무리 평소에 애교가 많고 친구들을 좋아하는 대혁이라고 해도 친구들은 대혁이를 멀리하고 싫어하게 될 것이 뻔하다.

(2) 좀 혼자서 할 수 있으면 좋겠는데

선생님만 가까이 있으면 아무 문제도 없는데 그렇다고 항상 대혁이 옆에만 있을 수는 없다. 혼자서 할 수 있으면 좋겠는데 아주 사소한 것에도 도움을 받으려 하고, 즉각적으로 도움을 주지 않으면 바로 화를 내거나 짜증을 내기 때문에 손이 한 열 개쯤 되어야겠다는 생각도 든다.

(3) 기다리는 방법을 어떻게 가르치면 좋을까

교사가 항상 자기 옆에만 있을 수는 없다는 것을 알고 기다려줬으면 좋겠는데 어떻게 가르쳐야 할지 막막하다. 자신이 요구하자마자 상대방이 그 요구를 들어주어야 하고, 그렇지 않으면 쉽게 좌절하는 편이다.

3 아! 그랬구나

일반학생들도 저학년일 때는 또래보다 교사의 관심을 더 의미 있게 여길 수 있다. 하지만 점차 학년이 높아지면서 또래 관계에 더 큰 의미를 두게 되는데 장애학생들의 경우 성인만큼 또래가 자신의 마음을 이해하고 상호작용을 시작하거나 주고받는 역할을 해 주지 못할 때 또래보다는 교사에게 더 큰 의미를 두고 의존하는 경향을 보인다.

특히 대혁이 같은 지체장애학생들은 평소 스스로 할 수 있는 일도 쉽게 다른 사람들의 도움을 받으려 하는 의존성이 강한 특성을 보인다. 이런 경향은 장애학생들의 현행 수준에 기초하여 도전이 될 만한 수행 기회가 제공되기보다는 쉽게 도움을 받아 온 교육경험 때문일 수 있다. 독립성을 촉진하기 위해서는 성공을 경험할 수 있는 기회를 제공함으로써 혼자서 수행하는 것이 더 큰 의미가 있음을 알게 해 주어야 한다.

4 이렇게 해 봤어요

(1) 교사의 도움 줄여 나가기: 과제 수정, 도움 제공 방식 수정

친구보다는 교사와의 상호작용을 좋아하고 교사만이 자신의 어려움을 해결해 줄 수 있다고 여기며, 자신이 원하는 바가 즉각 해결되어야만 하는 대혁이를 위해 가장 먼저 교사의 관심이 지속될 수 없음을 가르치고 교사 대신 또래의 도움을 받도록 하는 노력이 이루어졌다. 그 첫 단계로 대혁이가 혼자서 할 수 있을 정도로 과제의 난이도를 쉽게 조정하고, 과제를 시작할 때 준비가 다 되었는지 먼저 확인하는 과정을 거쳤다.

예를 들어, 반복적으로 도움을 요청하는 풀 뚜껑 열기와 종이 오리기를 혼자서 할 수 있도록 뚜껑을 반쯤 열어 놓거나 미리 오려진 자료를 제공하였다. 또한 교사의 도움이 필요할 때 도움을 요청한 후 10까지 세고 다시 도움을 요청하기와 도우미 짝꿍에게 부탁하기 방법으로 대혁이의 요구가 해결될 수 있도록 했다. 대혁이가 목표한 대로 행동하였을 때 교사는 즉각적으로 관심을 제공하고 칭찬해 주었다. 도우미 짝꿍은 자발적으로 원하는 학생들 중에 대혁이가 선택할 수 있도록 기회를 주어 도우미에게 도움을 요청할 수 있는 가능성을 높이고자 하였다.

또한 또래의 도움 요청 행동이 자리 잡지 못한 상황에서 교사가 다른 일을 해야 할 때는 대혁이가 평소 더 좋아하고 가능한 독립적으로 할 수 있는 과제를 할 수 있도록 사전에 제공하였다.

(2) 교사의 근접성 조절

우선은 교사가 가장 쉽게 접근할 수 있는 자리로 대혁이의 좌석 배치를 조정해 주고, 주기적으로 교실을 돌아다니며 대혁이가 과제를 혼자서 수행하고 있을 때 어깨를 두드려 주거나 머리를 쓰다듬는 방식으로 관심을 제공하였다. 또래에게 화를 내거나 짜증을 낼 때는 가장 뒷자리, 즉 교사의 관심을 가장 적게 받는 자리에서 혼자 앉아서 나머지 수업 시간을 보내도록 하였다. 이때 교사의 관심이 표현되지 않도록 무미건조한 말투로 자리를 옮기도록 지시하였다.

(3) 기다리는 연습하기

성급하여 참지 못하고 기다리지 못하는 아이들에게 기다리기를 지도하기 위해서는 자연스럽게 활동을 지연시키는 의도적인 지도 기술이 필요하다. 예를 들어, 친구들보다 먼저 순서를 차지하려고 하거나, 활동을 선점하거나 독점하려고 하는 경우 일부러 활동의 진행 순서를 느리게 진행하는 방법으로 은연중에 인내심을 기르게 할 수 있다.

또한 성급한 학생의 활동 순서를 조금씩 뒤로 지연시키는 방법을 사용할 수 있다. 갑자기 맨 마지막으로 활동하게 해서는 오히려 성급함을 더 일으킬 수 있으므로 서서히 조절하도록 돕는 교사의 민감성이 필요하다.

5 이런 방법도 해 보세요

(1) 비슷한 사례

- 수업 중에 갑자기 소리를 지르는 행동
- 핑계를 대며 주어진 학습을 회피하는 행동

(2) 스티커 이용하기

대혁이에 대한 칭찬과 격려가 수업을 방해할 수도 있으므로 책상 위에 칭찬 스티커판을 붙여 주고 수업을 진행하면서 대혁이의 수업참여 행동을 정기적으로 칭찬해 주기 위해 수업 중 교실을 돌아다니면서 조용히 스티커를 붙여 줄 수 있다. 스티커판이 모두 채워지면 대혁이가 가장 좋아하고 원하는 것을 상으로 받을 수 있도록 사전에 대혁이와 상의해 결정한다.

(3) 학급에서 역할 제공하기

대혁이에게 자연스럽게 관심을 제공해 줄 수 있는 방법 중 하나는 수업시간에 할 수 있는 역할을 제공하는 것이다. 학습지나 수업 교재 · 교구 등을 나누어 주기, 학생들에게 보여 줄 그림 자료 등을 들고 있기, 친구들이 다 한 학습지 걷어 오기, 우유 나눠 주기 등 자신이 학급에서 필요한 존재라는 것을 알게 하고, 자신의 행동으로 친구들의 격려를 받는 것이 교사의 관심을 받는 것만큼 즐겁고 행복한 일임을 알게 하는 방법이 될 수 있다.

공격행동 6 사소한 일에도 소리를 지르거나 화를 내는 행동

1 이런 일이 있었어요

고등학교 1학년 통합학급 쉬는 시간이다. 아이들은 거칠게 화를 내는 현수 주위로 '우~' 하며 몰려들었다. 현수는 앞에 앉아 있는 대범이가 자신에게 욕을 하고 지우개를 가져갔다면서 계속 대범이에게 소리를 지르면서 주먹을 휘둘렀다. 대범이는 나는 그런 적 없다면서 황당한 표정이다. 현수는 자주 이런 모습을 보인다. 중학교 때부터 심했다고 하는데 고등학교에 들어와서도 별반 달라진 것은 없다. 어제 쉬는 시간에도 현수는 민규가 계속 자신의 흉을 본다고 민규를 붙잡고 늘어졌다.

현수의 도우미학생인 민정이는 사태가 심각해질 것 같아서 담임교사와 특수교사를 모셔 왔다. 현수는 특수교사와 함께 특수학급으로 가고 담임교사는 어수선해진 반을 정리한 다음 교무실에 와서 자리에 앉았다. 수업시간에는 없는 듯 조용한 현수지만 쉬는 시간만 되면 유독 학생들과 다툼이 잦아 담임교사는 늘 걱정이다.

2 선생님 당황스럽지요

(1) 현수는 수업시간에는 조용한데 왜 쉬는 시간에만 친구들과 다툴까

현수는 수업시간에는 조용히 해야 한다는 것을 잘 알고 있는 친구다. 하지만 쉬는 시간에 친구들과 자연스럽게 맺는 관계형성에 어려움을 느껴서 다툼이 많이 일어나는 것일 수 있다. 그래서 아마도 인간관계 형성을 위한 다양한 훈련을 진행해야 할 것 같다.

(2) 정말 대범이가 지우개를 가져간 것은 아닐까? 만약 그렇다면 원인제공을 학생들이 하는 것인데 어떻게 찾아내지

대범이뿐만 아니라 일반학생 중 몇몇은 장애학생과 우정을 맺는 방법이 조금 서투른 경우가 종종 있다. 그들 나름대로 관심을 표현하는 방법인데 장애학생과 관계

형성을 어떻게 해야 하는지 그들의 수준을 어디에 두어야 하는지 몰라서 이런 장난을 종종하기도 한다. 이는 꾸준한 통합교육과 장애이해교육을 위해서 어렸을 때부터 자연스럽게 형성되어야 하는 인성교육의 과정인 것 같다.

(3) 현수의 성격에 문제가 있는 것은 아닐까. 민정이에게 물어보면 대체적으로 아이들도 잘 도와준다고 하고 대범이도 모범생은 아니지만 나쁜 친구는 아닌데

현수의 성격에 문제가 있을 수는 있다. 이때 우리가 고민해야 할 것은 이 성격의 출발점이 어디에 있는가 하는 것이다. 성격이란 어렸을 때부터 형성되어 온 경험의 묶음들에 의한 것이므로 까칠한 성격은 성인이 되어서 사회생활을 하는 데 힘들다는 것에 초점을 맞추어 사회성 기르기와 더불어 함께 고쳐가야 할 것 같다.

(4) 장애학생은 모두 착한 줄 알았는데 이렇게 공격적이고 까칠한 아이도 있고, 어떻게 다루어야 할지 모르겠다

대학시절에 배우는 특수교육학개론 2~3학점 이수만으로 장애학생의 전반적인 특성을 이해한다는 것은 너무 힘든 일이다. 하지만 이미 통합학급을 맡게 되었다면 우리 반 40여 명 가운데 장애학생 1명의 인연도 소중하다. 내가 맡게 된 장애학생의 장애특성, 가정환경, 인지능력 등을 학부모, 특수교사와 함께 의논하여 현수가 무리 없이 1년을 통합학급에서 보낼 수 있도록 통합교육프로그램을 만들어 보는 것이 좋을 것 같다.

3 아! 그랬구나

(1) 학생입장

현수는 후천적인 장애학생이다. 7세 때 경기를 한 후로 뇌에 잠시 산소 공급이 중단되어 정신지체가 되었다. 초등학교 때까지는 성격이 소심해서 늘 아이들에게 놀림을 당하기 일쑤였고 그나마 특수학급에서 편안하게 학교생활을 할 수 있었다. 중

학교 때 사춘기가 시작되면서 조그마한 일에도 짜증을 내기 시작했다. 모든 아이들이 자신을 놀리는 것 같았고 그래서 학생들이 삼삼오오 모여 있는 모습만 보면 가서 방해하기 일쑤였다.

한번 학생들에게 화를 내니 학생들이 더 이상 자신을 건드리지 않았다. 이제 나도 힘이 세서 더 이상 친구들에게 맞고만 있지는 않아도 되었다. 하지만 현수도 친구들과 사이좋게 지내고 싶다. 민정이에게만은 화를 내고 싶지 않고 민정이 앞에서는 멋진 모습을 보여 주고 싶은데 자신이 잘 하는 것도 없고, 그래서 더 짜증이 난다.

(2) 환경이 원인인 경우

현수의 엄마는 현수의 병을 고치기 위해서 무슨 일이든지 다 할 수 있을 것 같았다. 7세 전까지만 해도 그렇게 영리하고 말도 조리 있게 잘 하던 아이가 어느 날부터 엄마의 말을 이해하는 것도 어렵게 되었다는 사실을 인정하기 어렵다. 아이들이 조금만 현수에게 친절하게 대해 주면 현수가 아이들에게 공격적이지는 않을 텐데, 선생님이 우리 현수를 조금만 더 감싸 주면 현수가 통합학급에서 생활하기가 훨씬 편할 텐데 말이다. 현수보다는 주변에서 사람들이 현수를 수용해 주지 못하는 것이 현수를 더욱더 공격적으로 만드는 것 같아 너무 속상하다.

(3) 현수의 장애 특성

선천적인 장애가 아닌 중도에 정신지체가 되었을 경우에는 선천적인 정신지체 학생보다 조금 다루기 어려운 경우가 많다. 이미 태아기와 유아기 때 습득된 지식과 경험이 축적되어 있기에 상황을 판단하는 능력이 있다. 그러나 종합적인 사고능력에 있어서는 어려움이 있기 때문에 문제해결 방법이나 상황대처 방법 면에서 미숙하기 쉽다.

또 주변사람들의 시선도 중도 장애학생의 경우에는 배려가 덜하기도 하다. 상황판단도 하고 나름대로 대처도 하기 때문에 세련되지 못하거나 세밀하지 못한 부분에 대해서까지 살피지는 않고 그 장애학생의 반응에 대해서만 판단하기 때문이다.

특히나 통합학급과 같은 학생의 그룹에 있어서는 더욱 그렇다. 통합학급에서 공부하는 학생들 중에는 장애학생이 아니어도 상황판단능력에 비해서 대처방법이 어눌한 학생들이 있기 때문에 이런 학생과 장애학생을 구별하기도 쉽지 않을 뿐더러 장애학생만을 배려하게 되면 오히려 장애학생을 왕따시키려 하게 된다.

4 이렇게 해 봤어요

(1) 현수의 입장에서 이해하기

장애학생이든지 일반학생이든지 모든 사람의 행동은 그들의 경험들이 쌓이고 쌓여서 나오게 된다. 유아기와 초등학교, 중학교 생활을 거치면서 주변사람들과 맺은 관계, 학습과 지식습득을 통해서 나름대로의 대처방법을 터득하고 자신의 것으로 내면화하는 과정을 거치게 되는 것이다. 현수의 행동도 마찬가지다. 현수가 공격적인 행동을 나타내는 것은 주변에서 원인을 제공하기도 하겠지만 현수가 초등학교, 중학교 생활을 거치면서 나름대로 환경에 적응하기 위한 전략이 되기도 한 것이다.

갈등상황에서 문제행동을 보이고 있는 현수는 아주 흥분하는 경향이 있으며 주변사람에 대한 불신이 깊기 때문에 현수의 공격적인 행동을 나무라는 것은 다시 담임교사나 특수교사에 대한 불신만을 심어 주는 결과가 된다. 현수가 통합학급에서 친구와 다툼이 있을 때 다음과 같은 단계로 문제를 해결해 보자.

- 현수의 문제 상황 변화 주기: 현수가 통합학급에서 문제행동을 보였다면 우선 통합학급에서 벗어나게 해야 한다. 주변 학생들의 시선, 여기저기서 들려오는 여러 가지 소리들이 현수를 더욱더 흥분하게 할 수 있기 때문이다.
- 현수의 마음 읽어 주기: 통합학급에서 나와 복도나 교무실, 도움반 교실로 데려왔다면 우선 현수에게 따뜻한 차 한 잔을 주면서 하고 싶은 말을 다 하게 하고, 그 상황이 충분히 현수에게 화가 날 수 있는 상황이었음을 공감해 줌으로써 현수가 자신의 화를 가라앉히고 선생님이 자신을 혼내거나 나무라는 존재가 아니라

자신을 이해하고자 하는 믿을 만한 사람이라는 느낌을 가질 수 있게 한다.

- 현수의 문제 상황에 대해서 천천히 이야기하게 하기: 흥분을 가라앉히고 나면 다시 천천히 왜 그렇게 화가 났는지, 어떤 사건이 있었는지 글로 쓰거나 글로 표현하는 것이 어렵다면 말로 표현하게 하고 교사가 이를 받아 적는다. 이로써 순순히 현수의 입장에서 문제 상황을 어떻게 보고 있는지 알 수 있고 평소에 그 친구가 현수에게 어떤 친구였는지, 현수는 그 친구를 어떻게 생각하는지 판단할 수 있다. 이때 현수의 말이 앞뒤가 맞지 않을 수도 있고 종합적으로 이해가 되지 않을 수도 있지만 현수가 통합학급 친구에 대해서나 문제 상황에 대해서 갖는 느낌만큼은 거짓 없는 진실한 것일 수 있으므로 평소 관찰력 있는 교사라면 통합학급 전체에서 현수에 대한 분위기라든지 현수가 통합학급에서 어느 정도 적응하고 있는지를 판단할 수 있다.
- 현수에게 공격행동이 얼마나 나쁜 것인지에 대해서 설명해 주기: 이 정도쯤 되면 이미 현수는 화도 가라앉았고 더 이상 자신이 야단맞지 않을 것이라는 느낌을 받았기에 공격행동 자체가 얼마나 나쁜 것인가 하는 선생님의 질문에 대해서 열심히 답을 할 수 있을 것이다. 또한 답을 하는 과정에서 자신의 잘못에 대해 이해할 수 있게 되고 이를 다시는 하고 싶지 않다는 것도 생각하게 된다. 특히 고등학교 학생쯤 되면 2~3년 뒤에 성인이 되어 지역사회로의 전환이 되기 때문에 성인이 되어서 하는 공격행동이 어떤 결과를 가져오는지도 설명해 주는 것이 좋다.
- 친구에게 화가 났을 때 어떻게 이야기하는 것이 좋을지 알려 주기: 대부분의 정신지체 장애학생의 경우 자신을 표현하기를 어려워한다. 그러므로 이는 꾸준히 인간관계 훈련, 감수성 훈련과 같은 사회성 프로그램을 통해서 습득할 수 있도록 하여야 하며 문제 상황 발생 시의 대처방법에 대해서는 간단명료하게 알려 주는 것이 좋다.

(2) 현수의 행동변화를 위한 노력

앞의 상황대로 현수의 입장에서 문제해결을 위해 노력하였다면 더 이상 현수가 문제 상황에 대해 공격행동이 나오지 않도록 평소 행동변화를 위한 노력을 하여야 한다.

이러한 행동변화를 위한 노력은 한 번에 이루어지기는 어렵고 통합학급 담임교사, 특수교사, 학부모와의 긴밀한 협조체제 아래 이루어져야 한다.

- 통합학급 담임교사의 노력: 통합학급 담임교사는 평소 현수를 포함한 학생들 한 명 한 명에 대한 주의 깊은 관찰을 통해서 통합학급 분위기를 잘 알고 있어야 한다. 또한 현수의 문제행동에도 불구하고 평소에 현수의 입장을 이해하고 도와줄 수 있는 또래 도우미학생을 최소한 3명 정도는 배치해야 한다.

  그래야 현수의 통합학급을 긍정적인 방향으로 도와줄 수 있고, 현수의 모델이 되어 줄 수 있기 때문이다. 현수의 문제행동은 장애특성이기도 하지만 환경적인 부분으로서 다른 학생들에 의해서 유발되기도 하므로 현수가 문제행동을 보이는 상황과 이와 관련된 일반학생의 명단을 확보해 놓는다. 그리고 주의 깊게 관찰하여 먼저 일반학생에 의해서 문제행동이 나오지 않도록 일반학생들의 통합분위기를 충분히 조성해야 한다.
- 특수교사와 학부모의 노력: 현수가 문제행동을 자주 보일수록 통합학급에서 현수의 입지는 좁아질 수밖에 없다는 것을 기억해야 한다. 현수의 문제행동은 자신의 장애특성이기도 하고 일반학생들에 의해서 일어날 수 있기도 하지만 현수가 갈등상황에서 문제행동을 자주 보이게 되면 스스로도 올바른 행동을 습득하기보다는 문제행동을 보임으로써 손쉽게 얻는 해결방법에 익숙해질 수 있다.

  이때 특수교사와 학부모는 주변 환경을 변화시키는 것에 초점을 맞추기보다는 현수 자신의 문제행동 소거에 초점을 맞추어야 한다. 먼저 현수의 공격적인 문제행동이 만들어지게 된 그동안의 배경을 살펴보아야 하며 초·중학교 때의 교사들과 상담하여 문제행동이 어떤 이력을 통해 만들어진 것인지 이때 주변에서 어떻게 대처했는지를 상담할 필요가 있다.

둘째는 현수의 문제행동을 바라보는 학부모의 관점을 살펴야 한다. 학부모마다 자식의 문제행동을 바라보는 관점이 다르기 때문에 이를 소거하기 위한 접근 방법도 다르기 때문이다. 학부모는 당장은 현수의 공격적인 문제행동이 주변 환경에 의한 것일지라도 궁극적으로는 문제행동이 소거되지 않는 한 성인으로의 전환을 앞둔 시점에서 지역사회에 속하는 데 어려울 수 있다는 점을 인식하여야 한다.

그러므로 현수의 문제행동 소거에 무엇보다 관심을 가지고 적극적으로 교사와 함께해야 한다. 문제행동 소거방법에 대한 구체적인 활동은 앞에서 제시한 이론에 기초하여 현수에게 맞는 방법을 교사와 함께 찾아보는 것이 좋다.

- **현수의 행동변화를 위한 통합학급 친구들의 태도 변화:** 고등학교 정도의 인지를 가진 친구들이라면 현수가 문제행동을 보였을 때 얼마든지 담임교사나 특수교사와 함께 대처할 수 있다. 먼저 장애학생의 특성에 대한 충분한 이해를 가지고 있어야 하며 이는 단순히 일회적인 장애이해교육보다는 그룹 활동을 통한 수차례에 걸친 장애이해교육이 바탕이 되어야 한다.

인문계 고등학교와 같은 입시환경 속에서 장애이해교육을 하기는 쉽지 않지만 학교교육과정 안에서 충분히 재량활동, 특별활동, 도덕, 체육, 기술 · 가정 등과 같은 과목의 교사와 협력 수업을 통해서 교과교육과 함께 실시할 수 있다.

5 이런 방법도 해 보세요

(1) 비슷한 사례

- 체육시간에 학생들의 체육활동을 방해하고 다니는 행동
- 통합학급에서 제일 조용한 친구에게 가서 책상을 어지럽히는 행동
- 특수학급에서도 친구들과 자주 다투는 행동

• 계단에서 이유 없이 일반학생들을 밀거나 툭툭 치는 행동

(2) 인간관계 훈련 프로그램

장애학생뿐만 아니라 일반학생들 중에서도 인간관계 형성에 어려움을 가지는 경우가 많다. 이럴 때는 재량활동이나 담임시간을 활용하여 다양한 인간관계 훈련 프로그램을 실시해 보자. 기존에 소개되어 있는 많은 인간관계 훈련 프로그램은 대부분 일회적이기보다는 몇 차례 지속적으로 실시해야 효과가 있다. 다음에 소개되는 몇 가지의 인간관계 훈련 프로그램을 실시하면 훨씬 신나는 학급운영이 될 수 있다.

기뻤던 일, 슬펐던 일

단 계	자기표현
준비물	필기도구, 16절 크기의 시험지 1장씩
지도상의 유의점	① 조그마한 기쁨이나 슬픔도 소중히 여겨 수용하는 분위기를 만든다. ② 최근에 겪은 일로 하는 것이 좋다. ③ 가짓수에 따라 기뻤던 일(슬펐던 일)의 가짓수를 조절한다. ④ 2명 중 한 사람이 대표로 이야기하는 것은 되도록 금하는 것이 좋다. ⑤ 전개단계로 들어가는 초기에 실시하면 좋다.
진행절차	① 활동 설명 ② 느낌 발표 ③ 정리 ④ 지도자 조언
활동 내용	① 돌아가면서 1, 2로 번호를 불러 서로 짝이 되게 한다. ② 자리가 잡히고 조용해진 뒤 지도자는 참가자들이 눈을 감도록 한 다음 프로그램을 설명한다. ③ 최근에 일어났던 일 중 기뻤던 일이나 슬펐던 일은 무엇이었는지 생각해 보게 하고 짝과 이야기해 보게 한다. ④ 짝에게 들은 이야기를 전체 모둠에게 이야기하게 한다. ⑤ 남의 기쁜 일과 슬픈 일을 듣는 동안 오간 생각과 느낌을 종이에 적어 보도록 한다.
기대효과	① 자신의 슬픔보다 더 진한 슬픔을 상대방이 가지고 있을 수 있음을 알고 절제와 겸손이 가능해진다. ② 비슷한 이야기, 같은 이야기에서 상대방에게 친근한 호감이 생긴다.

좀 더 알아보기

(1) 자폐성장애의 행동 특성

- 새로운 기술을 학습하기 어렵다.
- 낮은 근육의 긴장을 보인다.
- 식사 및 수면 습관에서 어려움을 보인다.
- 오직 1~2분 정도만 활동을 한다.
- 시각적 자극과 소음에 의해 쉽게 방해받는다.
- 둔하게 보인다.
- 몸을 지속적으로 움직인다.
- 언어적 지시를 이해하기 어렵다.
- 다른 사람과 안고 접촉하는 것을 좋아한다.
- 소근육운동 기술이 지체되어 보인다.
- 대근육운동 기술이 지체되어 보인다.
- 언어기술이 지체되어 보인다.
- 사회적 기술이 지체되어 보인다.
- 옷 입기에 도움이 필요하다.
- 식사하기에 도움이 필요하다.
- 용변 보기에 도움이 필요하다.
- 자주 넘어지고 사물과 충돌한다.

지도방법

- 여러 단계의 과제를 단순화시킨다. 전진행동연쇄보다 후진행동연쇄를 자주 사용하며 많은 모델링과 단서를 제공한다.
- 일상에 규칙적인 일과와 구조를 통합시킨다. 일상생활에서 참여할 수 있는 활동들을 배려한다.

- 대부분의 기술들은 계열별로 발달하나, 가끔 높은 수준의 기술을 터득하기 전에 약간의 단계를 뛰어넘기도 한다.
- 아동에게 사용하는 언어를 단순화한다. 짧은 구로 박자감 있는 운율 또는 친숙한 곡조로 노래를 반복하는 것은 의사소통 지시에 효과적이다.
- 구르기, 기기, 뒤로 걷기, 옆으로 걷기, 뛰기, 다른 다양한 운동 게임과 같은 아동의 신체개념을 발달시킬 활동들을 격려한다.
- 세부적인 기술을 요하는 작업을 시도하려고 할 때 시각적 방해를 감소시키기 위한 책장 및 다른 유형의 칸막이를 사용한다.
- 실제적 기술을 지도하고, 반복 연습할 기회를 자주 제공한다.
- 대화할 때 눈맞춤을 유지하며 교사가 활동을 시작할 때 눈맞춤을 유지하기 위한 단서를 준다.
- 학생의 주의집중 범위에 상응하는 짧은 활동을 한다.
- 독립성을 촉진하는 데 필요한 촉진자 또는 수정된 도구 및 기구를 사용한다.

(2) 자폐성장애학생의 행동 특성

- 친구들과 어울려 놀지 않고 혼자서 놀기를 좋아한다.
- 대부분 말을 하지 않거나, 말을 할 수 있어도 자신의 의사를 표현하지 않는다.
- 자신이 한 말을 반복해서 말하거나 상대방의 말을 앵무새처럼 따라 말한다.
- 자신의 감정과 의사를 표현하는 능력이 부족하다.
- 다른 사람과의 눈맞춤이 어렵다.
- 자기가 선택하지 않은 활동에 참여하기 어렵다.
- 어른이 이끄는 과제를 하기 싫어한다.
- 상상 놀이를 하는 데 어려움이 있다.
- 특정한 감각 자극에 대해서 과잉반응을 보이기도 한다.
- 어떤 감각 자극은 못 본 척 무시하거나 주변에 대해 무관심하기도 한다.

- 똑같은 행동을 반복적으로 한다.
- 특정한 사물이나 특정한 습관에 강한 집착을 보인다.
- 가끔 공격적인 행동을 보이거나 자해 행동을 한다.
- 언어능력이 결핍되어 있다.
- 사회적 기술이 결핍되어 있다.
- 동일성을 고집하고 틀에 박힌 놀이를 좋아하며, 변화에 대한 저항이 심하다.

지도방법

- 과제를 가르치기 위해 직접교수를 사용한다.
- 또래교수를 지도한다.
- 영역에서 또래 친구가 활동하는 것을 관찰하게 하고, 자폐성장애 친구를 같은 방식으로 지도하거나 의미 있는 방법으로 참여시킨다.
- 다양한 강화법을 사용한다.
- 그림 상징 또는 지시가 명백한 상징 언어를 사용한다.
- 짧고 간결한 진술을 사용한다.
- 환경 자극을 조절할 수 있도록 아동의 능력에 민감하게 반응한다.
- 일대일 교수를 최초로 사용하고, 점차 집단 작업을 첨가해 간다.
- 대명사를 사용하여 언어를 본떠서 표현한다. 예를 들어, "나는 미끄럼틀을 타러 가요."라고 해야 하는데 '나' 보다 '철수는 미끄럼틀을 타러 가요.' 라고 말한다. 반향어를 사용하는 학생은 사건별로 자신만의 언어인 '나' 를 부적절하게 사용하므로, 정확한 대명사를 사용하도록 구를 반복해서 지도해야 한다.
- 활동 중 상호작용하는 때를 눈여겨본다. 만약 확실한 활동에서 놀이하는 것을 즐기고 놀이에 참여하는 것이 확실하다면, 다른 활동에서 성공적으로 돕기 위한 정보로 활용한다.
- 감각 경험은 아동의 일과 속에서 계획하여 지도한다. 예를 들어, 아동이 천천히 그네를 탈 때 차분해지는 것 같다면, 작업 시간 전에 5~10분 정도 규칙적으로 그네를 타도

록 계획할 수 있다.

- 학생이 새로운 경험을 해 봐야 하거나 기술을 익혀야 할 때, 학생의 참여를 강요한다. 학생이 울거나 저항하여 활동으로부터 벗어날 수 있다고 느끼게 되면 성인 주도의 과제에서 점점 더 탈피하려고 할 것이다. 아동이 협력적일 때는 항상 긍정적인 강화를 사용한다.
- 감각적으로 식이요법을 개발하는 것은 환경 자극에 반응하며 조절하도록 학생을 도울 것이다. 만약 아동이 과도한 자극을 즐기는 것으로 보이면, 큰 베개 위에 눕혀 천천히 깊은 숨을 쉬는 것처럼 이완된 자극을 더 많이 제공한다. 교실에서 전등을 희미하게 켜 준다. 아동이 과도하게 흥분되어 있을 때 부드럽고 조용한 목소리를 낸다. 어떤 학생들은 강한 압력을 줄 때 차분해지기도 한다.
- 무게가 나가는 조끼, 운동 매트나 매트리스 아래에 누워 있게 하기, 담요로 김밥처럼 말기, 아주 작은 티셔츠 입기를 활용한다.

(3) 시각장애학생의 행동 특성

- 시력교정 안경을 낀다.
- 얼굴 가까이에서 사물을 붙잡는다.
- 항상 측면으로 머리를 돌려서 본다: 컴퓨터의 시각을 활용한다.
- 책상 표면 가까이에 머리가 숙여져 있다.
- 자주 눈을 비빈다.
- 팔을 펄럭거리기, 팔 흔들기, 눈 찌르기, 전등불을 주시하기와 같은 매너리즘을 보인다.
- 밝은 빛을 피한다.
- 모래, 진흙, 걸쭉한 재료, 손가락 물감과 같은 질감을 만지기 싫어한다.
- 뇌성마비를 동반하기도 한다.
- 청각장애를 동반하기도 한다.

- 정신지체를 동반하기도 한다.
- 활동 참여에 대해 저항적이다.
- 한 영역에서만 노는 것을 선호한다.
- 교실의 구조를 알기 어렵다.
- 옷 입기, 용변 보기, 식사하기에 도움이 필요하다.
- 다른 사람과 이야기하는 동안 머리가 내려가 있다.
- 쉽게 깜짝 놀란다.
- 자주 넘어진다.

지도방법

- 잔존 시각을 활용하도록 격려한다.
- 학생의 요구에 의해, 교실을 밝게 하거나 어둡게 하는 조명을 설치한다.
- 만져 볼 수 있는 촉각적인 사물을 교실의 다양한 영역에 표시해 둔다.
- 섬광을 줄인다. 높은 곳에 전등이 달렸더라도, 창문에 블라인드를 설치하는 것이 좋다. 벽에는 무광택 페인트를, 책상 표면은 무디게 마감한다.
- 교실에는 일정 수준의 소음을 유지하고 과도한 시각적 자극을 줄인다.
- 피로한 신호가 있는지 관찰한다: 하품, 눈 비비기, 눈 깜박임, 눈 굴리기, 멀리 응시하기
- 부모, 상담가, 심리학자와 함께 일하고, 시각장애 전문가는 시각장애학생에게 공통적으로 보이는 부적절한 매너리즘(손 흔들기, 눈앞에서 손가락을 가볍게 튀기기, 팔 흔들기, 불빛 응시하기, 눈 찌르기, 눈 문지르기)을 소거하도록 돕는 단서를 지속적으로 고안할 수 있다.
- 사물에 대한 고유한 이름을 지속적으로 사용한다. 예를 들어, 하루는 '고양이', 다음 날은 '야옹이'라고 말하지 않는다. 학생이 교실에서 독립성을 기르도록 일상생활에서 지속적으로 지도한다.
- 학생은 대표적인 자기자극행동의 양상을 소거하기 위한 계획을 일상 속에 구조적으로 포함시킨다.

- 상이한 질감과 표면의 탐색을 점차적으로 격려한다.
- 학생과 접촉하기 전에 학생에게 미리 알려 준다.
- 시각장애학생의 앞이나 옆에서 걷고, 뒤에서 걷지 않는다.
- 정상적인 소리 크기와 어조를 사용하여 말한다.
- 시각장애학생이 자신의 환경을 탐색할 수 있도록 돕기 위해 활동적으로 지원한다. 학생이 발을 헛디디거나 무언가와 충돌한다면, 시각적으로 장애물을 탐색하거나 만져 볼 수 있도록 하며 일어나도록 도와준다. 큰 소리와 같은 자극은 학생에게 위협적일 수 있다. 활동할 때에는 빨강, 노랑, 분홍, 주황색과 같은 밝은 형광색이 좋고, 시각적 사용을 격려하기 위해 장난감을 수정한다.

(4) 지적장애학생의 행동 특성

- 우호적 · 적대적 환경에 대한 감수성이 예민하다.
- 대 · 소근육 운동능력의 발달이 지연된다.
- 주의력 결함으로 과제에 집중하는 시간이 짧으며 선택적 주의집중에 어려움을 보인다.
- 일상생활 기술 및 자조 기술과 같은 적응행동의 발달에 어려움을 보인다.
- 기억력의 결함으로 입력된 정보의 산출이 어렵다.
- 언어에 제약성(언어의 이해, 표현)이 있다.
- 수 개념, 방향 개념, 색깔 개념이 부족하다.
- 계획성이 부족하다.
- 상상력이 제한적이고 흥미의 범위가 협소하다.
- 사회적인 발달 및 문제해결에 어려움을 보인다.
- 경계의식이 부족(위험상황, 성에 대한 인식 등)하다.
- 선악의 구별 등 윤리적 기준이 불분명하다.
- 정서적 안정이 부족하다.

- 윗사람에게 순종적이다.
- 고집이 강하다.
- 절제력이 부족(식탐, 충동심 등의 욕구)하다.
- 반복된 실패의 경험으로 실패를 예상하는 학습된 무기력이 있고 동기가 낮다.
- 배운 것을 일상생활에 적용하거나 활용하는 데 어려움이 있다.
- 쉽게 의존한다.
- 외부지향성이 강하다.
- 자아개념이 낮다.
- 외적 통제소를 사용한다.
- 음의 대치와 생략과 같은 조음장애가 있다.
- 구어발달의 지연, 제한된 어휘, 정확하지 않은 문법 사용 등을 포함한 언어장애가 있다.
- 자기지향성, 책임감, 사회적 기술 등의 적응능력이 부족하여 인해 부적절한 행동을 나타내어 주위 사람들로부터 거부당한다.

지도방법

- 응용행동분석을 통한 단계별 지도: 목표행동을 작은 단위로 세분화하여 행동형성과 행동연쇄 기법을 활용하여 지도한다.
- 외형적 반응을 유도하기 위해 촉진 자극을 주고 점차 줄여 가는 용암법을 사용한다.
- 반응의 즉각적 피드백과 정적강화를 위한 즉각적 강화를 준다.
- 비언어적이거나(제스처, 표정, 눈맞춤, 마음표현 등) 언어적인 의사소통(운율, 음성언어) 등을 촉진한다.
- 예술치료(음악, 미술, 무용) 등을 통해서 마음을 가라앉히면 운동협응장애, 정서적 문제 등에 효과가 있다.
- 규칙적인 일과를 제공한다.
- 상호작용의 기회를 제공한다.

- 관심을 보이는 활동에서 단서를 얻어서 지도에 응용할 수 있다.
- 활동을 세분화한다.
- 반복적 동작을 사용하여 지도한다.
- 언어적 자극은 간단하고 일관적으로 제공한다.
- 다음 활동을 예상하도록 돕는다.
- 음악을 활용한다.
- 대 · 소근육운동을 통하여 신체조정능력을 향상시켜 자신감을 갖도록 한다.
- 잘 했을 때 칭찬을 해 준다.
- 반복 학습과 기억 증진 프로그램을 적용한다.
- 모방학습과 우연학습의 기회를 제공한다.
- 자신이 하는 일에 대해 지속적으로 검토하게 한다.
- 사회성 발달을 위해 상호작용을 가르친다.
- 토큰 강화를 적절하게 사용한다.
- 교실에서 긍정적 행동이 발생할 수 있도록 학급 환경을 수정한다.
- 교사는 바람직한 언행을 사용한다.

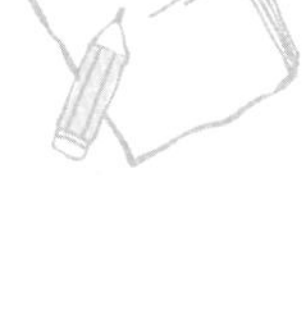

쉬어 가는 코너

정서 · 행동장애학생을 위한 지원 기관

최근 범정부 차원에서 학교 폭력과 정신 건강에 대한 관심이 증가하고 있는데, 보다 전문적인 지원을 제공받을 수 있는 기관을 소개하면 다음과 같다.

❶ 서울시소아청소년정신보건센터

http://www.youthlove.or.kr ☎ 2231-2188

서울시와 서울대병원이 함께 협력하여 서울시 소아 청소년들의 정신건강을 개선하고자 다양한 정신보건 사업을 진행하고 있으며, 매주 수요일 오후에 소아정신과 전문의가 무료로 정신건강상담을 제공하고 있다. 초기 상담 후 지속적인 상담이나 치료를 요하는 경우 전문기관으로 연계해 준다.

❷ 서울특별시립 아동상담치료센터

http://sp.dbnawoori.seoul.kr ☎ 2247-1391

아동복지행정 전문치료기관으로 문제행동 아동(복합비행, 가출, 부랑, 도벽, 허언, 약물남용, 학교부적응, 정서장애 등)과 피학대아동의 일시보호 및 다각적인 방법을 통한 임상적 치료 도모를 목적으로 하고 있는 기관이다. 아동복지법 제16조 제1, 2, 3항에 의거, 아동상담소, 아동보호치료시설, 아동일시보호시설, 학대아동보호 사업 기능을 수행하는 종합시설로 학대아동 및 문제행동 아동에 대한 일시보호와 장기보호치료, 전문적인 상담치료 기능을 수행한다.

❸ 학생생활지원 센터(Wee center)

위기상황에 노출된 학생들의 복합적이고 다양한 문제들을 체계적이고 종합적인 방법으로 해결하여 학생들이 정상적인 학교생활을 할 수 있도록 하기 위해 정부차원에서 운영하고 있는 센터다. 학생생활지원센터를 거점으로 학교-교육청과 긴밀한 협력관계를 맺고, 지역사회와는 인적 · 물적 자원을 확보하여 학생개개인에게 맞는 원스톱(one-stop) 서비스를 제공하고 있으며, 학생 상담 및 부모와 교사 교육을 함께 제공한다. 강서교육청에 있는 지원센터에서 제공하고 있는 프로그램은 다음과 같다. 상담과 심리검사를 위해 학교를 통한 신청과 전화 사전 예약이 가능하며 공문 및 홍보 카드를 통해 학생들이 자발적으로 도움을 요청할 수 있도록 하고 있다.

프로그램 종류	목 적	내 용	신청방법
적응/특별교육	중도탈락 예방, 소외	검사, 상담교육, 집단(폭력예방, 분노조절, 성, 흡연, 진로, 학습, 대인관계, 약물 등)	학교 담당교사가 공문 신청
위기청소년 통합지원	위험요인 제거, 보호요인 강화	상담(개별, 가족), 집단 프로그램과 멘토링, 사후관리(문화체험, 캠프), 예방교육	학생, 담당교사, 부모 개별신청 (내방, 출장)
멘토링	경제 · 교육적 지지와 지원, 학교 적응	정서적, 경제적, 교육적 멘토-멘티 연계 및 운영, 월 1회 문화체험활동	전화신청 및 내방

❹ 청소년 폭력예방재단

http://www.jikim.net ☎ 585-0098

학교폭력상담 및 학교폭력 예방교육 사업을 진행하고 있으며, 수호천사운동을 통해 학교 폭력과 관련된 학생 보호 및 법률 상담과 같은 포괄적인 지원을 제공받을 수 있다.

❺ 서울시 청소년상담지원센터

http://www.teen1318.or.kr ☎ 2285-1318

온라인 상담, 직접 방문 상담(예약 후 이용), 푸른 교실 프로그램, 청소년 동반자 프로그램(일대일 멘토링), 온라인 긴급 구호 요청, 부모 교육/학부모 상담(부모넷 운영), 복지관과 지역상담지원센터 연결과 같은 지원을 제공한다. 청소년동반자 사업은 청소년위원회가 추진 중인 '지역사회청소년통합지원체계(CYS-net)' 구축사업의 일환으로 위기 청소년에게 지속적인 모니터링과 필요에 맞는 지원을 제공하기 위해 2005년 10월에 시작되었으며 '찾아가는 서비스, 찾아주는 서비스'를 지향하는 청소년동반자(YC)는 위기청소년과 일대일의 관계로 연결이 되어 심리적 · 정서적 지지를 제공하고, 실제적으로 지원이 가능한 서비스를 찾아 연계하는 역할을 수행한다. 메일과 팩스로 신청할 수 있으며, 멘토는 상담사와 사회복지사 등의 자격을 갖추고 있다.

❻ 지역구청 정신보건센터

지역구청마다 마련되어 있는 정신보건센터는 지역 주민들의 정신건강 증진을 위해 상담 및 예방사업을 실시, 정신지체장애인의 사회복귀 및 가족들의 삶의 질 향상을 위해 다양한 정신건강 서비스를 제공, 정신지체장애인에 대한 인식개선 사업을 통해 편견극복 및 건강한 환경조성 노력을 하고 있다. 지역별로 차이는 있지만 정신지체장애인을 위한 서비스, 조기 발견 및 예방 사업, 환경조성사업, 지역사회 진단평가, 소아청소년 정신건강증진사업 등을 진행하고 있다.

학교 정신건강 클리닉의 경우, 신청 학교를 대상으로 학생 정신건강과 선별검사를 실시하고, 상담실을 운영하며, CA 또래 리더 프로그램과 위기 소아청소년 입소시설 지원을 제공한다.

데모하는 녀석들

우리 반에서는 숙제를 해 오거나 착한 일을 하면 달란트를 주고 있는데 오늘 아침에 우리 반의 소현이와 주환이가 20달란트를 가져 왔다. 그래서 아침에 두 아이에게 미리 학교 편의점에 가서 과자를 사주겠다고 약속을 하였다. 잠시 후 진성이와 상훈이가 앞으로 나오더니 "나도 과자" "과자 사 주세요."를 연발하며 두 손을 흔들면서 당장 편의점에 가자고 한다.

"너희는 지난번에 먹었잖아, 그리고 달란트 가져 와야지."하자 상훈이가 교사의 책상에 있는 달란트 통을 가져가려 한다. "그것은 선생님거야, 너의 것 가져 와야지."하자 눈치를 보며 자기 자리로 돌아간다. 진성이는 '매운 ○○깡'을 연신 외쳐대다가 결국 제자리로 돌아가서 찡찡거린다.

점심시간에 소현이와 주환이는 손을 잡고 룰루랄라 콧노래를 부르며 편의점에 갔다. 좋아하는 과자 두 개를 고르라고 하자 아이들은 언제나 같은 과자로 두 개씩 고르고 다른 것은 쳐다보지도 않는다.

'왜 같은 과자로만 고를까? 나 같으면 골고루 먹으려고 할 것 같은데……. 아이 엄마들이 항상 같은 과자만 골라주었나? 아니면 그 과자만 먹어 보았나? 아니면 다른 과자는 맛이 없나?' 이렇게 아이들과 티격태격 싸우며 웃고 지내는 것이 재미있다.

"얘들아! 공부도 하고 착한 일도 많이 해서 달란트 많이 모으자. 그래서 우리 학교 편의점을 모두 비워버리자. 대답해봐!"

"예~."

[전선주 /『네잎클로버 편들기』中]

03

혐오행동

1. 친구의 물건을 허락 없이 가져가는 행동
2. 풀이나 크레파스 등을 먹는 행동
3. 친구의 머리카락을 가위로 자르는 행동
4. 친구들이 싫어하는 것만 골라 하는 행동
5. 대소변을 바지에 지리거나 싸는 행동
6. 옷이나 책상에 떨어진 것을 주워 먹는 행동
7. 손가락을 자주 입에 넣어 침을 바르는 행동
8. 친구의 물건을 몰래 가져가는 행동

자신을
더욱 사랑하게
되는 약

혐오행동 1 친구의 물건을 허락 없이 가져가는 행동

1 이런 일이 있었어요

6세 유아학급에서 자유선택활동을 하고 있다. 역할 영역에서 5~6명의 유아들이 분주히 식당놀이를 하고 있다. '손님, 어서 오세요' '여기 맛있는 요리가 있습니다.' 하고 대화를 주고받으며 재미있게 놀고 있는 영역으로 상록이가 뛰어 들어와 느닷없이 친구가 접시 위에 올려놓은 옥수수 모형을 달라고 한다.

옥수수를 손님에게 전달하려던 유아는 싫다고 하고 상록이는 강제로 뺏으려 하다가 분쟁이 일어났다. 화가 난 친구들은 다 같이 상록이를 비난하며 옥수수를 쥐고 서로 가지려고 실랑이다. 여럿이서 상록이를 물리치려는 행동을 보여서 교사가 유아들을 중재하러 나섰다.

2 선생님 당황스럽지요

(1) 또 장난감 가지고 싸우는 거야

장난감으로 유아들 간에 싸우는 일은 다반사이므로 교사들은 사소한 분쟁이려니 하고 간과할 수 있다. 그러나 놀이 상황을 자세히 관찰해 보면 분쟁이 일어난 원인이 평소 일어나는 장난감 선점을 위한 분쟁과 다른 것을 이해할 수 있다. 매일 상록이는 분쟁을 일으키기 때문에 또 장난감을 가지고 싸움이 생겼을 것이라고 단순하게 생각하고 넘길 수 있다. 교사는 매번 반복되는 이러한 상황을 유아들에게는 매우 자연스러운 그리고 자주 해결해 주어야 할 일상으로 받아들일 수 있다.

(2) 왜 저길 들어가서 소란이지

교사는 잘 놀고 있는 친구들 틈에 들어가서 분쟁의 원인을 제공했다고 판단되는 상록이가 원망스러울 수 있다. 각각의 영역에서 놀면 되는데 왜 갑자기 친구들이 잘 놀고 있는 영역에 들어가서 문제를 일으켰을까 하는 속상한 마음이 들 수 있다. 차라리 친구들과 적당히 거리를 두고 영역 활동을 하였으면 하고 바랄 수도 있다.

(3) 필요한 것이 있으면 차근차근 친절하게 친구에게 말했어야지

교사가 자초지종을 들어 보니, 상록이가 잘못한 것이 명백하니 상록이가 친구들에게 필요한 것이 무엇이고, 왜 필요한지, 빌려 줄 수 있는지를 친절하게 물어보고 양해를 구했어야 함을 설명해 줄 수 있다. 그러나 교사의 구구절절한 설명에도 불구하고 상록이는 자신이 무엇을 잘못했는지 느끼지 못하는 것 같을 때 교사는 더욱 난감해진다.

(4) ADHD와 좀 다른 양상의 행동 특성을 가진 것 같아

교사의 설명에도 불구하고 좀처럼 뉘우치는 기색이 없는 상록이는 왠지 부주의

하고 충동적으로 행동하는 진이와 조금 다른 형태의 행동 특성을 가진 것 같다는 의심이 든다. 자세히는 모르겠지만, 상록이가 놀이 상황을 엉망으로 만들기 위해서 뛰어들어간 것이 아니라 옥수수만 가지러 들어갔다가 분쟁이 생겼고, 그러다 보니 놀이가 엉망이 되어 버린 것 같이 느껴진다.

3 아! 그랬구나

(1) 학생 입장

아스퍼거장애학생은 ADHD 학생들이 보이는 장난감 분쟁과 양상은 같지만 그 원인이 다를 수 있다. 아스퍼거장애학생은 사회적 인지능력의 부족으로 인해 문제가 생길 수 있다. 즉, 친구들이 재미있게 노는 상황을 엉망으로 만들려는 의도로 장난감을 가져간 것이 아니고, 친구들이 어떻게 놀았는지 모르지만 "난 단지 옥수수를 가지러 들어간 것뿐인데."라는 감정을 갖고 있으며 친구들이 화를 내는 이 상황이 어리둥절하다.

(2) 환경이 원인인 경우

분쟁과 같은 상황이 발생하였을 때 가정에서의 대처 방법이 학교와 다를 경우 아스퍼거장애학생의 지도에 어려움이 있을 수 있다. 예를 들어, 가정에서 어른들은 이러한 상황이 자주 있기 때문에 일방적으로 다른 형제에게 양보하도록 강요하거나 일방적으로 야단을 쳐서 훈계만 하는데, 이렇게 하면 상황에 대한 조망이나 감정이입이 전혀 이루어지지 않아 아동의 행동에 발전적 도움이 되지 않을 수 있다.

이와 반대로 학교에서 교사가 냉정하게 원칙적으로 사과를 요구할 때 상록이는 감정이입이나 사회적 조망이 어렵기 때문에 왜 야단을 맞고 있는지조차 이해하지 못하고 지나치는 경우가 허다할 수 있다.

4 이렇게 해 봤어요

아스퍼거장애는 심각한 사회성 발달 지연을 동반하면서도 언어, 인지 또는 적응 능력의 발달에는 거의 이상이 없다는 점이 중요한 특징이다. 사회적 상호작용에 어려움을 겪고 관심사와 활동에 상동 행동이 나타나지만 언어지체나 인지발달의 지연을 발생하지 않으며 표준 진단 기준에 포함되는 것은 아니나 서투른 동작과 특이한 언어 사용이 보고되고 있다. 부모와 생육사에 대한 상담과정에서 영아기의 언어 능력이 또래에 비해 약간 지체되었다는 보고가 있다.

아스퍼거장애를 이해하기 쉬운 특성의 예는 다음과 같다. 쌓기 영역에서 주차 타워 구성장난감을 무너뜨려서 문제가 되었을 때 ADHD 유아는 과잉행동이나 부주의가 원인인 데 비해, 아스퍼거장애 유아는 단지 주차 타워 안에 있는 하얀 장난감 자동차를 꺼내려고 했을 뿐인 것이다.

그러나 이보다 더 심각한 상황은 아스퍼거장애 유아는 상황인지가 어렵기 때문에 힘들게 쌓아 올린 주차 타워를 무너뜨려 친구들이 화가 나는 상황 자체를 이해하지 못한다는 것이다. 본인은 단지 주차 타워 안에 갖고 싶은 자동차 장난감이 있어 꺼내려 했을 뿐이기 때문에, 왜 친구들이 그토록 화를 내는지 알지 못한다.

하지만 다른 사람들이 보기에는 화를 내는 이유를 모른다는 게 말이 안 되기 때문에 아스퍼거장애 유아는 자기밖에 모르는 욕심쟁이나 분위기 파악을 하지 못하는 아이로 비칠 수 있다. 일상에서 빈번하게 발생하는 이러한 일들로 인해 아스퍼거장애 유아는 집단 활동 시 은근히 왕따를 당하는 경우도 있다.

친구의 장난감을 허락 없이 가져가는 행동을 보일 때 교사는 주의력이 부족한 아스퍼거장애 유아를 위하여 상황을 인지할 수 있는 사회적 행동들을 지도한다.

(1) 해야 할 것을 지시하기 위해 다른 친구들을 활용한다

장애유아가 학급에서 수행해야 할 규칙을 인식하지 못하여서 문제행동을 보이기 시작할 때 다른 친구를 통해서 이를 도울 수 있다. 예를 들어, 한 줄로 서서 기다리

사회적 행동 지도방법

- 놀이를 어떻게 시작하고, 어떻게 유지하고, 어떻게 끝내야 하는지 방법을 알려 주기
- 융통성, 협동하기, 공유하기 등의 기술 지도하기
- 사회적 놀이에서 피하는 방법도 지도하기
- 해야 할 일을 설명해 주기
- 집에 친구 초대하기
- 동호회에 속하기

기, 의자에 바르게 앉아 있기, 조용히 작업하기 등을 어려워할 때 다른 친구가 주의를 줌으로써 분위기를 환기하고 자신의 행동을 점검하도록 각성시킬 수 있다. 또한 혼자서 놀고 싶을 때 적절히 피하는 방법과 때로는 친구들을 따라서 해야 할 일에 대해서도 역할놀이의 형태이든, 친구들을 통해서든 설명해 주어야 한다.

(2) 협동적 게임을 격려한다

자유선택활동 시 수 조작 영역이나 언어 영역에서 고립되어 혼자 하는 활동보다 보드게임과 같이 2명 이상이 함께하는 협동적 게임을 격려한다. 그러나 보드게임은 자칫 경쟁으로 이어질 수 있으므로, 2~3명이 한편이 되는 보드게임을 진행한다. 게임이나 신체표현활동에서도 짝끼리 하는 활동을 고려하는 것이 상황을 인지하는 사회적 행동을 촉진한다.

(3) 아스퍼거장애 유아와 관련된 활동에서 교사가 모델이 된다

아스퍼거장애 유아의 특이한 행동들에 반응하는 방법은 학급의 다른 학생들에게

도 영향을 미친다. 그러므로 교사는 아스퍼거장애 유아의 특이한 행동에 반응하는 최초의 모델이자 긍정적 분위기를 확산시킬 수 있는 중요한 역할을 담당하게 된다. 따라서 교사는 아스퍼거장애 유아에게 편견이 생기지 않도록 학급 친구들이 긍정적인 마음을 갖도록 특별히 지원해 주는 분위기를 조성하여야 한다. 예를 들어, 아스퍼거장애 유아가 우스꽝스러운 행동을 보여도 '네가 그렇게 하니까 개그맨 누구 같다.' 라고 하며 수업의 분위기와 친구에 대한 인식을 긍정적으로 유도해 간다.

(4) 어릴수록 도움을 청할 대안적 방법을 설명해 준다

장애 유아가 어릴수록 교사에게 전적으로 의존한다. 그러므로 일어난 문제 상황에 대해 교사가 설명하고 판단하며 교사의 입장에서 해석하기보다, 유아들이 느낀 어려움에 대해 도움을 청하고 요구할 수 있도록 도와준다.

(5) 우정을 격려한다

아스퍼거장애 유아와 잘 노는 친구들에게 학급이나 바깥놀이에서 적절하게 상호작용하도록 격려한다. 학급에서 게임 등을 할 때 더욱 지지해 주는 방식으로 격려를 할 수 있으며 이들은 장애 유아에게 교사보다도 더 지원적이고 인내심이 있을 수 있다. 또한 집에 서로를 초대해서 사회적 행동을 배울 수 있는 기회를 자주, 그리고 보다 긴밀하게 제공한다. 축구 동호회나 방과후 미술활동, 문화센터 활동 등을 통해서 집단에 소속되도록 지속적으로 배려한다.

(6) 아이의 두 얼굴을 인정한다

아이들은 보통 가정과 학교에서의 생활이 다를 수 있다. 학교에서 얌전한 아이가 집에서는 매우 거칠고 활동적일 수 있고, 학교에서 활동적이고 수다스러운 아이가 집에서는 얌전할 수 있다. 사실 부모들은 아이들의 이런 양면성을 잘 모르는 경우가 많다. 교사가 가정방문을 했을 때 아이가 학교에서의 모습에 비해 지나치게 활동적이어서 당황하고 난감할 수 있다. 교사는 이에 대한 가정 지도 방안을 함께 고민해야 한다.

5 이런 방법도 해 보세요

(1) 비슷한 사례

- 침 흘리며 입속에 넣은 손으로 남의 장난감을 만지는 행동
- 관심 없는 장난감을 자꾸 가지고 놀라고 강권하는 행동
- 다른 유아가 완성한 그림 위에 마구 낙서하는 행동
- 실수하고서도 친구들이 왜 화를 내는지 모르고, 미안해하지 않는 행동

(2) 감정 읽기 가르치기

희로애락의 감정만이 아니라 사람들의 다양한 감정을 읽을 수 있도록 감정 읽기를 지도한다. 이 방법은 자폐성장애 유아의 지도방법과 같다. 감정 읽기부터 시작한다면 상대방의 마음 읽기도 가능해진다.

(3) 대화하는 방법 가르치기

대화할 때 상대방의 눈을 쳐다보고 바른 자세로 이야기를 듣고 말을 해야 하는 기본적인 기술부터 가르친다. 경청은 필수다. 간혹 아스퍼거장애 유아 중 자폐성장애 유아와 같이 눈맞춤이 어려워 대화를 어려워하는 경우가 있다. 그러므로 눈을 맞추며 천천히 대화하는 기술을 지도한다.

(4) 다른 사람의 생각과 견해를 이해하도록 격려하기

'만약에 나라면' 또는 '어떤 생각을 하고 있을까?' 하는 추론 관련 에피소드를 주고 답하도록 하는 연습을 자주 한다. 상대에 대한 감정이입을 통해서 다른 사람의

생각과 견해를 이해하는 데 도움이 된다.

(5) 둔한 소근육 운동과 감각을 강화하기

여러 가지 작업 활동을 수시로 배려하여 둔한 소근육 운동 능력이 향상되도록 지도하고, 촉각 및 청각적 자극에 대한 민감성을 길러 줄 수 있는 활동을 고려하여 제공한다. 촉각적 자극에 대한 민감성은 과제 성취에 대한 완성감을 느낄 수 있게 하고, 청각적 자극에 대한 민감성은 집중력 및 대화 기술을 향상시킬 수 있다.

(6) 칭찬 자주 하기

아스퍼거장애 유아는 익숙하지 않은 몸동작과 행동의 결과 등으로 인하여 이유도 모른 채 자주 혼나기 때문에 자아존중감이 낮을 수 있다. 그러므로 잘한 행동에 대해서 세심하게 칭찬해 줌으로써 아동의 사회적 인지와 민감성을 높일 수 있다.

혐오행동 2 풀이나 크레파스 등을 먹는 행동

1 이런 일이 있었어요

7세 종수가 유아학급에서 조형활동(미술수업)을 하고 있다. 이번 시간의 주제는 모빌만들기다. 재료는 아세테이트지, 유성매직, 목공풀, 가위, 비즈다. 만드는 순서와 주제에 대해 충분히 설명한 후, 각자 재료를 나누어 주고 있는데 아이들이 소리를 질렀다. 돌아보니, 종수의 입과 혓바닥이 빨갛게 물들어 있었고 손에는 빨간색 유성매직이 들려 있었다.

순간적으로 일어난 일이었다. 아이들에게 재료를 나눠 주는 짧은 시간 동안 종수가 매직 뚜껑을 열고 이를 빠는 바람에 입 주변이 마치 핏자국같이 되어서 아이들

은 '괴물이다.' 라고 외쳤다. 아이들이 종수 주변에서 멀리 달아나며 교실은 난장판이 되었다. 일단 종수 앞에 놓인 재료들을 다시 거둬 오고 소리 지르며 달아나는 아이들을 하나씩 자리에 앉혔다. 아이들을 진정시키고 종수의 입을 닦느라 수업시간의 반이 지나갔다.

2 선생님 당황스럽지요

(1) 한순간도 눈을 뗄 수가 없구나

종수만 있는 것이 아니라 여러 아이들을 같이 봐야 하는 상황에서 잠깐 사이에 이렇게 위험한 문제가 생기는 경우가 있다. 이럴 때는 종수뿐 아니라 반 전체가 난장판이 되는 경우가 많아서 종수와 아이들을 데리고 수업을 어떻게 진행해야 할지 난감하다. 한순간도 눈을 뗄 수가 없으니 누군가의 도움이 필요하다.

(2) 왜 먹지 못하는 것을 구별하지 못하는 걸까

종수는 왜 아직도 먹는 것과 못 먹는 것을 구별하지 못하는지 모르겠다. 맛이 이상할 텐데 혹시 미각에 이상이 있는 것은 아닐까?

(3) 부모님께 연락해서 상담하고 병원에 가 보시라고 해야 하나

매직이나 풀에 포함된 화학성분을 먹으면 몸에 좋지 않을 텐데 건강 상태가 어떤지 부모님께 여쭤 보거나 병원에 가 보시라고 해야겠다. 하지만 이런 경우에는 부모님들도 아이의 문제를 심각하게 알고 계시고 대처하고 있기 때문에 교사가 더욱 주의를 기울여야만 하는 것은 아닐까?

(4) 종수에게는 아예 미술재료를 주지 말아야 하나

미술시간에는 종수를 통제하기가 더 어려운데 종수에게는 아예 미술재료를 주지 말고 참관만 하게 해야 하나? 매직이 아니라 목공풀을 먹거나 구슬을 삼키면 더 심각한 문제가 발생할 텐데 어찌해야 할지 모르겠다.

3 아! 그랬구나

종수는 자폐성장애를 가진 아이로 감각적 이상성을 가지고 있을 수 있다. 여러 가지 감각 중 특별히 미각 및 후각에 이상이 있는 것으로 특정 냄새와 맛에 매혹을 느끼는 것이다. 이식증은 음식이 아닌 종이, 머리카락, 벌레, 크레파스 등을 1개월 이상 지속적으로 먹는 것을 의미한다. 보통은 유아기에 생겼다가 점차 완화되는데 이 시기가 지나서도 고착되거나 유지될 때 문제행동으로 간주한다. 대개 자폐성장애 유아는 감각의 과잉선호, 무반응, 혐오 등의 특성을 가지고 있다.

반면 돌이나 자갈들을 입에 넣는 아이를 처음 본 교사는 학생이 삼킬까 봐 걱정하거나 당황하지만 이러한 행동은 먹기 위해서라기보다 질감이나 촉감을 즐기기 위해서 입안에 머금고 있는 경우가 대부분이다. 그러므로 학생이 추구하는 감각의

문제가 무엇인지를 조사하는 과정이 필요하다.

또한 사회적 상호작용에 어려움을 가진 자폐성장애 유아는 수업목표를 설명하는 교사의 지시를 이해하기가 어려울 수 있다. 아니면 실제로 자신에게 어려운 과제였을 수 있다. 정형화된 환경을 좋아하고 정형화된 행동을 나타내 보이는 종수는 이 수업시간이 자신이 좋아하는 활동이 아니었거나 앉아 있는 동안 심리적으로 불안함과 동시에 불쾌감이 있었을 수 있다.

불안하거나 화가 나면 그 표현으로 같은 행동을 반복할 수 있으며 우연히 눈앞에 놓인 재료를 보다가 좋아하는 매직을 발견하고 입으로 가져갔을 수 있다. 매직의 맛이나 향에 과잉 선호를 보이는 것이다.

4 이렇게 해 봤어요

(1) 먹을 수 있는 것과 먹을 수 없는 것 구별하기

음식카드와 비음식카드를 분류해 보는 연습을 한다. 그림카드를 제시하고 음식카드는 입으로 가져가는 시늉을 한 뒤, '먹을 수 있어요.' 라고 쓴 바구니에 넣고 비음식카드는 "안 돼." 라고 말하며 '먹을 수 없어요.' 라고 쓴 바구니에 넣기를 반복한다. 이러한 단계를 거친 후에 그림카드에 제시된 음식과 비음식물을 실제로 제시하고 연습해 본다.

(2) 여러 가지 맛을 비교해 보기

신맛, 단맛, 쓴맛, 짠맛, 매운맛이 들어 있는 통을 만들고 여러 가지 맛의 냄새를 비교해 보고 실제로 맛을 보며 미각기능을 자극한다. 냄새를 맡고 먹어 본 다음, 글자카드 연결해 보기, 같은 맛 찾기 등 다양한 방법을 제시한다.

(3) 환경 바꿔 주기

자주 먹는 풀이나 매직을 아이 가까이 두지 말고 아이가 접근하기 어려운 곳에 배치한다. 필요에 따라 요구할 경우 꺼내 주는 환경을 만들면서 학급 전체의 물건을 별도로 관리한다.

5 이런 방법도 해 보세요

(1) 비슷한 사례

- 비닐 포장지를 입속에 넣고 씹는 행동
- 지우개, 크레파스, 양초, 비누 등 재료를 갉아 먹는 행동
- 연필심을 계속 입에 넣고 빠는 행동
- 미술시간에 사용한 물을 마시는 행동

(2) 선호하는 대체 감각 기르기

양초나 비누를 통해 촉감을 즐기는 학생의 경우 다양한 촉각 자료를 제시하여 만지거나 씹는 기회를 제공한다. 예를 들면, 양초나 비누를 대신할 수 있는 질긴 풍선껌이나 오래 씹을 수 있는 건어물류를 제공해도 좋다. 만약 촉각에 이상이 있을 경우에는 기성화된 감각체험자료를 활용하고 학생의 감각특성에 따른 자료를 고안하여 제시할 수 있다. 반드시 양초를 사용해야 하는 수업이라면, 벌집을 재료로 만든 먹어도 되는 양초를 준비할 수 있다.

(3) 학생의 능력에 맞는 과제 제시

학급 친구들과 같은 주제이긴 하나 과제의 단계를 세분화하고 수준을 낮추어 제공하면 과제에 흥미롭게 참여할 수 있다. 과제가 이해하기 어렵거나 흥미롭지 않아 과제에 집중하지 못하고 엉뚱한 곳에 관심을 보이면 문제행동이 일어날 수 있기 때문이다.

혐오행동 3 친구의 머리카락을 가위로 자르는 행동

1 이런 일이 있었어요

7세 해영이는 교사의 언어적 지시에 어느 정도 따르고 의사표현을 할 수 있지만 엉뚱한 행동으로 교사를 당황하게 할 때가 자주 있다. 선 따라 오리기 놀이를 하고 있는데 해영이 앞에 앉은 수빈이가 갑자기 울음을 터트렸다. 돌아보니 해영이 손에는 머리카락이 한 줌 들려 있고 수빈이의 머리카락이 잘려 나가 삐죽이 서 있었다.

달려가 해영이 손에 있는 가위를 뺏고 수빈이 머리 이곳저곳을 더 자세히 살펴보았다. 겁먹은 해영이는 책상에 엎드렸고 수빈이는 울음을 그치지 않았다. 수빈이의 머리를 보고 웃는 아이, 해영이를 노려보는 아이, 바닥에 떨어진 머리카락을 주워 모으는 아이, 자신의 머리를 보려고 거울 앞으로 달려가는 아이…….

아이들을 진정시키고 자리에 돌아오니 수업을 마치는 종이 울린다.

2 선생님 당황스럽지요

(1) 왜 저런 행동을 할까

수업시간에 갑자기 친구의 머리카락을 자르는 행동을 하다니 정말 난감하다. 조용히 저지르는 일이라 미리 대처하기도 힘들다. 평소에는 괜찮다가 왜 갑자기 저런 행동을 하는지 도대체 이해가 안 된다.

책상에 엎드려 있는 걸 보면 본인의 잘못을 모르는 것은 아닌 것 같은데 어떻게 해야 하나 고민이 생긴다.

(2) 다시는 이런 행동을 못 하게 하는 방법은 뭘까

여자아이의 머리카락을 저렇게 잘라 놓았으니 다시 붙일 수도 없고 정말 난감하다. 해영이 머리카락을 자르는 시늉이라도 하며 겁을 주면 다시는 이런 행동을 안 하지 않을까? 아이에게 겁을 준다는 것도 교육적이지는 않다. 머리카락이 얼마나 소중한 것인지 그리고 머리카락을 자를 때는 미용실에 가야 한다는 것을 설명해 주면서 타일러야겠다.

(3) 수빈이 엄마에게 뭐라고 말씀드려야 하나

여자아이라 외모에 더 민감할 수 있고 항의가 심할 수도 있을 텐데 은근히 걱정이다. 그저 아이들끼리의 행동으로 이해해 주면 좋겠지만 심란한 마음이다.

(4) 해영이에게 필요한 도움은 뭘까

해영이 때문에 수업은 엉망이 되고 정말 힘들다. 하지만 이런 행동을 하는 해영이도 좋지만은 않을 것이다. 해영이의 문제행동을 고치기 위해 내가 해 줄 수 있는 도움이 무엇일까? 이럴 때는 내가 대학원에 다니면서 더 전문적인 공부를 해야 하지 않나 싶다.

3 아! 그랬구나

(1) 이렇게 될 줄 몰랐어요

해영이는 다운증후군을 가지고 있다. 같은 다운증후군 아동들도 각자 다른 특성을 보이지만 해영이는 언어발달과 인지발달에 심각한 지체를 보이고 사회성 및 상황판단능력 또한 또래에 비해 어려움을 가지고 있다. 비록 어린 유아라 해도 어떤 행동을 하기 전에 일어날 결과를 예측하고 혼날것 같은 행동은 피하게 된다. 하지만 결과에 대한 예측과 상황 판단을 어려워하는 해영이는 친구의 머리에 가위를 댔고 친구의 머리카락이 잘려 나가면서 주변이 소란스러워지자 스스로도 당황해 책상에 엎드린 것이다.

(2) 심심했어요

다운증후군 아동의 대부분이 대근육 및 소근육 운동능력에 어려움이 있다. 해영이 또한 선 따라 오리기가 어려웠으며 과제에 집중하지 못하고 가위를 든 채 주변을 두리번거리다 앞자리에 있던 수빈이의 머리카락을 자르게 된 것이다.

(3) 경험이 부족했어요

다운증후군과 같은 정신지체나 자폐성장애아동의 경우, 사회적 놀이나 또래관계를 통해 사회기술능력을 익힐 기회와 환경이 제한되어 있으며 지적결손으로 인해 적절한 또래관계 형성에 어려움이 많다. 해야 할 일과 하지 말아야 할 일들이 무엇인지를 알고 사회기술능력을 습득하며 원만한 또래관계를 형성하기 위해 필요한 다양한 경험과 연습이 부족하여 앞과 같은 부적응행동이 나올 수 있다.

4 이렇게 해 봤어요

(1) 심심하지 않게 해 주세요

- 수업 중 해영이가 적극적으로 참여할 수 있도록 해영이의 수준에 맞는 과제로 수정하여 제공한다.
- 도우미를 두고 해영이가 과제에 집중할 수 있도록 옆에서 돕는다.
- 교사가 칭찬과 관심의 표현을 수시로 하여 해영이가 긍정적 지원을 받도록 한다.

(2) 해영이 최고!

모두가 그렇듯이 다운증후군 아동도 칭찬을 좋아한다. 칭찬해 줄수록 바람직한 행동이 강화되어 무엇이든지 더 열심히 하려고 하게 된다. 학습에서는 좋은 결과를 얻기 어렵겠지만 기능적 의사소통, 자기관리, 가정생활, 대인관계, 건강과 안전 같은 최소한의 삶의 질을 보장하기 위한 생활기능들을 반복적으로 훈련하면, 느리지만 분명히 진전이 있을 것이다. 때로는 엄지손가락을 들어 보이며 '최고' 라고 말해 주는 것이 가장 좋은 특효약일 수 있다.

(3) 부모님과 함께해요

유아기의 경우, 부모와 집에서 보내는 시간이 많으므로 가정에서의 교육은 매우 중요하다. 사회성 및 정서, 인지, 언어, 운동, 사회적 적응기능에 관한 발달을 돕기 위해 부모들이 체계적으로 참여하는 부모교육프로그램을 운용할 필요가 있으며 행동수정프로그램을 공유하여 유치원과 가정에서 동시에 실시하면 상당히 효과적이다.

(4) 행동요법 중 심리적 혐오자극을 활용해 보세요

혐오기법이란 각종 부적응행동에 대하여 혐오자극을 제시함으로써 부적응행동을 소멸시키는 것을 말한다. 해영이의 경우, 친구의 머리카락을 자를 때마다 해영이의 머리카락이 잘린 모습을 사진으로 제시하고 해영이가 심리적으로 혐오감을 느끼도록 자극함으로써 문제행동을 감소시킬 수 있다.

혐오카드 만들기

- 해영이 얼굴을 사진으로 찍는다.
- 머리카락 부분을 오려 내고 삭발 머리로 바꾼다.
- 머리카락이 없는 해영이 얼굴을 코팅한다.
- 조각으로 나뉜 머리카락을 벨크로 테이프를 이용해 머리 부분에 붙인다.
- 해영이가 친구의 머리카락을 자를 때마다 해영이 머리카락의 조각을 떼어 낸다.
- 머리카락이 잘려 나간 모습의 해영이 사진을 보며 기분이 어떠한지 얘기하고 친구의 머리카락을 자르면 안 되는 이유를 반복적으로 설명한다.

5 이런 방법도 해 보세요

(1) 비슷한 사례

- 먹물을 친구 옷에 뿌리는 행동
- 코딱지를 파서 친구 옷에 묻히는 행동
- 친구 책에 그림을 그려 놓는 행동
- 가위로 친구 옷이나 물건을 자르는 행동

(2) 통합반 친구에게 장애이해를 돕기 위한 교육을 실시해 보세요

아직은 친구의 돌발적인 행동을 이해하고 대응하기 어려운 유아에게 친구를 이해하며 더불어 살아가는 사회성을 길러 주는 교육은 반드시 필요하다. 일반유아가 장애를 가진 친구와 함께 생활하는 데 필요한 반편견교육 프로그램을 실시하여 장애친구를 이해하고 돌발 상황에서 본인을 방어하며 적절한 반응을 할 수 있도록 교육해야 한다.

(3) 좋은 친구가 되는 방법을 가르쳐 줘요

정신지체유아의 경우, 사회기술능력이 부족하여 또래관계에서 어려움을 겪는다. 좋은 친구가 되기 위한 여러 가지 방법들을 노래로 만들어 불러 보거나 역할극 혹은 인형극을 통하여 보여 주고 시연해 본다.

좋은 친구가 되는 방법

❶ 행동목표: 친구가 기분이 나쁘거나 상처를 입었을 때 그들의 감정을 인정하고 공감할 수 있다.

❷ 적용방법

- 노래를 만들어 함께 불러 보아요.
  - 친구가 내 머리카락을 자를 때 행복하면 손뼉을 치세요(짝, 짝, 짝).
  - 친구가 내 등을 밀 때 행복하면 손뼉을 치세요(짝, 짝, 짝).
  - 친구가 바보라고 말할 때 행복하면 손뼉을 치세요(짝, 짝, 짝).
  - 친구가 안녕 인사할 때 행복하면 손뼉을 치세요(짝, 짝, 짝).
  - 친구가 내 손을 잡아 줄 때 행복하면 손뼉을 치세요(짝, 짝, 짝).
  - 친구가 지우개를 빌려 줄 때 행복하면 손뼉을 치세요(짝, 짝, 짝).
- 막대인형 놀이를 통한 역할극

  일어난 상황을 역할극으로 재구성하여 보여 주고 친구들이 행복한 얼굴, 슬픈 얼굴 막대인형을 들어 감정을 표현해 보도록 한다.

혐오행동 4 친구들이 싫어하는 것만 골라 하는 행동

1 이런 일이 있었어요

"선생님~~은규가 또 코딱지를 묻혔어요. 으앙~~." 조용히 독서 아침자습이 진행되고 있는 교실에 혜린이의 울음소리가 크게 울려 퍼졌다. 진지한 자습 분위기는 금세 키득거리며 웃는 아이들과 눈살을 찌푸리며 은규를 째려보는 아이들로 흐트러지고 만다.

은규는 초등학교 3학년 학생으로 1학년 때부터 코 파서 친구 옷에 묻히기, 수업 시간 중에 크게 트림 소리를 내어 수업 분위기 흐트리기, 급식시간에 반복적으로 토하는 시늉을 해서 친구들 급식 못 먹게 하기 등 친구들이 싫어하는 행동만을 골라서 한다.

요즈음 담임선생님은 이런 은규의 행동보다도 이를 따라 하거나, 은규에게 폭력을 쓰거나 따돌리는 아이들이 있어 큰 걱정이다.

2 선생님 당황스럽지요

(1) 저런 행동은 왜 하는 걸까

은규는 왜 저런 행동을 하는 걸까? 교사로서 도저히 이해할 수 없다. 그리고 이렇게 지저분한 행동들을 어떤 친구가 좋아하겠는가 참 걱정스럽다.

(2) 소란스러워진 수업 분위기 때문에 수업 진도는 어떻게 나가야 할까

장애학생을 맡게 된 일반 교사들이 가지는 큰 걱정 중 하나는 장애학생의 문제행동으로 인해 수업 분위기가 어수선해져서 진도를 제대로 나가지 못하면 어쩌나 하는 것이다. 즉, 일반학생들의 수업 손실이라는 피해를 가져다주는 것을 고민한다.

(3) 이상한 행동을 할 때마다 벌을 줄까

이런 행동을 하면 교사는 벌을 주고 싶은 마음이 들 수밖에 없다. 하지만 "칭찬은 고래도 춤추게 한다."는 말을 상기할 필요가 있다. 벌을 주는 것은 단시간에 문제행동을 제거하는 간편한 수단일지는 모르나 아이들이 지속적으로, 진심으로 문제행동을 교정하려는 마음을 가지지 않게 한다. 또 자칫 잘못하면 반항이나 무기력함 등과 같은 다른 문제를 만들어내기도 한다. 벌보다는 아이의 마음을 움직일 수 있는 보다 근본적인 해결책이 없을까?

(4) 내 옆에 앉혀 두어서 이상한 행동을 아예 못 하게 할까

꼭 장애학생이 아니더라도, 문제행동을 보이는 학생들을 교사의 옆이나 앞에 놔두고 문제행동을 막아 보려는 방법이 최선 아닐까? 그러나 그것은 다른 학생들에게 문제행동을 일으키는 학생을 좋지 않게 낙인시키며, 학생의 인권을 전혀 고려하지 않은 처사일 수도 있다. 때론 교사의 의도와는 달리 앞에 나와서까지 문제행동을 하여 다른 학생들의 이목을 집중시킴으로써 영웅이 된 것 같은 착각을 불러 일으켜 오히려 문제행동을 남발하게도 할 수도 있다. 또 다른 해결방법이 없을까?

(5) 저런 행동은 왜 고쳐지지 않는 것일까

의학이 발달했는데 자폐성장애라 해도 약을 먹고 치료받으면 완치가 가능하지 않을까? 그러나 자폐성장애는 발생 원인을 정확하게 알 수 없기에 예방과 치료가 불가능하다. 물론 그렇다고 해서 문제행동에 대한 치료를 전혀 하지 않는다면 전혀 개선이 되지 못하고, 자폐성장애를 가진 학생만이 가지고 있는 자질마저 계발할 수가 없으므로 전문가에 의한 지속적인 관리가 꼭 필요하다.

(6) 주요 과목시간에는 특수학급에 있게 하면 안 될까

주요 과목뿐만 아니라 하루 종일 특수학급에서 공부하고 그곳에서 하교했으면 좋겠다. 아니면 하교할 때 오든지 말이다. 사실 우리 반에서는 공부를 따라가지도 못하고 이 아이도 힘들어 하는 것 같다.

그러나 "피할 수 없다면 즐겨라."라는 말처럼 장애학생을 피하기보다는 그 아이의 문제행동을 수정해 주고, 점차 향상되어 가는 모습을 교사의 보람으로 생각하려는 마음가짐을 가져 보면 어떨까?

3 아! 그랬구나

(1) 학생 입장

은규는 자폐성장애학생으로 다른 사람의 기분을 고려하지 않고 자신이 하고픈 대로 행동한다. 그리고 자신이 관심 있는 것을 그대로 분출하는 특성을 가지고 있어 잘못된 행동이라는 생각 자체를 하지 못하며, 때론 코를 파거나 트림하기 등의 이상한 행동이나 소리에 집착을 하기도 한다.

또한 자폐성장애의 가장 큰 특징은 사회적 상호작용이나 의사소통 결손을 보이며, 의례적이고 강박적인 행동을 보인다는 것이다. 그래서 아무 데나 그림을 그리는 등의 특징적이고 비기능적인 일과나 의례적 행동에 융통성 없이 집착하고, 상동행동적이고 반복적인 운동성 습관(예: 계속 손으로 책상을 두드린다든지 고개를 계속 흔드는 행동)을 보이기도 하며 특정 사물에 대해서도 지속적으로 집착을 하게 된다(예: 어떤 무늬나 자동차 바퀴 등에 집착하는 행동).

그러므로 수업에 있어서도 개정 교육과정부터 시행된 교과 간, 차시 간의 자유로운 통합과 교사의 재량권 확대를 충분히 활용하여 융통성 있게 수업 진도를 계획하는 것이 좋다.

그리고 자신이 친구들에게 코딱지를 묻히거나 트림 및 이상한 말을 할 때 아이들이 보이는 울음, 소리 지르기, 때리기, 싫어하는 표정들 그리고 교사의 꾸지람 및 벌이 자신에게 친구들과 교사가 갖는 관심이라고 착각할 수도 있다. 그래서 교사나 친구들의 제지에도 불구하고 지속적으로 잘못된 행동을 하게 된다. 이 밖에도 자폐성장애학생이 보이는 특정행동이나 반향어 및 상동행동 중에는 일반학생들이나 교사가 보기에 좋지 못한 것들이 있어 다양한 문제를 야기하기도 한다.

(2) 환경이 원인인 경우

장애를 갖고 있는 학생들의 경우 가정에서 부모님이 아이가 다른 아이들보다 부족한 점이 많기 때문에 아이 대신에 모든 것을 다 해결해 주거나, 아이가 잘못된 행동을 했을 때도 크게 혼을 내지 않는 경우가 있다.

연구 논문들 중에 장애아 어머니들은 일반적인 유아를 키우는 어머니들보다 더 귀하게 자녀를 대하고 지나친 보호를 하기도 하며 동정적인 양육태도를 나타내기도 한다고 한다. 이런 가정교육 때문에 학교생활에서 은규처럼 잘못된 행동을 하고서도 잘못된 것이라고 생각하지 않는 장애아이가 많고, 애써 이런 행동을 고치려고 하지 않거나 오히려 고집을 피우는 경우도 있다.

4 이렇게 해 봤어요

(1) 아이들에게 은규의 행동은 고의가 아닌 장애로 인한 것임을 잘 설명해 준다

"아는 만큼 보인다."라는 말처럼 장애를 가진 학생의 행동 특성에 대해 그것이 나쁜 의도를 가진 고의적 행동이 아닌, 은규도 제어할 수 없는 병적인 것임을 아이들 눈높이에 맞춰 잘 설명해 준다. 그러면 은규의 행동을 더욱 자극하는 반응을 하지 않게 되고, 오히려 일반학생들에게 은규를 이해하려고 노력하는 기회를 제공해 줄 수 있다.

(2) 은규의 좋지 못한 행동을 제거하기 위해, 아이들에게 은규의 행동에 반응을 보이지 말 것을 부탁한다

자폐성장애를 가진 아동들은 외부의 자극에 매우 민감하며 상동행동이나 반향어를 보이는 특징이 있다. 그러므로 아이의 좋지 못한 행동에 주변 학생들이 소리 지르기, 울기 등의 과한 반응을 보인다면 오히려 좋지 못한 행동을 더욱 자극할 수가 있다. 또한 다른 이상한 행동도 유발할 수 있으므로 반응을 최대한 자제하거나 보이지 않도록 미리 당부한다.

(3) 왜, 언제 좋지 못한 행동이 나타나는지를 자세히 관찰한 후 제거할 수 있는 선행사건요인이 있다면 이를 제거하거나 수정해 준다

자폐성장애 아동의 좋지 못한 행동들이 무의식적으로 나타나긴 하지만, 외부적인 요인으로 이를 더 유발할 수도 있다. 실제로 자폐성장애 아동이 싫어하는 교과시간이라든지, 지루함 및 주변 친구들의 소음 등으로 인해 장애 특성 중 반향어나 상동행동이 더 크게 자주 일어난다. 그러므로 좋지 못한 행동이 왜, 언제 많이 나타나는지를 살펴보아 미리 그런 여건 등을 적절히 조절하거나 제거해 준다면 문제행동의 빈도나 크기를 줄일 수가 있다.

(4) 코를 파거나 침을 흘리는 행동이 얼마나 위험한지를 은규나 은규 부모님께 알려 주어 그런 행동을 하지 못하도록 주지시켜 준다

학생이 가지고 있는 문제행동들이 자신에게 얼마나 위험한지를 인지시켜 줌으로써 문제행동의 빈도와 크기를 줄일 수도 있다. 예를 들어, 코를 많이 파면 코피가 나서 자칫 잘못하면 심한 출혈로 목숨을 잃을 수 있다든지, 머리카락을 계속 뽑으면 더이상 머리가 자라지 않는다는 사실을 장애학생에게 언어나 시각자료 등을 통해 자세히 알려 주어 학생 스스로가 사태의 심각성을 파악할 수 있게 해 줄 수도 있다. 또한 장애를 가진 아이라고 해서 무한한 인내심과 보살핌만을 주려는 장애학생의 부모에게도 문제행동으로 인해 생길 수 있는 의학적 경고 및 사례 등을 알려 줌으로써 가정에서도 문제행동을 수정하기 위해 노력할 수 있도록 해야 한다.

(5) 혐오행동을 하지 않았을 때 적절한 칭찬과 보상을 해 준다

은규와 교사 간의 문제행동에 따른 간단한 행동계약서를 만들어, 문제행동을 보이지 않을 때 학생이 선호하는 적절한 칭찬과 보상을 주어 문제행동의 발생 빈도를 줄일 수 있다. 이때 가정에서도 이를 병행하여 실시한다면 문제행동 수정의 기간을 좀 더 단축해 볼 수 있으므로 부모와의 상담도 이뤄져야 한다.

5 이런 방법도 해 보세요

(1) 비슷한 사례

- 자신이 좋아하는 것에만 집중하다가 실수하는 행동
- 무의식적으로 계속 침을 뱉으며 욕을 반복하여 말하는 행동

(2) 친구들이 좋아하는 행동과 싫어하는 행동 찾기

상담을 통하여 은규의 친구들이 좋아하는 행동과 싫어하는 행동을 찾아보게 한다.

그리고 친구들이 친하게 지내고 싶어 하지만 더러운 행동 때문에 피하게 된다는 것을 알도록 한다. 가능하면 사진이나 동영상을 통하여 보여 주는 방법도 효과적일 것이다.

(3) 장애학생의 친구 도우미 활용

장애학생이 통합학급에 들어오면 처음엔 장애학생의 문제행동이나 특성에 당황하거나 놀리던 일반학생들이 이상하게도 그 행동을 모방하거나 장난삼아 따라 하게 된다. 그래서 장애학생을 도와주는 도우미를 지정했을 때, 도우미 학생이 장애학생의 문제행동을 따라 한다고 불만을 제기하는 학부모들도 있다.

그래서 우선 학기 초에 아이들에게 은규의 장애와 그 특성에 대해 잘 설명해서 은규를 이해하도록 해야 한다. 그 후 꼭 은규의 문제행동을 따라 하는 것뿐만 아니라 학급 내에서 발생할 수 있는 다양한 문제행동에 대한 규제와 규칙을 아동들이 스스로 정해 보도록 함으로써(일명 학급규칙 만들기) 잘못된 행동에 대한 경각심을 일깨워 준다.

또한 장애학생을 돕는 도우미를 일부러 따로 뽑는 것은 도우미 학생에게 무거운 책임감으로 인한 스트레스 및 장애학생의 좋지 못한 습관을 따라 하게 되는 등의 문제를 발생시킬 수 있다. 그래서 모든 학생들이 은규의 도우미가 될 수 있도록 이를 학급특색운영과제로 삼아 1년 동안 운영해 보는 방안도 필요하다.

혐오행동 5 대소변을 바지에 지리거나 싸는 행동

1 이런 일이 있었어요

"야! 이게 무슨 냄새야. 선생님, 선주가 또 쌌나 봐요." 슬기의 소리에 맞춰 여기저기서 냄새가 난다며 손으로 코를 움켜쥐고 창문을 열고, 순식간에 교실은 아수라

장이 되어 버린다.

선주는 초등학교 6학년 여학생으로, 대소변을 가릴 줄은 아나 가끔 교실에서 실례를 하는 통에 교실 분위기를 엉망진창으로 만들어 버리는 주범이다. 그런데 이보다 더 큰 문제는 저학년 때와는 달리 이성에 눈을 뜨기 시작한 선주가 자신의 행동에 창피함을 느끼고, 실수 후 크게 울거나 주변 친구를 때리기까지 한다는 것이다. 선주가 실수를 하지 않도록 하는 것이 제일 좋은 방법일텐데 답답하기만 하다.

2 선생님 당황스럽지요

(1) 6학년이나 되었는데도, 대소변을 못 가리는 것일까

정신지체 학생들의 행동을 보고 일반교사들이 가장 이해하지 못하는 부분이 바로 신체적으로는 일반학생들과 별로 다를 것이 없는데, 왜 유아들처럼 신변처리 같은 문제도 제대로 해결을 하지 못할까 하는 것이다. 그러나 정신지체인은 단순히 지적능력이 낮은 사람이 아닌, 적응행동에 있어 자신의 신체연령보다 훨씬 낮거나 부족한 면을 보이는 사람으로 특히 신변처리나 사회생활에 있어 일반인보다 많은 어려움을 보인다. 그러므로 신체적으로는 6학년인 선주 역시, 신변처리를 제대로 하지 못할 수 있다.

(2) 사춘기인 선주가 마음의 상처를 받았으면 어쩌지

일반적인 6학년 학생들의 정서를 고려했을 때 선주 역시 이성이나 주변 사람들의 시선에 신경을 쓰게 되어 다른 문제가 나타날 수밖에 없다. 스스로 입은 마음의 상처를 친구를 때리거나 크게 우는 등의 2차적인 문제행동으로 표출하는 것이다. 우선은 화장실에서 볼일을 볼 수 있도록 하는 것이 이 문제를 수습하는 가장 빠른 방법 같다.

(3) 교실에서 실수를 못 하게 쉬는 시간마다 화장실에 꼭 가게 해야 할까

교실에서 용변을 본다고 해서 쉬는 시간마다 화장실에 가게 한다면, 이성이나 주변 사람들의 시선에 신경을 쓰는 장애학생의 입장에선 창피함을 느끼거나 거부하는 부정적 결과를 가져올 수도 있다. 또한 화장실과 용변에 대한 강박증을 갖게 할 수도 있으므로 보다 체계적인 해결방법을 찾아보자!

3 아! 그랬구나

(1) 학생 입장

선주는 경도 정신지체로 교육은 가능하나 신변처리 및 운동성, 사회성, 인지, 언어에 있어 불안정한 발달을 보이게 된다. 선주의 경우에는 대소변을 가릴 줄 안다고는 하나 집이나 익숙한 장소가 아닌 곳에서는 어려움을 겪을 수도 있으며, 정신지체 학생들이 쉽게 좌절을 하게 되는 것과 같은 정서적인 특성으로 학교에서만 일시적으로 대소변 문제를 보이는 것일 수도 있다.

그런데 지적능력은 낮아도 생활연령 및 신체적 연령은 일반학생과 유사하기에 선주도 이성이나 자신의 외모에 관심을 가질 수밖에 없다. 어쩌면 선주야말로 자신의 대소변 문제에 대해 절실히 교사의 도움과 배려를 바라고 있는지도 모른다.

(2) 환경이 원인인 경우

식습관의 서구화와 여러 매체를 통해 얻는 지식이 풍부해서인지 요즈음은 초등학교 5·6학년만 되어도 사춘기의 특성 중 하나인 자신의 외모나 이성에 대해 끊임없는 관심과 신경을 쓰게 된다. 그러므로 초등학교 6학년인 선주 역시 자신의 외모나 이성이 자신을 어떻게 바라보고 있는지 등에 관심을 많이 가지고 있다고 할 수 있다. 그런데 선주의 경우에는 다른 이맘때의 아이들과는 달리, 자신이 정신지체 3급으로 외모나 지적인 능력 및 행동에 있어 다르거나 열등한 점이 더 많다는 것을 느껴 더욱 소심하고 신체적·정서적 불안감 및 스트레스가 많아 이로 인해 대소변을 가리지 못하는 문제행동이 나타났을 수 있다. 또한 어쩌면 비상한 감수성과 정서적 불안감 등이 일반학생들에 비해 더 많기에 가정이 아닌 학교에서 대소변을 가리고 그것에 대한 의사표현을 하는 것에 어려움을 느낄 수도 있다.

4 이렇게 해 봤어요

(1) 아이들에게 선주의 행동은 누구나 할 수 있는 실수라고 알려 주기

아이들이 공부시간에도 화장실을 수시로 들락거리기에 공부시간에 화장실에 가면 벌점을 주는 규칙을 만들었더니, 배가 아픈 것도 말하지 못하고 참다 결국 바지에 실수를 하는 경우가 있었다. 소심한 여학생이었기에, 그 학생을 부모님께 연락 후 집으로 돌려보낸 뒤에 아이들에게 누구나 그런 실수는 할 수 있는 것이라며 교사의 경험(물론 그런 경험을 한 적은 없었지만)을 이야기한 뒤, 자유롭게 실수 경험을 이야기하게 했다. 아이들은 이렇게 분위기를 조성해 주면 자신의 실수를 서로 발표하지 못해서 안달이 난다. 마지막에 이렇듯 누구나 다 실수를 할 수 있으니 친구를 놀려선 안 된다고 했더니, 그 후 친구에게 실수를 했다고 놀리거나 흉 보는 일이 발생하지 않았다. 그러므로 선주가 없을 때 앞의 과정을 아이들과 함께한 후, 선주의 장애특성에 대해서도 아이들에게 알려 주어 선주의 경우에는 보통 사람들보다 실수가 잦을 수밖에 없음을 인지시켜 준다. 그러면 선주를 놀리거나 꺼려 하는 일을 줄일 수 있다.

(2) 선주의 문제행동을 소거할 수 있는 방법을 찾아본다

① 집이 아닌 학교에서 대소변을 못 가린다면: 통합학급에서 일반교사가 지도하기에는 여러 어려움이 있으므로 특수교사에게 도움을 요청하여 처음엔 특수학급에 있는 동안만이라도 화장실에서 대소변을 가리는 연습을 하게 한다. 그리고 차차 통합학급에 있을 때에도 대소변을 가릴 수 있게 한다.

② 친구들에게 부끄럽거나 언어적 표현이 자유롭지 못해 대소변 의사를 표현하지 못하는 것이라면: 교사와 선주, 보조원만이 아는 신호라든지 스티커 등을 만들어(일반학생들이 눈치채지 못하게 하거나, 이를 자주 바꿔 주어 장애학생의 창피함을 최대한 줄여 준다) 용변에 대한 의사를 조금씩 표현하도록 함으로써 문제행동을 바꿀 수 있도록 한다.

③ 대소변을 가리지 못하는 것이 심각한 것임을 선주와 부모님께 알린다면: 선주와의 상담을 통해 대소변을 가리지 못할 때 선주가 겪게 될 안 좋은 일들을 이야기하고 교사가 늘 선주의 편이 되어 도와줄 것임을 확실하게 신뢰시킨다. 또한 선주의 부모님께도 선주가 학교에서 겪고 있는 내 · 외적 문제 및 이로 인해 발생하게 될 더 많은 문제들을 말씀드려 가정에서도 학교에서 행하는 행동수정 방법들이 지속될 수 있도록 한다.

④ 반 아이들과 선주와의 관계 회복을 위한 방안을 사용한다면: 선주의 문제행동으로 인해 좋지 않은 감정을 가졌던 학급 아동들과 자존감에 큰 상처를 받은 선주 사이의 관계 회복을 위한 다양한 프로그램을 적용한다.

5 이런 방법도 해 보세요

(1) 비슷한 사례

- 불안하여 손톱을 물어뜯거나 머리를 벽에 박는 등의 자해 행동
- 이성을 생각하면서 얼굴이 빨개지거나 자신도 모르게 바지에 손을 넣는 등의 자위 행동

(2) 여러 외부적 요인으로 인한 문제라면

외부적 요인(선행사건)을 파악하여 이를 제거할 수 있게 해 준다. 예를 들어, 좋아하는 남자친구가 근처에 있어 말을 못한다면, 그 학생을 멀리 떨어뜨려 놓을 필요가 있다. 만약 수업이 지루하거나 어려워서 일부러 대소변을 본다면 아이가 흥미를 느낄 수 있는 수업 목표 및 재료를 제공함으로써 문제행동을 제거해야 한다.

(3) 학급의 친구들을 위한 교육

선주의 이런 문제행동은 학급의 친구관계에서 커다란 벽을 만들 수 있다. 따라서 학급 친구들에게 선주의 상태나 대처방법, 돕는 방법에 대하여 토의할 필요가 있다.

혐오행동 6 옷이나 책상에 떨어진 것을 주워 먹는 행동

---

1 이런 일이 있었어요

거의 모든 학급에서 아이들은 급식시간을 손꼽아 기다리지만, 세훈이네 반은 급식시간이 악몽 같아 모두들 오늘은 제발 급식시간이 무사하게 지나갔으면 하고 바란다. 세훈이는 초등학교 1학년의 발달지체 남학생으로 신체적 · 지적 · 정신적 발

달이 또래의 아이들보다 늦은 편이고 학급활동이나 교과활동에도 참여와 적응을 잘 하지 못한다. 그런데 이것들보다 더 큰 문제는 급식시간만 되면 서툰 수저질로 음식을 모두 바닥에 떨어뜨린 후 더러움에 상관없이 손으로 마구 주워 먹는 바람에 가뜩이나 학교 급식의 맛에 익숙하지 않은 1학년 학생들의 비위를 상하게 하여 급식시간을 어수선하게 만들어 버린다는 것이다.

2 선생님 당황스럽지요

(1) 특수학급에서 급식을 먹고 오게 하면 안 될까

앞의 문제 외에도 장애학생이 통합학급에서 문제를 보이면 대부분의 일반교사들이 가장 먼저 생각하는 것이 '장애학생을 특수학급에서 생활하게 하면 안 될까?'다. 그러나 장애학생도 엄연히 한 해 동안 담임교사의 정성과 사랑에 의해 교육받아야 할 학급의 중요한 학생이기에, 또 모든 문제를 회피한다고 해서 근본적인 해결이 될 수 없음을 상기하고 문제행동의 원인을 파악하여 긍정적인 결과를 도출하려는 일반교사의 의지가 매우 필요하다.

(2) 왜 떨어진 음식을 손으로 주워 먹는 것일까

① 아직 수저질이 서투르기에 손으로 음식을 먹는 것이 더 쉬울 수 있다: 아이들이 기다리는 급식시간, 배는 고프고 음식을 빨리 먹어야 하는데 발달지체인 세훈이는 또래들보다 수저질이 서투르기에 급식 먹기가 쉽지만은 않다. 그래서 수저질보다 쉬운 손으로 자꾸 음식을 집어먹게 된다.

② 떨어진 음식을 먹는 것, 손으로 음식을 먹는 것이 나쁘다고 생각하지 않을 수도 있다: 가정에서 식사를 할 때 상이나 바닥에 떨어진 음식을 더럽다거나 버려야 한다고 교육을 하지 않았거나(대부분의 가정은 바닥이 깨끗하므로), 아직 바닥에 떨어진 음식이 더럽다고 생각하지 못하는 지적 발달수준이라면 아무렇지도 않게 바닥의 음식을 먹을 수도 있다.

(3) 세훈이의 행동을 보며 비위가 상한다고 급식을 포기하거나 우는 아이들을 어떻게 다뤄야만 할까

학교에서 아이들을 보면 자신은 화장실에서 볼일을 본 후 물을 안 내리고, 손도 씻지 않을 만큼 비위생적이면서도, 급식 당번이 급식 판에 반찬을 놓다가 반찬끼리 국물이 약간만 섞이거나, 국 국물이 다른 반찬에 들어가면 더럽고 비위가 상한다며 급식 당번에게 화를 내기도 하고 심지어 급식 먹기를 거부하기도 한다.

즉, 자기 위생에는 너그러우면서 남의 위생에는 꽤 깐깐하고 엄정한 것이 아이들이다. 이런 아이들이다 보니 세훈이처럼 급식 판에서 떨어진 더러운 음식을(그 음식이 실제로 더럽지 않더라도 아이들은 일단 급식 판에서 떨어진 음식을 모두 더럽다고 생각한다) 그것도 손으로 집어먹는 것을 보면 당연히 난리법석을 피울 수밖에 없다. 급식 판에서 떨어진 음식을 먹는 세훈이의 행동은 음식이 아까워서 하는 행동이라고 가르쳐 보는 것은 어떨까?

물론 급식 판에서 떨어진 음식을 손으로 먹는 것은 비위생적이며 질병을 유발할 수도 있기 때문에 절대로 세훈이의 행동을 따라 해서는 안 된다는 말은 꼭 해야 한다. 이런 문제행동을 따라 하는 아이들이 생기는 불상사가 있을 수 있다. 인도 같은 다른 나라에서는 수저가 아닌 손으로 음식을 먹는 것이 문화임을 알려 주어 손으로 먹는 것이 무조건 더럽다고 생각하는 고정관념을 없애고 세훈이의 행동에 대한 혐오감을 일정 부분 줄여 줄 수도 있다. 물론 이 경우에도 손을 깨끗하게 씻고 음식을 먹어야 한다는 것을 강조해 줘야만 한다.

(4) 제발 오늘만은 나도, 아이들도 행복하게 급식을 할 수 있었으면 좋겠다

문제를 회피하고 포기한다면 절대로 행복한 급식시간을 꿈꿀 수 없다. 세훈이의 문제행동을 초기부터 바로잡아야만 나머지 기간을 행복한 급식시간으로 만들 수 있다. 모든 병과 문제는 초기에 잡아야 돈과 시간이 덜 드는 것처럼 문제행동을 발견하자마자 해결책을 찾아야만 한다. 바로 지금!

3 아! 그랬구나

(1) 학생 입장

학생들이 학교에서 좋아하는 시간 중 하나가 바로 급식시간이다. 아마 발달지체인 세훈이도 다른 아이들처럼 급식시간을 좋아해서, 음식을 받으면 빨리 먹고 싶어 했을 것이다. 그런데 세훈이는 발달지체이기 때문에 신체적 · 지적 · 정신적 발달이 늦어 수저질이 서투르기에 자꾸 음식을 식판 밖으로 떨어뜨리고, 먹고 싶다는 마음이 앞서 손으로 떨어진 음식을 마구 주워 먹을 수밖에 없었다. 물론 이런 행동에는 아무런 의미가 없고, 자신의 행동에 주변 친구들이 보이는 반응이 세훈이에게 오히려 동기화되어 문제행동을 지속하는 것일 수도 있다.

(2) 환경이 원인인 경우

발달지체를 포함한 장애학생의 부모님들은 자신의 자녀가 다른 아이들에 비해 모든 것이 더디고 부족하기에 직접 자녀의 모든 것을 해결해 주려는 경향이 강하다. 즉, 기본적인 생활훈련이나 신변처리(씻기, 먹기, 옷 입기, 용변 보기 등)를 부모님들이 알아서 다 해 준다. 그런데 이런 부모의 과보호적인 자녀 사랑은 아이가 학교에 입학하면서부터 학교생활에의 부적응이나 또래 학생들과의 교류를 어렵게 하는 등의 다양한 문제들로 나타나 장애학생의 생활을 방해하게 된다.

4 이렇게 해 봤어요

(1) 올바른 수저질을 가르쳐 주거나 손쉽게 음식을 먹을 수 있는 도구를 마련해 준다

만약 세훈이의 이런 행동의 원인이 부모의 잘못된 식습관 지도에 있다면, 이를 제거해 주도록 한다. 즉, 스스로 음식을 먹을 수 있도록 수저질을 가르쳐 주고 연습시키는 것이다. 사실 초등학교 6학년 교실에서도 젓가락질을 제대로 하지 못하는 일반학생들도 꽤 많은 편이다.

그러므로 세훈이만 단독으로 연습시킬 것이 아니라 우리나라 문화에 대해 공부하는 바른생활 같은 수업시간이나 이와 관련된 다른 과목시간을 이용해 올바른 수저질을 모두 함께 배워 보는 것이 좋다. 모둠별로 '제한시간 동안 젓가락질로 콩 많이 옮기기' 등의 게임을 진행하여 세훈이의 문제행동 수정을 위한 시간인 동시에 학급 구성원 모두가 올바른 수저질에 대한 상식을 넓히는 시간이 되도록 한다.

그런데 이때, 세훈이의 발달지체 정도가 심하다면 올바른 수저질을 강요하기보다는 손쉽고 위생적으로 음식을 먹을 수 있는 도구들(예를 들면, 젓가락 대신에 포크라든지 국물을 흘리지 않고 쉽게 먹을 수 있는 환자나 유아용 스푼 등)을 급식시간에 사용하도록 한다.

(2) 올바른 식사에 대한 강화와 보상을 마련해 준다

초등학교 학급에서는 대개 칭찬판이나 칭찬통장 등의 강화물을 통해 아이들의 올바른 학교생활을 보상해 준다. 그런데 이런 칭찬판이나 칭찬통장은 지적인 면에서 우수한 아동들에게 유리하기 때문에 발달지체를 가지고 있는 세훈이에게는 별 의미가 없다. 세훈이에게는 자신에게 적합한 강화와 보상체제가 따로 요구되고 이 체제에 올바른 식사에 대한 항목을 마련한다면 문제를 어느 정도 줄여 나갈 수도 있다.

그런데 이때 주의해야 할 것은 장애학생이 쉽게 목표에 도달할 수 있는 것부터 시작해야 한다는 것이다. 왜냐하면 발달지체 학생의 경우 정서 특성상 문제를 해결하려는 의지가 약하기도 하고, 자신이 문제를 해결하고자 노력하였음에도 불구하고 쉽게 문제를 해결하지 못하면 무력감을 느껴 그 어떤 보상이나 강화가 따른다고 해도 쉽게 좌절하거나 장애학생에게 학습된 무력감 및 낮은 자아존중감이 형성되기 때문이다.

그러므로 아이의 문제행동을 세분화(과제분석)한 후 학생의 장애 정도나 특성에 따라 쉽게 극복할 수 있는 행동목표부터 차근차근 도달할 수 있도록 한다. 또한 발달지체의 특성상 참을성이 부족하고 구체적인 것을 좋아하는 경향이 강하므로, 목표에 도달한 그 즉시 강화와 보상을 해 주도록 한다(스티커나 칭찬통장보다는 음식물이나 학용품 등을 제공해 준다).

물론 이상의 모든 해결책은 학교뿐만 아니라 가정에서도 연계되어 이루어져야만 한다.

5 이런 방법도 해 보세요

(1) 비슷한 사례

- 대소변 처리를 무조건 교사나 부모에게만 의지하려는 행동
- 간단한 신변처리를 스스로 하지 않는 행동

(2) 부모님 및 학생과의 상담

내적인 스트레스나 적개심 때문에 의도적으로 급식시간에 문제행동을 발생시키

는 경우가 있다. 우선 세훈이의 문제행동이 나타난 시점을 파악하기 위해 부모님과의 상담을 추진할 필요가 있다. 만약 장애학생이 고학년이거나 자신의 의사를 충분히 표현할 수 있다면 학생과의 상담도 해야만 한다.

일반교사가 상담할 시점 전(원래)에는 땅에 떨어진 것을 손으로 먹지 않았는데, 어린이집이나 유치원, 학교를 다니면서부터 문제행동이 나타나기 시작했다든지, 어떤 사건이 발생된 시점부터 그런 행동이 나타났다면 원인이 무엇인지에 대해 알아보고 그에 알맞은 해결책을 마련해야 한다. 또한 가정에서는 전혀 문제행동을 보이지 않는데 학교 내에서만 그런다면 원인을 따로 생각해 보고 찾아봐야 한다(예를 들어, 짝이나 급식 먹는 순서, 심지어 급식 판이 마음에 안 들어서 학교에서만 문제행동을 보일 수도 있다).

상담 시, 장애학생의 부모가 혹시나 자기 자녀에게 피해가 있을까 두려워 일반교사에게 진실을 털어놓지 않을 수도 있다. 그럴 때는 특수교사가 대신 상담한 후 일반교사에게 정보를 제공해 주는 것이 좋다.

(3) 문제행동을 크게, 더 자주 발생시키는 반응 조사

주변의 반응으로 인해 문제행동이 더 크게, 자주 발생할 수도 있다. 세훈이의 문제행동이 처음부터 심각했는지, 입학 후 첫 시기에는 그 횟수와 빈도가 적고 약했는데, 점점 잦아지고 강해지지는 않았는지를 생각해 보아야 한다. 만약 처음에는 빈도와 횟수가 약하고 적었다면, 세훈이의 문제행동이 주변 반응에 의해 확대되고 있는 것은 아닌지 생각해 볼 필요가 있다. 장애학생뿐만 아니라 일반학생들도 자신의 행동에 대해 주변에서 반응(역 · 정반응 모두 포함)을 보이면 그 행동을 반복하려는 경향이 있다. 물론 여기에는 문제행동뿐만 아니라 공부를 열심히 해서 성적을 향상시키는 등의 바람직한 행동도 포함된다.

그러므로 교사는 일반학생들에게 세훈이의 문제행동에 대해 지나친 반응을 보이지 말고, 그저 평범하게 대하도록 가르칠 필요가 있다. 물론 이런 과정 전에는 세훈이의 장애 특성에 대해 아이들에게 알기 쉽게 설명을 해 주고, 세훈이를 이해할 수 있는 절차를 마련해 준다.

(4) 유치원과 초등학교 간의 달라진 환경에 대한 방어적인 문제행동일 수 있으니 이에 대한 해소방안 마련

세훈이 입장에서는 유치원과 초등학교 간의 달라진 환경에 대한 자신의 스트레스를 해소하기 위한 자기 방어적인 표현으로 문제행동이 나타난 것일 수 있다. 그러므로 일반교사는 이런 점을 충분히 인지하여 특수교사 및 부모님, 일반학생들과 협력하여 세훈이가 바뀐 환경에서 갖게 된 스트레스나 공포심을 최소화할 수 있게 한다. 예를 들면, 유치원이나 가정처럼 자유롭게 활동할 수 있는 곳(교실 뒤쪽에 놀이마당 설치)을 마련해 준다든지, 전체적인 교수방법을 활동 중심으로 구성하면 스트레스나 공포심을 활동과 놀이를 통해 어느 정도 해소함으로써 문제행동의 빈도와 횟수를 줄일 수 있게 된다. 이 경우 다른 학생들도 함께 학교생활에서 오는 스트레스를 해소할 수 있으므로, 일거양득이라고 하겠다.

혐오행동 7 손가락을 자주 입에 넣어 침을 바르는 행동

1 이런 일이 있었어요

한겨울이 아닌데도 초등학교 5학년인 상철이의 볼이 빨갛게 부어 군데군데에선 약간의 피마저 보인다. 상철이는 주의집중력이 부족한 ADHD와 틱장애가 있으며 입에 손가락을 넣어서 자신의 얼굴에 침을 바르는 문제행동을 보이는 학생이다.

이런 상철이의 행동은 깨끗하고 예쁜 것을 좋아하는 아이들에게는 혐오와 놀림감의 대상이 되고 있다. 상철이의 담임선생님은 또래집단을 형성하고, 그 집단에 따라 무리 지어 행동하는 5학년 학생들의 특성이 상철이를 따돌리는 양상으로 나타나게 될까 봐 여간 고민이 아니다.

2 선생님 당황스럽지요

(1) 자신의 얼굴을 학대하는 행동을 왜 그만두지 못하는 걸까

교사지만 학생이 자신의 얼굴을 학대하는 모습을 이해하는 것이 쉽지가 않다. 손가락을 입에 넣는 행동뿐만 아니라 얼굴을 찌르거나 긁는 행동도 있다.

이런 문제행동을 만나면 우선 학생에게 어떤 문제가 있는지 살펴봐야 한다. 피부병이나 특별한 자극을 받았을 수 있고 장애의 한 특성일 수도 있기 때문이다.

(2) 자꾸 상철이를 괴롭히고 놀리는 아이들을 어떻게 다뤄야만 할까

상철이는 스스로 문제행동을 일으키기도 하지만 그 주변의 친구들이 문제행동을 유발하는 경우도 있는 것 같다. 대부분의 통합학급에서는 일반학생들에게 장애학생을 이해하고 수용하라는 교사의 일방적인 지시나 가르침으로 일반학생과 장애학생을 통합하려고 한다.

그러나 말이나 이론으로 서로를 완전하게 통합시키는 데에는 한계가 있다. 장애학생과 일반학생이 서로를 이해하고 함께할 수 있도록 다양한 교감 프로그램을 수업시간이나 학급생활 안에서 진행하는 것이 필요하다.

(3) 내가 상철이의 행동을 고치기 위해서 할 수 있는 일은 없을까

장애학생을 위해 교사가 할 수 있는 일이 무엇일까를 고민한 것부터가 장애학생을 위한 교사의 가장 큰 일이라고 할 수 있다. 왜냐하면 이러한 고민 안에는 장애학생을 이해하고 제자를 사랑하는 교사의 마음이 담겨져 있기 때문이다(시작이 반이다). 이제 그 고민을 이 책을 통해 함께 풀어 가도록 하자.

3 아! 그랬구나

(1) 학생 입장

상철이가 가지고 있는 ADHD와 틱장애는 모두 뇌의 기질적인 이상, 즉 자신이 제어할 수 없는 부분에 그 원인이 있기 때문에 상철이도 많이 답답하고 속상할 것이다.

틱장애란 자신의 의지와 상관없이 특정한 움직임(운동틱)이나 소리(음성틱)를 반복하여 내는 증상이다. 내부 자극에 의한 뇌의 수축이 과하거나 적어서 증상이 나타나며 그 종류만 해도 200여 가지가 넘는다.

즉, 틱장애의 원인은 뇌의 기질적인 이상이기 때문에 교사의 제재나 학생 자신의 의지로서 쉽게 극복하기가 어렵다. 틱증세의 완치는 어렵더라도 증세를 완화시킬 수는 있다. 이를 위해선 소아전문가와의 상담을 통해 학생에게 맞는 약물을 처방받아 꾸준히 복용하고 임상심리사와 함께 집단프로그램 속에서 사회기술훈련 및 놀이치료를 받아야만 한다.

> **투렛 증후군이란?**
> 투렛은 운동틱과 음성틱이 동시에 1년 이상 진행되는 경우로 ADHD와 틱, 강박우울장애, 충동조절 및 학습 장애 중 2개 이상이 동시에 나타난다.

(2) 환경이 원인인 경우

ADHD와 틱장애가 제어할 수 없는 뇌의 기질적인 이상에 그 원인이 있다고는 하지만, 다른 모든 장애와 마찬가지로 조기에 부모나 주 양육자가 증세를 발견하여 올바른 처치를 할 수 있다. 즉, 소아정신과 의사와의 상담을 통한 꾸준한 약물치료와 임상심리가를 통한 사회기술 훈련 및 놀이치료 등의 집단프로그램을 병행한다.

실제로 틱장애와 ADHD는 5세 이전에 출현해 급격히 심해지는 경향이 있으며, 이때 치료를 하지 못하면 나이가 들면서 그 증세가 더 악화된다. 그러므로 상철이의 틱증세가 5학년이 될 때까지 심각한 상태였다면 무슨 이유가 있을 것이다. 대다수의 ADHD와 틱장애를 가진 부모들은 자녀의 증세를 완화하기 위해 노력하지만, 상철이의 부모님은 이상 행동을 가볍게 보거나 아이들은 다 산만하다고 생각했을 수도 있다. 또한 조기에 상철이의 이상 행동에 대해 부모님들께 안내를 해 주지 못한 교육자들의 책임도 있다.

4 이렇게 해 봤어요

(1) 틱장애에 대한 지식을 교사와 일반학생이 함께 알아본다

비속어와 욕을 하며 자해까지 하는 장애아동의 수기를 다룬 TV 프로그램이나 틱장애를 가지고 있는 사람들에 관련된 영화 및 동영상 프로그램을 일반학생과 교사가 함께 시청함으로써 상철이의 혐오행동의 원인을 함께 알아보고 이해해 보는 시간을 갖는 것이 필요하다.

교사는 한국투렛병협회 사이트(http://cafe.daum.net/KoTSA)에서 틱장애와 ADHD에 대한 다양한 정보를 습득하거나 특수교사를 통해 상철이가 가지고 있는 병에 관해 자세한 설명을 듣는 것이 장애학생을 이해하고 도와줄 수 있는 첫걸음이다.

(2) 막을 수 없는 행동틱장애라면, 그 행동이 더 강해지거나 행동 후에 문제가 생기지 않도록 조치를 해 준다

앞서 살펴보았듯이 틱장애는 뇌의 알 수 없는 이상으로 생긴 신경학적 병으로서, 치료를 한다고 해도 약간의 개선만 가능할 뿐 완전한 치료가 거의 불가능하다. 그렇다고 해서 상철이의 행동틱장애를 그대로 방치한다면 상철이의 피부 건강이 더욱 나빠질 것이다. 그렇다면 교사는 상철이를 위해서 무엇을 할 수 있을까?

틱장애로 인해 생기는 행동들이 비록 무의식적으로 일어난다고는 하지만, 장애학생이 초조함을 느끼거나 스트레스를 받으면 그 증세가 더 악화된다. 그러므로 교사는 틱행동이 더 심해지지 않도록 장애학생, 학부모와 꾸준히 상담하고 장애학생의 행동을 유심히 관찰함으로써 스트레스 유발 인자를 미리미리 알아봐야 한다. 물론 일반교사가 시간이 부족하여 어려움이 있을 땐 특수교사가 중개 역할을 할 수 있다.

또한 얼굴에 침을 발라 트는 것이 문제가 되니 교사가 그때그때 보습 로션을 발라 준다든지, 교육 후에 아이들에게 부탁할 수 있다. 교실 한편에 보습 로션을 준비해 상철이가 늘 사용할 수 있도록 하여 얼굴이 심각한 상태로 진행되는 일을 막는다.

(3) 학급의 아이들과 상철이가 친해지도록 다양한 프로그램을 사용한다

친구들과 상호작용하며 친해질 수 있는 보드게임이나 협동 게임 활동을 하루의 일과 중 계획적으로 안배한다. 독립적으로 또는 편을 나누어 진행되는 보드게임은 선의의 경쟁을 함으로써 승부에 대한 인정, 친밀감 등을 느낄 수 있게 한다.

소집단 또는 대집단 간의 협동 게임 활동은 학생들이 단결하지 않으면 해결되지 않는 과제를 제시함으로써 집단 간 자연스럽게 동화되도록 도울 수 있다. 예를 들어, 공을 머리 위나 다리 밑으로 떨어뜨리지 않고 릴레이로 전달하는 게임, 잡지를 오린 뒤 퍼즐처럼 맞추는 게임 등을 하여 친밀감을 갖게 할 수 있다.

5 이런 방법도 해 보세요

(1) 비슷한 사례

- 무의식적으로 욕이나 비속어를 내뱉는 음성틱장애 행동
- 말을 할 때 얼굴을 비틀거나 몸에 경련을 일으키는 행동틱장애 행동
- 걸어가면서 계속 넘어져 부상당하는 행동틱장애 행동

(2) 고학년 학생들의 잘못된 집단 행동을 막기 위한 방안

고학년으로 갈수록 또래 친구들의 협조를 받는 것이 어렵고 장애친구를 괴롭히거나 따돌리는 일이 생긴다. 그러므로 학급에서는 그러한 분위기가 되지 않도록 교사가 세심한 주의와 관찰을 해야 하고 장애학생을 위한 구체적인 방법도 찾아볼 필요가 있다. 또한 가능하면 학생들의 의견을 모아 장애학생이 학급의 일원으로서 생활하도록 지도해야만 한다.

(3) ADHD와 틱장애의 개선을 위한 교사 지침

- 일관성 있게 지도한다.
- 예고되지 않은 변화는 되도록 피하고, 불가피할 경우에는 미리 설명을 해 준다.
- 과제는 작은 단계로 나누어서 계획하고 단계마다 체크한다.
- 될 수 있으면 앞자리에 앉게 한다. 일반교사는 아이가 수업지도에 방해가 된다고 느낄 수도 있다. 그러나 ADHD학생은 교사의 주의가 많이 머무르는 앞자리에 앉는 것이 충동적이고 과잉적인 행동을 줄이는 데 도움이 된다. 여럿이 앉는 배치(모둠 배치)는 가능하면 피하는 것이 좋다.
- 시각적인 자료를 사용한다.
- 과제는 조용한 장소에서 주의집중할 수 있는 시간 단위로 끊어서 하고, 과제 후에는 꼭 쉬는 시간을 준 후 다시 시작한다.
- 자극이 많은 장소인 놀이기구가 많은 운동장이나 체육관 및 교실이 아닌 특정

장소에 아동을 오래 있게 하지 않는다.

- 복잡한 언어지시를 피하고 분명하고 구체적인 지시를 한다.
- 알림장에 숙제, 준비물, 시간표 등을 쓰게 하고 꼭 교사와 부모가 이를 확인한다.
- 교실에서 지켜야 할 규칙을 구체적으로 써서 교실에 붙이고 잘 지켰을 때는 보상을 준다.
- ADHD 학생이 쉴 수 있는 장소를 준비한다.
- 문제행동이 일어났을 때 학생의 행동을 무시하는 것보다 그 즉시 적절한 조치를 취한다.
- 틱이나 ADHD로 인한 문제행동은 아동의 인성이나 게으름, 교사를 힘들게 하려는 고의적인 행동이 아니다. 아동 자신도 문제행동을 조절할 수 없는 질병이므로 될 수 있으면 흥분하거나 소리를 지르지 않는다.
- 흔히 ADHD나 틱은 약을 통해서 완치할 수 있다고 믿지만, 약물 치료를 하는 것이 아니다. 부모와 교사 및 주변 사람들의 끊임없는 관심과 사랑이 결합된 조기발견과 다양한 치료법에 의해서 개선되는 것임을 잊지 말아야 한다.

혐오행동 8 친구의 물건을 몰래 가져가는 행동

1 이런 일이 있었어요

초등학교 3학년 재만이는 학용품에 관심이 많은 학생이다. 특히 예쁜 지우개나 연필을 보면 친구의 것인데도 자기가 쓰겠다고 막무가내로 빼앗아 가는 경우가 종종 발생한다. 특히 여자아이들의 것을 유독 빼앗는데 남자아이의 것을 빼앗는 것보다 쉽기 때문이다. 이런 일이 발생하면 여학생은 엉엉 울기도 하고 어떤 아이는 교사에게 이르기도 하며 어떤 때는 재만의 손등과 팔을 꼬집어서 상처가 생기게 하기도 하였다.

또한 남자아이가 멋진 동물 모양 지우개라도 가지고 있으면 언제 그랬는지도 모르게 자신의 가방에 몰래 넣어서 집에 가져가곤 하였다. 그럴 때마다 교사는 재만이를 불러 그런 행동을 하면 안된다고 타일렀다. 그러면 재만이는 자신의 잘못을 반성하였고 교사는 용서해 주었다. 하지만 재만이의 이런 행동은 반복되었고 탐나는 물건을 발견하면 가져가려고 궁리하는 모습이 보인다.

2 선생님 당황스럽지요

(1) 자신의 잘못을 모르는 것은 아닌가

재만이는 지능이 떨어져서 자신이 친구의 물건을 빼앗거나 몰래 가져가는 것이 잘못된 행동임을 모를 수도 있다. 하지만 정말 그렇다고 해도 재만이의 이런 행동을 그냥 봐줄 수도 없고 모른 척할 수도 없다. 그렇게 하면 우리 반은 앞으로 더욱 어려운 일들이 생길 것이고 다른 아이들도 재만이와 친하게 지낼 수 없을 것이다.

(2) 도벽이 습관화되어 고칠 수 없는 것인가

친구들의 학용품을 몰래 가져가는 도벽이 습관화되어 있다면 교사가 타일러서는 해결되지 않을 것이다. 정말 그렇다면 어떻게 해야 하는지 고민이 된다. 이런 습관을 전문적으로 고쳐 주는 곳이 있다면 좋겠다.

(3) 다른 아이들이 배우면 안 되는데 답답하네

장애가 있다고 그냥 넘어가면 혹시 다른 아이들이 폭력이나 도벽은 큰 잘못이 아니라고 생각하여 모방하는 경우도 생길 것이다. 그렇지 않아도 성격이 급한 아이들의 말보다 싸움을 먼저 하는 일도 있는데 빨리 해결해야겠다.

(4) 내가 너무 약하게 타일러서 그럴까

교사가 장애가 있다고 너무 약하게 타일러서 재만이가 속으로 무시하고 계속 그런 행동을 하는 것이라면 나의 잘못이다. 강하게 혼내고 부모님도 학교에 오시라고 해야 하나? 재만이 부모님이 학교에는 오실 수 있을지도 모르겠고 막상 오시면 어떤 말을 해야 하나 고민이다.

3 아! 그랬구나

일반유아도 욕심나는 물건을 보면 갖고 싶어 하며 문구점이나 슈퍼에서 울며 떼쓰는 경우를 보게 된다. 정신지체 장애가 있는 재만이는 욕심이 나는 물건을 보면 가지고 싶어서 빼앗거나 몰래 가져간다. 재만이는 일반아이들에 비해 사회성이 떨어지고 문제해결능력이 부족하다. 그래서 자신이 가지고 싶은 욕구를 해결하는 바람직한 방법을 모르고 그저 자신이 아는 최선의 방법을 사용하는 것이다. 따라서 자신의 욕구를 해결하는 구체적인 방법을 찾을 수 있게 도와줄 필요가 있다.

또한 가정의 환경을 이해할 필요가 있다. 아마도 재만이는 가정에서도 비슷한 행동을 보일 것이다. 자신이 필요한 물건이 있을 때 부모가 해결해 주지 않아서 나오는 행동으로 보인다. 가정에서 아이가 원한다고 무조건 들어주고 물건을 사 주는 것은 바람직하지 않다. 아이가 어른과 타협을 하게 하거나, 물건을 사 주지 못해도 아이에게 설명을 하여 이해를 시켜 주어야 한다. 재만이가 보이는 문제행동의 원인은 다음과 같다.

- 자신은 학용품이 없기 때문에 친구 것을 사용하기 위해서
- 친구나 교사의 관심을 끌기 위해서
- 수업이 지루하거나 재미없어 그냥 놀이 삼아서

4 이렇게 해 봤어요

(1) 상담을 통해 원인을 파악한다

교사는 먼저 재만이와 개인 상담을 했다. 재만이가 한 행동에 대하여 진지하게 대화를 나누었는데 재만이는 소유개념이 확실하게 있고 자신이 잘못한 행동임을 알고 있었다. 그래서 교사는 강제로 친구의 물건을 빼앗은 것과 친구의 학용품을 몰래 가져간 이유를 물었다. 재만이는 자신도 모르게 그렇게 된다고 하였고 지우개가 좋아서 가져갔다고 고백하였다.

(2) 친구의 입장을 생각하게 한다

교사는 그 친구와 입장을 바꾸어 생각해 보자고 했다. 재만이는 기분이 나쁘고 속상할 것이라고 하였다. 어떻게 하면 그 친구의 기분이 좋아질지 물으니 사과한 후 물건을 돌려주어야 한다는 것으로 정리되었다.

(3) 문제해결의 방법을 구체적으로 알려 준다

- 가져간 물건을 되돌려 주거나 보상하게 한다.
- 강제로 빼앗기 위해 쓴 폭력과 몰래 물건을 가져간 것을 사과하게 한다.

(4) 지속적으로 관심을 가지고 지켜본다

상담 후부터 교사가 더욱 관심과 애정을 가지고 재만이의 행동을 지켜보았다. 가끔 친구의 물건을 빼앗으려는 행동을 보였으나 바로 되돌려 주며 사과하였고 몰래 가져가는 행동도 없어졌다. 재만이는 결국 교사의 관심, 인정, 사랑이 필요했던 것이다.

5 이런 방법도 해 보세요

(1) 비슷한 사례

- 과자 등 남의 간식을 빼앗아 먹는 행동
- 친구의 돈을 몰래 훔쳐서 군것질하는 행동
- 장난감 등 자신이 좋아하는 것이라면 남의 것도 그냥 가지고 가는 행동

(2) 상담으로 풀어 봐요

교사는 장애아동과 개인적인 상담시간을 통하여 대화를 할 필요가 있다. 그래서 소유개념이 형성되어 있는지와 문제행동에 대한 장애아동의 인식을 확인해야 한다.

- 학용품의 주인이 있음을 알려 준다.
- 친구의 것을 빼앗는 행동은 잘못된 것임을 알려 준다.
- 친구의 것을 몰래 가져가는 것도 잘못된 행동임을 알려 준다.
- 자신에게 소중한 것을 누가 가져가면 속상한 것처럼 친구도 속상함을 알려 준다.

(3) 학습으로 풀어 봐요

- 문제 상황 카드를 이용한다.

- 문제 상황 카드에서 필요한 말을 정확하게 표현하게 한다. 상황 카드의 그림을 학생이 설명하게 하여 정확하게 인식하도록 지도한다.
- 다양한 카드에서 바람직한 행동 상황 카드를 찾게 한다. 예를 들어, 로봇 장난감을 가지고 있는 철수가 변신 자동차를 가지고 있는 영수의 자동차를 가지고 놀고 싶을 때 어떻게 해야 하는지 질문한다. 철수는 영수의 자동차를 빼앗을 수도 있고, 몰래 가져올 수도 있지만 서로 타협하여 교환하는 방법을 쓰는 것이 좋다는 것을 알 수 있도록 한다.
- 주어진 학습과제를 끝까지 마치도록 한다.

(4) 특수교사와 협력하기

- 특수교사는 이런 문제를 적극적으로 도울 것이다. 가끔 학생들은 통합학급에서 생활하는 모습과 특수학급에서 생활하는 모습이 너무도 다르다. 통합학급에서는 그림자같이 지내다가 특수학급에서는 너무도 활동적이고 시끄러운 학생이 발견되는데 이런 경우 두 교사의 협력이 더욱 필요하다.
- 특수교사와 문제 상황을 협의한다. 이런 학생의 경우 특수학급에서는 전혀 문제가 없을 수 있다. 통합학급의 일반교사가 특수교사에게 문의하지 않으면 모르고 그냥 넘어갈 수도 있는 것이다.
- 원인을 파악하고 통합학급과 특수학급에서의 지도방법을 논의한다.
- 두 교사의 협력으로 문제행동을 해결해 간다.

(5) 학부모와 연계하여 지도하기

- 학생의 부모와 상담을 통하여 문제 상황을 공유한다.
- 원인을 파악하여 해결 가능한 것을 찾는다. 학용품이 없다면 구입하고 가정에서도 폭력이나 훔치는 행동으로 문제를 해결하지 않도록 지도해야 한다.
- 학교에서 실시하는 방법을 부모에게 알리고 협조를 구한다. 학교에서 지도하는 방법을 부모와 공유하여 가정과 연계되도록 한다.

좀 더 알아보기

* 긍정적 행동지원의 정의와 특성

일반학교에서 통합교육의 성공은 수많은 장애학생들과 일반학생들에게 꿈과 희망을 주고 교사들에게 보람을 줄 수 있다. 특히 교육공동체 안에서 서로 부대끼며 서로에 대해 이해하고 상황을 받아들이면서 함께 성장할 수 있도록 하는 통합교육은 21세기를 살아가는 데 필요한 최고의 미덕이라 할 수 있는 '배려' 를 생활 속에서 실천할 수 있게 하는 것이다.

이 글은 우리 연구회에서 처음 펴낸 『아하! 통합학급』의 머리글이다. 통합교육은 장애학생 교육의 궁극적인 목적이자 이를 성취하기 위한 수단으로써 법적, 제도적 체제 마련과 함께 많은 연구들을 통해 그 성과가 확인되어 왔다. '정상화 원리' 나 '최소제한원칙' 같은 통합교육의 역사적 흐름을 이야기하고자 하는 것은 아니다. 많은 연구자들이 이미 그리고 여전히 통합교육의 새로운 의미와 발전 방향을 논의하고 있다. 하지만 교육현장에서의 구체적인 실천적 노력이 없다면, 모두의 다양성이 인정받고 서로 다른 아이들이 협력하여 공동의 목표를 이루는 가운데 서로의 개별적 요구를 충족할 수 있으리라는 바람은 이데올로기 문제로만 남게 될 것이다.

그렇다면 어떤 실천적 노력이 필요한가? 연구회 모임을 통해서 많은 통합학급 교사들이 장애학생들이 보이는 문제행동으로 인해 겪는 어려움들을 확인할 수 있었다. '공부를 좀 못 해도, 친구들과 덜 어울려도 그저 제발 좀 자리에만 잘 앉아 있어 줬으면……' 하는 것이 교사들의 바람이었고, 문제행동 때문에 몇 번씩 잘 보듬으려 해도 결국 한계에 부딪히고 만다는 것이 통합학급 교사들의 공통된 어려움이었다.

긍정적 행동지원의 발전에 가장 큰 기여를 한 요소인 응용행동분석, 개인 중심의 계획 및 가치, 자기결정과 통합(inclusion)에 대한 강조는 문제행동을 지닌 학생들을 비롯한 모든 장애학생들이 일반 교육환경에 포함되어 있으며 학생의 편안함은 특수교육만이 아닌 일반교육 영역의 책임이라는 가치관을 조성하였다. 그뿐만 아니라 장애학생의 행동 중재는 매일의 일상에서 편리하게 사용할 수 있고, 누구에게나 수용 가능한 방법이어야 한다는 공감을 형성하게 되었다. 장애학생의 행동을 중재하기 위해서 분리된 학급이나 학교에 배치하는 것이 아닌 통합된 환경 속에서 지속적인 환경적 변화를 통해 행동 관리하는 것이 가장 자연스럽고, 장래에 성인이 되어 살아갈 지역사회에 적응하는 데 효과적이다.

행동관리를 위한 전통적인 접근의 주요 특성은 주로 문제행동이 발생한 이후에 제공되는 사후 처벌적인 방법이라는 점으로, 장애의 유무를 떠나 많은 학생들에게 효과가 있음이 증명되어 왔다. 이처럼 과거 전통적인 행동지원 방법 중 부정적 지도방법의 대안으로 제시된 온화한 교수가 이념적이라면, 긍정적 행동지원(Positive Behavior Support: PBS)은 인간 존엄성에 근거하여 장애학생의 문제행동을 감소시키고 예방하기 위해 지원하는 개별화되고 체계적인 지도방법이라고 할 수 있다. 문제행동의 원인을 개인의 독특한 사회적 · 환경적 · 문화적 배경에 따라 분석하여 학생 개개인에게 적합한 종합적인 중재 방법을 모색하는 것이다. 그러나 앞에서도 언급했듯이 긍정적 행동지원을 구체적인 중재 프로그램이 없는 인본주의적 교수(일명 온화한 교수)와 혼동해서는 안 된다. 인본주의적 교수는 철학적 접근 방법이고, 효과성을 인정할 수 있는 과학적 근거가 미비하다.

긍정적 행동지원을 실행하기 위한 최신 이론과 실제들을 다루기에 앞서 이에 근거가 되는 기본 가정을 행동지도원리(guiding principles)로 제시하면 다음과 같다. 첫째, 학생의 문제행동 변화를 위해서는 교사의 행동변화가 필요하다. 둘째, 어떤 학생에게는 더 많은 시간과 관심, 체계적인 관리가 필요하다. 셋째, 학생이 보이는 바람직한 행동이나 문제행동에는 모두 그 이유가 있다. 넷째, 많은 문제행동은 학습 문제와 연관되어 있다. 다섯째, 대부분의 문제행동은 어떤 구체적인 맥락이나 활동과 연계되어 있어 예측 가능하다. 끝으로 처벌적인 방법보다 긍정적인 방법을 사용하는 것이 학생의 행동변화에 훨씬 더 효과적이고 효율적이다.

긍정적 행동지원은 지원의 대상이 될 학생들의 범위와 제공되는 지원의 강도에 따라 보편적 지원, 집단적 지원, 개별적 지원의 세 차원으로 나뉜다.

그중에서 보편적 지원은 학교 환경 내의 모든 학생들에게 제공되는 행동지원이다. 학교의 행동지원팀은 전교생이 지켜야 할 기대행동을 정하여 이를 지도한 뒤 기대행동을 충분히 연습하고 피드백을 받을 수 있는 기회를 제공하고 강화하여 학교 환경의 변화 및 학생의 참여도를 높이게 된다.

집단적 지원은 보편적 지원에도 불구하고 문제행동을 계속 보이는 학생집단을 위해 추가로 제공되는 지원이다. 집단의 행동 방식을 조사하여 학생들이 아직 습득하지 못하였거나, 습득하였는데 적절하게 사용하지 못하는 새로운 기술을 파악하여 체계적이고 집중적으로 재교육하고 집단강화를 하는 좀 더 강도 높은 지원이다.

개별적 지원은 심각한 문제행동을 보이는 장애학생에게 필요한 지원으로 장애학생이 속한 모든 맥락을 고려하여 이루어진다. 학생이 보이는 문제행동을 파악하기 위해 기능평가를 실시하고 기능평가에 근거한 가설을 세운 뒤 행동지원 계획을 수립하여 이를 실시한 뒤 계속적으로 평가와 점검을 하는 지원이다.

쉬어 가는 코너

도벽의 예방대책

❶ 두 살 전후부터는 네 것, 내 것을 구별할 수 있도록 열심히 가르쳐 주어야 한다. 이렇게 하면 자연 소유권을 판단할 수 있게 된다. 형제가 있다면 모든 것을 구별해서 어려서부터 습관을 잘 들여 남의 소유를 존중하도록 가르쳐야 한다.

❷ 아버지, 어머니 물건에는 함부로 손대지 못하게 하되 필요할 때는 어른들끼리도 요청해서 쓰는 모습을 보여 준다. 부모나 형제가 집 안에서 서로 양해도 없이 서로의 물건을 쓰는 것은 어린이에게 누구 것이든 상관없이 내가 필요하면 써도 된다는 잘못된 인식을 주게 된다.

❸ 남의 물건에 허락 없이는 손대지 않으며 소유권을 존중하듯이 아동에게 자기 물건 관리법을 잘 가르치고 어린아이들끼리도 빌릴 것은 빌려 쓰도록 하며 이를 잘 관리하도록 일러 준다.

❹ 초등학교에서 친구들을 사귀기 위해 음식이나 장난감, 학용품을 사 주지 않게 한다. 친구들과 대등하게 놀게 하고 과시용 소비를 하지 않게 한다. 또 아이들은 열등감으로 인해 집 물건을 가져다가 다른 아이들에게 줄 수 있다. 집에서 너무 엄격하게 하지 말고 친구를 대접하고 싶으면 초청해서 부모가 어린이에게 맞는 음식을 주는 것이 좋다.

❺ 아동에게 용돈을 주어 돈 쓰는 법을 가르치고 절약해서 저축하게 한다. 단, 한꺼번에 다 저축해 버려서 쓸 돈이 없어 다시 돈을 받기 위해 거짓말을 하게 되면 안 된다.

❻ 아동은 또래와 옷, 소지품, 학용품이 비슷한 종류인 것이 좋다. 너무 특이하게 색다르면 놀림감이 된다. 왼손잡이거나 장애학생이거나 안경을 써서 친구들이 놀리면 당당하게 대항할 수 있게 지도해야 한다. 이때 아동과 자주 대화해서 부끄럼이나 창피하다고 느끼는 일이 없도록 한다.

❼ 비싼 것, 사치품은 대용할 물건으로 당당하게 경쟁할 힘을 준다. 물건, 돈보다 재능, 힘, 건강, 지혜가 더 중요하다.

❽ 도벽이 있는 듯하면 작은 대화로 자신감을 주고 부모가 따뜻한 인간관계를 유지하고 아동에게 자신감, 소속감, 신뢰감을 줘서 아동이 품고 있는 고민을 풀어 준다.

❾ 어려서부터 남의 소유권에 대한 중요성을 가르쳐야 한다. 내가 잃어버리면 속상한 것처럼 잃어버린 사람도 속이 상한다는 것을 알려 주어 남의 것에 욕심을 갖지 않게 한다.

❿ 도벽으로 스릴을 느끼는 것은 욕구불만 때문이다. 어린이에게 욕구불만이 없도록 편안하고 행복하게 가슴을 열고 대해 준다.

슬며시 전해 준 껌

특수학교(유치원 · 초 · 중 · 고등 종합학교)에서 쉽게 발견할 수 있는 광경 중의 하나는 장애가 조금 양호한 아이가 자신보다 약한 친구를 도와주는 것이다. 그래서 일반학교에서 약한 친구를 괴롭히고 때리는 일종의 '왕따' 라는 말을 특수학교에서는 정말 찾아보기가 어렵다.

초등학교 저학년에는 스스로 식사를 하고 신발을 신고 옷을 입는 것을 잘 하지 못하는 아이들이 많다. 그래서 가끔 주번 활동을 하는 중 · 고등학교의 학생들이 도와주는 경우가 많다. 우리 반에도 자주 중 · 고등학교 학생들이 도움을 주는데 어느 날 단순 정신지체인 고3 학생이 우리 반 아이들을 잘 도와주었다. 교사는 그 여학생이 아이들을 잘 도와주었고 앞으로도 잘 도와 달라는 뜻으로 마침 가지고 있던 작은 초콜릿 하나를 주었다. 그 여학생은 "고맙습니다." 하며 조금은 놀라는 얼굴로 받았다. 그리고 그 여학생은 변함없이 계속하여 동생들을 잘 도와주었다.

며칠이 지났을까? 반 아이들이 모두 식사를 마치고 교실로 가려고 하는데 "선생님!" 하며 그 여학생이 교사에게 다가왔다. "그래! 수고했다."라고 인사를 해 주었다. 그러자 그 여학생은 바지 주머니에 손을 넣더니 껌 한 개를 꺼내어 교사에게 내밀었다.

"드-세-요!"

"그래, 고맙다."

약간 어눌하고 느린 말과 행동이지만 그 여학생의 마음은 순진하고 따뜻하여 일반사람들의 삶 속에서 쉽게 찾아볼 수 없는 귀한 그 무엇을 가지고 있음을 느꼈다.

우리들은 세상을 살아가면서 가끔은 자신보다 좀 못한 사람을 만나면 은근히 자부심도 갖고 또 우리보다 어떤 면으로 좀 나은 사람을 만나면 또한 조금 주눅이 들기도 한다. 아마 이 여학생과 같이 순수하고 깨끗한 마음이 없기에 그런 것 같아 마냥 그 여학생의 마음을 닮고 싶은 심정이다.

[전선주 /『꺼야꺼야 할 꺼야』中]

04

자해행동

1. 상처의 딱지를 계속 뜯어서 피를 내는 행동
2. 손톱을 계속 물어뜯는 행동
3. 머리카락을 뽑거나 책상에 머리를 찧고 자기를 무는 행동

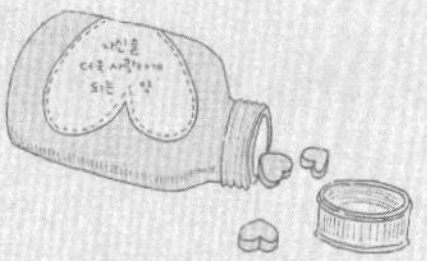
자신을
더욱 사랑하게
되는 약

자해행동 1 상처의 딱지를 계속 뜯어서 피를 내는 행동

1 이런 일이 있었어요

유아학급 음률활동 시간에 친구들은 다 같이 선생님이 보여 주는 시범 동작을 따라 하고 있는데 7세 반 주희는 교사를 전혀 쳐다보지 않고 무언가 계속 만지작거리고 있다. 자세히 보니 손톱 주위에 생긴 굳은살을 뜯고 있다. 이미 굳은살을 뜯어내어 또 다른 딱지가 두껍게 있었는데도 그 딱지를 다시 뜯어내며 피를 내고는 다시 뜯어내는 일을 반복하고 있다.

교사가 손을 무릎에 놓아두도록 해도 이내 상처의 딱지를 다시 뜯어내는 데 열중하곤 한다. 야단을 쳐서 못하게 하여도 끊임없이 굳은살을 자꾸 손으로 뜯어낸다. 어느새 딱지를 뜯어낼 때 난 피가 여기저기에 묻어 옷도 지저분해졌다.

2 선생님 당황스럽지요

(1) 저 피 좀 봐. 어떻게 하지

딱지를 뜯어서 피를 내고는 또 다른 쪽의 딱지를 뜯는다. 도무지 수업에는 집중을 하지 못하고 계속해서 상처에만 신경 쓰고 있다. 교사가 주의를 주어도 이내 딱지에 관심이 간다. 친구들은 그런 주희를 쳐다보며 인상을 찌푸린다. 수업은 진행해야 하고, 저 행동을 말리면 수업의 맥이 끊기는데 어떻게 하지?

(2) 계속해서 손을 가만히 두게 해도 소용이 없네

손을 가만히 두도록 지도를 해도 그때뿐이고 계속해서 상처를 뜯는다. 교사도 어릴 때 상처를 뜯으면 처음에는 아프고 두렵지만 왠지 모를 시원함이 있어 자꾸 뜯으려고 했었는데 주희도 그런 느낌인가 보다. 교사가 쳐다보면 손을 멈추며 눈치만 보다가 교사와 거리가 멀어지면 다시 상처를 뜯어내니 어찌할지 못하겠다.

(3) 매로 때려 줘야 하나

작은 문제행동도 하지 말라고 하는데 계속하면 교사는 은근히 화가 나기도 한다. 그래서 한 대 쥐어박고 싶을 수도 있고 겁이라도 주어서 그런 행동을 못 하게 해 볼까 하는 임시방편적인 생각도 한다. 그런데 내 자녀에게도 그렇게 해서 문제해결의 실마리를 찾은 적은 단 한 번도 없다. 그렇다면 다른 방법은 무엇이 있을까 고민이다.

(4) 일반아이들 중에도 저런 문제를 가진 애들이 있으니까 괜찮아. 무시해도 돼

일반아동 중에도 저렇게 상처를 못 뜯어서 안달인 아이들이 있으니까 자연발달로 보아도 되는 것 아니야? 저 정도 피는 흘려도 쓰러지지 않을 테니 그냥 내버려 두지 뭐. 하지만 일반아동의 문제행동은 주로 욕구불만에서 오는 경우가 많고 이를 해결하면 쉽게 고칠 수도 있지만 주희도 그런 경우로 쉽게 고칠 수 있을 것인지가 문제다.

(5) 저 행동 때문에 수업 활동에 집중을 못 하는구나

처음에는 산만해서 수업 활동에 집중을 못 한다고 생각했는데, 자세히 보니 상처의 딱지를 뜯느라고 그런 것이다. 계속해서 저렇게 딱지만 뜯고 있다가는 내 수업에 조금도 참여하지 못하고 시간이 끝나겠다. 수업시간에 참여할 수 있도록 다른 재미있는 것을 제공해야 하나?

3 아! 그랬구나

(1) 학생 입장

앞과 같은 현상은 예민하거나 불안한 정서를 가진 아동의 경우 장애학생만이 아니라 일반학생에게서도 흔히 볼 수 있는 행동이다. 단지 정도의 차이가 있을 수 있다. 그러나 피의 색깔에 몰두하는 시각의 이상성이나 피에서 나는 냄새에 매혹을 느끼는 후각의 이상성이 있는 자폐성장애의 경우 상처 뜯기에 지속적인 관심을 보일 수 있다. 또한 미각에 이상이 있는 경우 상처를 뜯어서 먹어 보거나 피를 핥아 먹는 행동을 보일 수도 있다. 그런 경우 너무 놀라지 말고 상처에 밴드를 붙이며 지도해 보면 좋겠다.

(2) 환경이 원인인 경우

학생 자체의 문제일 수도 있으나, 대부분 문제행동을 시작했을 때 지나치게 관심을 보이며 고치려 하면 안 된다. 심하게 야단을 치면 오히려 문제행동에 더 몰두하는 반작용이 나타나기도 한다.

4 이렇게 해 봤어요

(1) 노 바이트(No Bite) 사용하기

손톱을 뜯거나 손을 빠는 학생을 위해서 쓴맛이 나는 매니큐어를 손에 발라 주어 문제행동을 감소시키는 데 사용하는 것이 노 바이트다. 상처를 뜯는 손톱 주위에 바르면 쓴맛에 의해서 상처를 먹어 보는 등의 행동을 억제할 수 있다.

(2) 상처를 뜯는 행동을 하지 않을 때에 칭찬하기

인지적으로 행동계약이 가능한 아동인 경우 상처를 뜯지 않으면 아동이 좋아하는 활동을 늘려 주는 방법을 선택할 수 있다. 예를 들어, 아동이 독서를 좋아한다면 상처 뜯는 행동을 스스로 동간격 기록법에 의해 3초마다 기록하도록 한다. 그리고 결과적으로 상처를 뜯는 횟수가 감소하였을 때 독서시간, 칭찬을 통해서 보상해 준다.

(3) 교사가 대신 상처를 뜯어 주겠다고 하기

때로는 인지적으로 어려움이 경미하든, 중도 이하이든 아동이 지나치게 상처 뜯기에 몰입할 경우 아동을 대신하여 교사가 적극적으로 뜯어 주겠다고 할 때 의외의 효과를 경험하게 된다.

가정이나 외부 환경에서 모두 못 뜯게 하는 상처를 교사가 뜯어 주겠다고 적극적으로 나서면 아동은 이러한 교사의 행동에 오히려 당황하며 자신의 상처를 뜯지 못하게 하는 반전된 행동을 보이기도 한다. 이는 운동의 반대 법칙으로 볼 수 있다. 아동들은 하지 말라고 제지만 받던 행동을 오히려 하라고 하는 예상치 못했던 상황으로 인해 스스로 행동을 조절하게 된다.

주희와 엄마의 행동계약서

주희와 엄마는 다음과 같이 계약합니다.

❶ 상처를 10분에 5번 미만으로 뜯으면 독서 시간을 1시간 늘려 준다.
❷ 하루에 10번 미만으로 뜯으면 좋아하는 책을 엄마가 1권 사 준다.
❸ 주희가 아예 한 번도 상처를 뜯지 않으면 평소 갖고 싶어 하던 전집을 엄마가 사 준다.

날짜:
계약자: 주희 ______ 엄마 ______

★ 이 계약서는 10일 뒤 재계약을 할 예정임

5 이런 방법도 해 보세요

(1) 비슷한 사례

- 넘어져서 생긴 무릎 상처의 딱지를 자꾸 떼어 내는 행동
- 손톱을 자꾸 너무 짧게 물어뜯어서 피가 나게 하는 행동
- 친구의 상처에 난 딱지도 자기가 뜯어내려는 행동

(2) 차별 강화하기

책보기 영역에서 좋아하는 동화를 고르라고 한 뒤 동화를 들려준다. 이때 손톱을 뜯는 행동을 보이면 동화를 들려주다가 잠시 멈춘다. 그러다 손톱을 뜯는 행동이 없어지면 계속해서 재미있게 동화를 들려준다. 손톱을 물어뜯는 행동을 보일 때마다

이러한 반응을 반복적으로 진행한다. 손톱을 물어뜯지 않는 행동에 차별 강화를 적용한 결과 벌을 주는 효과가 되어 손톱을 물어뜯지 않는 행동을 할 가능성이 높다.

자해행동 2 손톱을 계속 물어뜯는 행동

1 이런 일이 있었어요

초등학교 2학년 동현이는 작은 물건이나 가느다란 실에 관심이 많다. 수업시간에 동현이는 교사의 설명에 집중하지 않고 자신의 손톱을 물어뜯는 일에 열중이었다. 그렇지 않아도 짧게 깎은 손톱인데 너무 물어뜯어서 손가락 끝이 빨갛게 되었다. 수업 중이던 교사가 "동현아! 손톱 그만 물어뜯고 앞을 봐라."라며 주의를 주었다. 동현이는 교사의 말을 듣고 손을 무릎에 내리며 교사를 쳐다보았다.

그런데 2분도 지나지 않아 이번에는 손등에 난 작은 상처를 자꾸 긁고 상처를 뜯더니 결국 피가 나게 하였다. 아이들이 "선생님! 동현이 피 나요."하며 웅성거리기 시작했고 동현이는 아랑곳하지 않고 피를 옷에 닦으며 계속 상처를 만지고 있었다.

교사가 확인해 보니 다행히 큰 상처는 아니어서 마침 서랍에 있던 밴드를 동현이의 손등에 붙여 주었다. 그리고 다시 수업을 진행하는데 동현이는 그 밴드를 벌써 떼어 내고 다시 피가 나게 하는 것이었다. 교사는 이런 상황에 어떻게 대처해야 하는지 난감한 생각이 들었다.

2 선생님 당황스럽지요

(1) 왜 짧은 손톱을 계속 물어뜯는 거야

동현이는 손톱이 길어서 입으로 자꾸 손톱을 자르는 걸까? 하지만 확인해 보니 그것은 아니고 손톱이 갈라진 것도 아니고 왜 자꾸 손톱을 물어뜯는지 모르겠다. 그냥 무시하고 수업을 할까?

(2) 아휴! 저 녀석은 상처가 아프지도 않나

상처를 자꾸 뜯으면 아플 텐데 왜 피가 나도록 자꾸 만지고 긁는지 이해가 되지 않는다. 그냥 두자니 계속 피가 나서 동현이 옷도 버리고 다른 아이들도 계속 신경 쓰게 하여 수업진행이 어려우니 우선 밴드라도 붙여 주자. 하지만 이렇게 하는 것은 잠시뿐이고 계속 상처를 뜯어 피가 나게 하니 답답하다.

(3) 저런 행동을 아이들에게는 어떻게 설명하지

다른 학생들이 동현이가 왜 그러냐고 물어보는데 교사인 나도 잘 모르겠다. 다른 아이들에게 설명은 해야겠는데 장애가 있어서 그렇다고 하면 될까? 하지만 다른 장애아이들은 그렇지 않은데 잘못 알려 주는 것 같고 왜 그러냐고 물어도 동현이는 대답을 하지 않는다. 이럴 때 교사로서 정말 답답하다.

(4) 무섭게 혼을 내면 자해행동을 멈추지 않을까

동현이에게 큰 소리로 무섭게 하지 말라고 야단을 치면 손톱을 물어뜯거나 상처를 건드려서 피를 내는 행동을 멈추게 할 수 있다. 그런데 큰 소리로 혼내지 않는 교과선생님 시간이니 그 방법도 아닌 것 같다.

(5) 저런 행동을 할 때 그냥 보건실에 보내면 안 되나

손에 피가 나니 그냥 보건실에 보내면 해결될 것 같다. 당장은 해결이 되겠지만 돌아오면 또다시 그럴텐데 근본적으로 해결방법을 찾았으면 좋겠다.

3 아! 그랬구나

동현이가 그런 행동을 하는 데에는 분명 이유가 있다. 동현이는 자폐아동으로 어떤 소리나 미각, 촉각 등 다른 감각들에 대한 인식을 하는 데 있어 일반아이들과 다른 경우가 많다. 그것을 감각통합 자폐성장애라고 표현하기도 하는데 우리의 몸이 느끼는 감각들을 통합하여 상태를 정확하게 인식해야 하는데 그렇지 못하는 것이다.

통증에 대해서도 마찬가지다. 어떤 경우에는 통증에 대한 인식이 둔감하여 통증을 못 느끼거나 작게 느끼는 경우가 있고 반대로 과도하고 예민하여 작은 통증을 더욱 크게 느낄 수 있다. 그래서 상처에 피가 나도 동현이가 아파하지 않고, 손톱을 물어뜯어 피가 나더라도 대수롭지 않게 반응하는 것이다. 또한 동현이의 그런 행동에 다른 아이들의 놀라자 오히려 흥미가 생겨서 더욱 상처를 만지거나 피를 내는 행동으로 반응하는 것일 수 있다. 물론 날씨가 흐려 심리적으로 안정이 되지 않거나 수업 전에 또 다른 사건으로 인하여 감정이 예민하거나 흥분되어 있을 수도 있다.

- 수업내용에 관심이 없고 자기자극에 관심이 생겨서?
- 친구나 교사의 관심을 끌기 위해서?

• 학습내용을 자신에 맞는 활동으로 하고 싶어서?

4 이렇게 해 봤어요

(1) 심각한 상태가 아니면 손톱을 물어뜯는 행동을 그냥 무시한다

동현이가 친구들이나 교사의 관심을 끌려고 하는 경우가 많으므로 우선은 그 행동을 무시하는 방법이 좋다. 동현이가 크게 흥분한 상태라면 몰라도 일상적인 상황에서는 심하게 상처를 내는 경우가 드물다. 심하게 상처를 내면 스스로도 상당한 통증을 느끼기 때문이다. 교사가 모르는 척하니 동현이는 교사의 눈치를 보다가 손톱을 무는 행동을 하지 않았다.

(2) 동현이에게 맞는 학습과제를 부여한다

문제행동을 보이는 동현이에게 적절한 과제를 자연스럽게 제시하면 대부분 그 과제에 반응을 보이며 문제행동을 멈춘다. 하지만 자신이 어렵다고 생각하는 과제를 계속적으로 강요한다면 동현이는 다시 문제행동을 보일 것이다. 그러므로 학습수준을 낮추거나 다른 형태로 제시하는 방법이 좋다.

(3) 손톱을 물어뜯지 않을 때 칭찬한다

동현이가 수업에서 문제행동을 일으키는 시간은 얼마 되지 않는다. 교사로서 처음 이러한 상황을 경험하면 모르는 척하며 참고 기다리기가 어렵다. 하지만 기다리다 보면 문제행동을 멈추고 교실 상황이나 교사의 눈치를 살피는 때가 온다. 그때를 이용하여 동현이가 바른 자세로 앉아 있는 것을 칭찬하면 효과가 크다.

(4) 이미 상처가 크면 보건실에 보내 치료하거나 연고를 바른다

문제행동의 전조는 약하게 시작되어 자극을 받으면 그 강도가 점점 세지는 경우가 많다. 하지만 상처에서 피가 많이 나는 경우에는 치료가 우선이므로 보건실에서 치료를 받게 해야 한다. 그리고 아이의 상태에 따라서 밴드를 붙이거나 연고를 발라 주면 좋다.

5 이런 방법도 해 보세요

(1) 비슷한 사례

- 책상에 머리를 찧는 행동
- 문구나 어떤 도구를 이용하여 신체부위를 누르거나 계속적으로 찌르는 행동
- 종아리를 계속 긁어 빨갛게 만드는 행동

(2) 날씨와 주변 환경에서 문제를 해결해요

- 자폐아동은 날씨가 흐릴 때 기분이 처지거나 흥분된다.
- 원인이 날씨라면 미리 자극이 될 만한 일을 감소시킨다. 이런 경우 아동의 흥분상태를 미리 읽을 수 있기 때문에 가능하면 자극받지 않도록 노력할 필요가 있다.
- 수업 전이나 가정에서 다른 일로 이미 자극받은 경우에는 차분하게 안정시켜 주어 문제행동을 예방한다. 이런 경우 등교할 때 부모나 보호자로부터 사전에 학생의 심리상태를 전달받으면 지도하는 데 도움이 된다.

(3) 손톱을 관리해 주세요

손톱을 물어뜯는 아이는 주변에서 흔히 볼 수 있다. 직장 생활을 하는 바쁜 어머니의 아이들이 손톱이나 손을 자주 물어뜯는다는 말도 있고 애정 결핍 때문이라는 말도 있다. 어느 것이 더 맞는 말인지는 모르지만 아이들이 어떤 원인에 의해서 손톱을 물어뜯더라도, 원인에 집착하기보다 때로는 우회적인 방법에 의해서 아이들의 문제행동 해결의 실마리를 찾게 된다.

즉, 최근 들어 유행하는 네일아트를 활용할 수 있는데 매니큐어를 바른다기보다 손톱을 깨끗하게 다듬어 주는 것이다. 또 손톱 관리용 도구를 주어 자신이 직접 손톱을 관리하게 하면 손톱을 덜 물어뜯을 수 있다. 또한 손톱 주위가 건조해지는 것을 예방하기 위해 손톱 오일을 발라 줌으로써 큐티클이 일어나는 것을 예방할 수도 있다.

(4) 특수교사와 협력하기

- 정보를 미리 나누어 문제행동을 예방하거나 줄인다.
- 필요하면 특수학급에서 활동적인 학습 교구를 빌려서 적용한다. 통합학급에는 학생에게 맞는 교구가 부족한 경우가 많다. 장애학생에게 맞는 교구를 미리 빌려서 활동을 하여 문제행동을 예방한다.
- 수업내용이 어렵거나 힘들 경우 시간표를 조절하거나 바꾼다.

(5) 학부모와 연계하여 지도하기

- 학부모와 상담을 통하여 문제행동 유형을 미리 파악한다. 장애학생의 문제행동 유형을 보호자를 통해 알아 두면 놀라지 않고 대처할 수 있다.
- 문제행동의 배경이 되는 사건들이 있을 경우 알려 주도록 한다. 학생의 입장에서는 문제행동을 보이는 이유가 있다. 학부모와의 긴밀한 협조가 있다면 조금은 안정된 자세로 문제행동을 바라볼 수 있다.
- 심한 경우 미리 어떻게 할 것인지 의견을 나눈다.

자해행동 3 머리카락을 뽑거나 책상에 머리를 찧고 자기를 무는 행동

1 이런 일이 있었어요

동숙이는 초등학교 4학년 학생이다. 동숙이는 자신이 화가 나거나 어떤 과제를 피하고 싶을 때 자신의 머리카락을 잡아당겨 뽑는 행동을 한다. 또한 가끔 자신의 머리를 책상에 찧으며 주어진 과제를 하지 않으려고 한다.

이번 수업시간에도 단순한 가감산을 풀도록 학습지를 주었는데 동숙이가 그런 행동을 보였다. 교사는 동숙이가 그런 행동을 보일 때마다 과제를 하지 않도록 배려했다. 그래서 오늘도 그만하라고 했으나 동숙이는 계속 책상에 머리를 찧고, 자신의 머리카락을 뽑으며 화가 많이 나는지 자신의 손등을 물기도 하였다.

수업진도를 나가야 하는데 이렇게 자해하는 동숙이의 모습을 보며 교사는 한숨이 나왔다. 그리고 동숙이가 머리를 다칠까 염려되어 동숙이 몸을 잡으며 자해하지

못하게 하였다. 또한 머리를 뽑는 행동을 하면 안 되고, 자신의 손등을 물어서도 안 된다고 타일러 주었지만 교사는 이미 지쳐 가고 있는 자신을 발견하였다.

2 선생님 당황스럽지요

(1) 저러다 동숙이 머리가 다 빠져 버리겠다

화가 난다고 자신의 머리카락을 자꾸 잡아당겨 뽑다가는 머리가 모두 빠져 버릴까 봐 걱정이 된다. 그렇게 되기 전에 막아야겠는데 동숙이 성질이 대단하다. 정말 어떻게 해야 할지 막막하다.

(2) 손등을 물거나 머리를 책상에 찧으면 많이 아플 텐데 왜 그런 행동을 할까

머리카락을 뽑고 자신의 머리를 책상에 찧는 행동을 하면 자신도 분명히 아플 텐데 왜 그러는지 모르겠다. 통각에 문제가 있는 것은 아닌지 병원검사를 받아 보게 하는 것은 어떨까? 장애학생 중에는 선천적으로 미각이나 통각 등의 감각장애를 갖는 경우가 있다고 한다. 하지만 동숙이의 경우에는 감각장애라기보다는 과제회피를 하기 위한 문제행동 같다.

(3) 특수학급에 보내서 공부하게 하면 안 될까

지금 당장 특수학급에 보내기는 어렵지만 다음 시간에 특수학급에 보내면 좀 차분해질 것 같다. 특수교사는 동숙이의 이런 행동을 잘 다루고 동숙이에게 맞는 학습을 하기 때문에 통합학급보다는 특수학급에서 공부하는 것이 더 나을 것이다. 하지만 이런 생각을 하는 내가 너무 무책임한 것 같아 마음이 무겁다.

(4) 교실 뒤로 나가서 혼자 서 있게 하면 어떨까

동숙이를 교실 뒤로 보내서 혼자 서 있는 벌을 주면 어떨까? 벌을 주면 아마도 동숙이가 문제행동을 멈출 것 같다. 그런데 교실 뒤로 나가서도 계속 자해하며 소리라도 지르면 수업하기다 더욱 어려울 텐데 이런 벌을 주는 것이 타당한 방법인지 모르겠다.

3 아! 그랬구나

동숙이가 머리카락을 뽑고 책상에 머리를 찧는 행동을 하는 데에는 분명히 이유가 있다. 일단은 동숙이의 감정 변화를 천천히 읽어 볼 필요가 있다. 동숙이는 지금 진행하는 수업에 대하여 자신이 참여하고 싶지 않거나 싫다는 표현을 온몸으로 강하게 말하고 있다.

물론 동숙이는 이런 문제행동을 하면서 통증을 느낀다. 하지만 지금 수업에 참여하며 받는 심리적인 고통보다 육체적인 고통을 선택했다고 봐야 한다. 대체 동숙이가 왜 그런 행동을 한 것일까?

첫째, 지금 수업에는 흥미가 없고 교실이나 상황에서 벗어나고 싶다.

둘째, 수업 전에 자신이 얻고 싶은 것이 있었는데 이루어지지 않아 화가 많이 났다.

셋째, 습관적으로 자신의 요구를 전달하는 잘못된 방법을 사용하고 있다.

- 친구나 교사의 관심을 끌려고?
- 또 다른 자신의 어떤 요구를 관철시키려고?
- 교실 상황을 탈출하고 싶어서?

4 이렇게 해 봤어요

(1) 동숙이의 행동을 무시한다

이런 경우는 동숙이의 문제행동 정도를 교사가 눈치로 미리 파악하여 무시하는 방법을 사용할 수 있다. 물론 이런 경우를 대비하여 다른 학생들과도 약속을 미리

해야 한다. 교사가 눈치를 주면 모두가 못 본 척해야 동숙이의 문제행동을 줄일 수 있고 이 방법은 학급의 아이들 모두가 동참해야 효과가 있기 때문이다. 그러나 무시에 문제행동이 더 심각해질 수 있기에 무시를 멈추고 다른 방법을 적용할 시점을 사전에 계획해 두는 것이 중요하다.

(2) 대화가 가능하다면 동숙이와 대화를 하여 요구를 파악할 수 있다

동숙이가 자신의 의사표현을 할 수 있다면 "동숙아, 왜 그러니?" 하고 태연스럽게 놀라지 않은 것처럼 의견을 물어볼 수 있다. 교사의 입장에서 보면 단순한 이유일지라도 자해행동을 크게 할 수도 있기 때문이다. 예를 들면, 옆 친구가 자신의 물건을 가져갔다든지, 아니면 동숙이를 다른 친구가 툭 쳤다든지 하는 원인이 있을 수도 있다.

(3) 자해의 정도가 심하면 물리적으로 제지하고 적절한 치료를 해야 한다

자해가 심해서 피가 날 정도라면 교사는 물리적으로 제지할 필요가 있다. 그리고 보건실에 데리고 가서 치료를 해 주어야 한다. 가능하다면 그런 단계까지 도달하지 않도록 교사가 전조행동을 파악하여 예방할 필요가 있다.

전조행동은 교사를 부르며 의사를 표현하려고 하는 경우, 자해행동을 약하게 시작하는 경우, 얼굴빛이 변하여 무슨 행동을 할 것 같은 경우다.

5 이런 방법도 해 보세요

(1) 비슷한 사례

- 책상을 계속 흔들거나 발로 툭툭 차는 행동
- 자신의 손바닥이나 주먹으로 머리를 때리는 행동
- 옆 친구를 꼬집거나 때리는 행동

(2) 다른 학생들의 도움을 받기

- 학급의 다른 친구들의 도움을 요청할 수 있다. 왜 그런 행동을 보이는지 교사가 원인을 파악하기 쉽지 않을 때는 학급친구들의 도움이 필요하다.
- 동숙이가 화나는 일을 제공하지 않도록 미리 알려 주고 조심하게 한다.
- 동숙이가 주변의 관심을 끌려고 하는 행동일 때는 모두가 관심을 보이지 않는다. 통합학급에서는 동숙이의 문제행동을 바라보는 시각이 같아야 대처방법의 효과도 좋다.
- 적극적으로 친구들이 개입을 하여 동숙이가 문제행동을 할 여유를 주지 않는다.

(3) 특수교사와 협력하기

- 사전에 동숙이의 문제행동에 대한 정보를 교류하고 공유한다.
- 특수교사와 함께 문제행동 발생 시 대처 방안을 정하고 필요하다면 수업 중에도 도움받을 수 있게 한다.
- 문제행동 발생 후라도 특수교사에게 알려서 후속 조치와 결과행동에 대한 마무리를 할 수 있도록 한다.

(4) 학부모와 연계하여 지도하기

- 학부모와 상담을 통하여 동숙이의 문제행동 유형을 파악한다.
- 동숙이의 행동에 영향을 줄 수 있는 정서적 · 신체적 · 환경적인 원인들을 메모해 둔다. 보통 문제행동은 반복되는 경향이 있으므로 교사는 그 행동에 대한 사전정보를 가지고 있어야 한다. 교사가 몇 번만 주의 깊게 살펴보면 대부분의 문제행동 원인을 찾을 수 있다.
- 가정에서의 문제행동과 학교에서의 문제행동의 정도와 반응을 알아 둔다.

좀 더 알아보기

* 긍정적 행동지원의 실제

긍정적 행동지원의 가장 큰 특징이자 핵심 요소 네 가지는 다음과 같다.

- 학생의 행동이 지니는 의미 이해하기
- 바람직하지 않은 행동 감소를 위한 환경 변화 주기
- 학생에게 바람직한 대체행동 제시하기
- 통합학급과 지역사회 배치를 위해서 채택되고 의도된 방법 사용하기

이 장에서는 앞서 제시한 긍정적 행동지원의 철학과 원리에 기초하여 이상의 네 가지 특성을 적용해 가는 과정을 가치 전환, 평가(기능적 행동 진단), 전략 단계로 분류하여 설명하고자 한다.

(1) 긍정적 행동지원으로의 가치 전환

교육적 상황에서 발생하는 문제행동은 '부적응 행동'이란 용어로 사용되었고, 따라서 환경에 적응하지 못하는 학생 개인의 문제로 받아들여진 것이 사실이다. 그러나 학생의 입장에서 문제행동(사회적으로 수용하기 어렵다는 의미에서 문제가 되는 행동)은 자신의 의사를 표현하고, 자신이 원하는 방식으로 환경과 주변 사람을 조절하기 위한 개인 차원의 매우 적응적인 행동이다(Kennedy, & Horn, 2004). 장애학생들은 학업적 · 사회적 · 행동적 · 언어적 측면에서 어려움을 가지고 있으며 사회적으로 적절한 행동을 습득하지 못하거나 발달상의 지체를 경험할 경우 이를 대처하기 위한 부적절한 방식의 행동을 보이게 되는 것이다. 문제행동을 통해 얻게 된 결과(상황 회피, 원하는 것 획득 등)는 학생에게 강화가 되고, 특정 상황과 학생의 문제행동, 원하는 결과로 이어지는 행동적 사이클이 반복됨으로써 삶에 고착될 수 있다. 결과적으로 문제행동은 개인의 삶의 질뿐 아니라 주변 사람들에게도 신체적 ·

정서적으로 부정적인 영향을 미치며, 사회 속에서 통합되어 살아가는 데 장애물이 된다.

그러나 한 가지 기억해야 할 것은 우리가 문제행동을 이야기할 때 각자가 상상하는 문제행동의 형태와 강도는 사람마다 매우 다양하다는 점이다. 다시 말해, 어떤 행동을 문제행동으로 규정할 때 가장 먼저 그 행동이 진짜 문제가 되는 행동인지를 점검해 볼 필요가 있다. 행동이 개인을 포함한 가족과 주변 사람들에게 신체적 · 사회적 · 교육적 · 경제적으로 부정적인 결과를 초래하는지, 혹시 장애라는 표찰로 인해 사소한 행동들까지 무조건 중재가 필요한 고쳐야 할 행동, 없어져야 할 행동으로 보고 있지는 않은지 점검해 봐야 할 것이다. 이러한 행동의 부정적 영향력, 긴급한 중재의 필요성에 대한 동의를 문제행동에 대한 사회적 타당성이라 하는데, 자해행동과 같이 사회적 타당성의 확인과정 없이도 행동지원이 긴급히 필요한 경우가 있는가 하면 학생들의 협력적 문제해결을 강조하여 다소 소란한 학급에서는 장애학생의 자리이탈 같은 행동은 문제가 되지 않을 수 있다.

사회적 타당성이 확보된 문제행동이라면 어떤 자극이 문제행동을 유발하고, 유지시키는지 체계적이고 분석적인 평가가 필요하다. 긍정적 행동지원의 근간이 되는 응용행동 분석은 행동의 증가 및 감소에 영향을 미치는 선행사건과 결과를 파악하고 이를 변화시키게 되면 행동을 조절할 수 있다는 근본 원리에 기초하고 있다. 다시 말해, 환경적 사건이 문제행동을 유발시키고, 행동의 결과로서 관심 제공, 회피, 감각적 자극과 원하는 구체물을 얻거나 활동에 참여하게 되는 것은 문제행동의 발생 가능성을 높이게 된다. 따라서 문제행동 발생 가능성을 높이는 선행사건과 결과를 파악하는 것은 문제행동을 감소시키고, 이를 대체하기 위한 바람직한 행동을 증가시키는 중재 전략을 계획하는 데 핵심적인 요소가 된다. 이러한 전략을 계획하기 위한 첫 번째 단계는 행동지원 계획을 수립하기 위해 문제행동 발생 관련 상황과 행동의 원인(기능), 결과를 이해하는 것으로 문제행동 발생 가능성을 높이는 상황적 변인과 문제행동의 기능이 무엇인지 과학적이고 체계적인 방법으로 평가하기 위해 무엇에 관심을 두어야 하는지, 그 관심의 초점을 논의할 필요가 있다.

(2) 이해의 폭 넓히기: 기능적 행동진단

많은 교사와 부모들은 "얘가 왜 이런 행동을 하는 건가요?"라는 질문을 많이 한다. 행동지원 전문가라면 마치 의사들이 내리는 처방처럼 행동의 특성에 꼭 맞는 최선의 교육방법이 있을 것이라고 여기는 듯하다. 그러나 학생의 삶을 구체적이고 체계적으로 자세히 들여다보지 않으면 적절한 중재 방법을 고안할 수 없다. 앞서 언급하였듯이 행동에 영향을 미치는 요인은 매우 다양하고 이를 이해한다는 것은 더욱 복잡하고 어려운 일이다. 그러나 긍정적 행동지원에서는 기능적 행동진단(Functional Behavioral Assessment: FBA)이라는 과학적이고 체계적인 과정을 통해 문제행동의 기능(이유)을 파악해야 한다고 강조한다.

기능적 행동진단은 전문적 기술이 필요한 부분으로 이 책에서는 통합학급 교사들이 생활 속에서 유추해 볼 수 있는 다양한 문제행동의 기능(원인)에 따른 중재 전략 제공을 목적으로 하고 있기 때문에 기능적 행동진단의 과정과 도구를 간단히 설명하고자 한다.

기능적 행동진단은 문제행동을 명확하게 정의하고 문제행동 발생과 관련된 정보들을 면담, 평정척도, 직접 관찰 등의 방법으로 수집하여 문제행동 발생 가능성이 높은 상황과 그렇지 않은 상황에 대한 정보들을 비교함으로써 문제행동 발생에 영향을 미치는 요인들을 찾아내고, 문제행동의 기능을 결정하는 것이다.

통합학급 교사들이 쉽게 사용할 수 있는 도구로는 동기진단척도(Motivative Assessment Scale, Durrand & Crimmius, 1992)와 교사와 교직원을 위한 기능적 진단 체크리스트(Functional Assessment Checklist for Teachers and Staff: FACTS, March et al., 2000)가 있다. 동기진단척도는 문제행동의 기능을 감각놀이, 회피, 관심 얻기, 구체물 얻기, 활동 참여로 보고 각 해당 문항의 총점에 따라 문제행동의 기능을 확인하는 간접 평가 도구다. 결과를 검증하기 위해서는 보다 구체적인 관찰이 필요하지만, 쉽게 문제행동이 발생하는 이유와 동기를 유추해 볼 수 있다는 장점이 있다. 도구에는 다음과 같은 지침에 함께 제시되어 있다.

동기진단척도(Motivation Assessment Scale: MAS)

이름: ________________ 응답자: ________________ 날짜: ________________

행동 묘사(구체적으로): ____

질 문	전혀 발생 하지 않음 0	거의 발생 하지 않음 1	드물게 발생함 2	보통임 3	일반적으로 발생함 4	거의 발생함 5	늘 발생함 6
1. 오랜 시간 혼자 있을 때 행동이 지속적으로 발생합니까?							
2. 어려운 과제 수행 요구를 따라야 할 때 행동이 발생합니까?							
3. 방이나 공간 내 다른 사람에게 이야기하기 위한 반응으로 행동이 발생합니까?							
4. 가질 수 없는 장난감이나 음식을 얻기 위해 또는 할 수 없는 활동을 하기 위해 행동이 발생합니까?							
5. 아동이 혼자 있을 때, 행동이 반복적으로 같은 방식으로 오랜 시간 발생합니까?(예: 한 시간 넘게 몸 앞뒤로 흔들기)							
6. 어떤 요구를 할 때 행동이 발생합니까?							
7. 당신이 아동에게 관심을 주지 않을 때면 언제나 행동이 발생합니까?							
8. 당신이 좋아하는 음식, 장난감, 활동 등을 치울 때 행동이 발생합니까?							
9. 행동을 하면서 감각적으로 즐기는 것 같습니까?(예: 느낌, 맛, 시각, 냄새, 소리 등)							
10. 요구를 따르도록 할 때 행동이 발생합니까?							
11. 아동에게 관심을 주지 않을 때 행동이 발생합니까?(예: 당신이 다른 방에 있거나 다른 사람과 상호작용할 때)							
12. 음식, 장난감 또는 요구한 활동을 허용했을 때 잠깐이라도 행동이 멈춥니까?							
13. 행동이 발생했을 때, 평온하고 주변의 다른 것들을 인식하지 않는 것처럼 보입니까?							
14. 요구나 작업을 멈추면 행동이 잠깐이라도 멈춥니까?							
15. 아동은 다른 사람들과 시간을 함께하기 위해 행동을 하는 것으로 보입니까?							
16. 하고 싶은 것을 할 수 없다고 말했을 때 행동이 발생합니까?							

동기진단척도는 아동이 문제행동을 많이 보일 것 같은 상황을 확인하기 위한 질문지로 이 정보는 적절한 대체 행동을 선정하기 위한 결정에 도움이 될 수 있다. 먼저 문제행동이 무엇인지 확인하여 구체적으로 작성한다. 예를 들어, '공격적'이라는 표현 대신 '다른 사람을 때리는 행동'으로 묘사하는 것이 더 좋다. 측정하기 위한 구체적인 행동을 결정한 후 각 질문을 주의 깊게 읽고 관찰한 행동을 가장 잘 묘사하는 번호에 ○표를 하면 된다.

각 문항을 작성하였으면 다음의 표에 제시된 각 문항 번호의 점수를 기재하여 총점을 계산하고 순위를 매긴다. 회피 항목이 가장 높은 점수로 나타났다면 문제행동의 기능은 상황을 회피하기 위한 것으로 유추해 볼 수 있다. 그러나 행동은 매우 복잡해서 순위가 명확하게 드러나는 경우는 흔하지 않은 편이다.

	감각놀이	회 피	관심 얻기	구체물 얻기
	1	2	3	4
	5	6	7	8
	9	10	11	12
	13	14	15	16
총 점				
순 위				

교사와 교직원을 위한 기능적 진단 체크리스트
(Functional Assessment Checklist for Teachers & Staff: FACTS-Part A)

1단계 학생 이름/학년: ________________ 날짜: ________________
면담 담당자: ________________ 응답자: ________________

2단계 학생 프로파일 학생이 학교에 미치는 최소 세 가지 이상의 강점 확인

3단계 문제행동들

_____ 더딘 행동	_____ 신체적 공격	_____ 방해행동	_____ 도벽
_____ 무반응	_____ 부적절한 언어	_____ 불순종	_____ 파괴행동
_____ 위축	_____ 언어적 희롱	_____ 과제를 하지 않음	_____ 기타
_____ 부적절한 소리	_____ 자해행동		

문제행동 묘사 ____

4단계 일과 확인: 문제행동 발생 가능성이 높은 장소, 시간, 함께 있는 사람

	시 간	문제행동 발생 가능성						특정 문제행동
		(낮음)					(높음)	
1	수업 시작 전	1	2	3	4	5	6	
2	주지 교과 (국어, 사회, 수학 등)	1	2	3	4	5	6	
3	활동 중심 교과 (음악, 미술, 체육 등)	1	2	3	4	5	6	
4	쉬는 시간	1	2	3	4	5	6	
5	교실 이동 시간	1	2	3	4	5	6	
6	점심시간(식당)	1	2	3	4	5	6	
7	점심시간(여가 시간)	1	2	3	4	5	6	
8	점심시간(양치질)	1	2	3	4	5	6	
9	전환(점심시간 후 수업 시작할 때)	1	2	3	4	5	6	
10	체육관	1	2	3	4	5	6	
11	놀이실	1	2	3	4	5	6	
12	중정	1	2	3	4	5	6	
13	하교 준비	1	2	3	4	5	6	

5단계 추후 평가가 필요한 활동 일과 3가지를 선정하시오.
〈선정 기준〉 • 가장 높은 점수가 확인된 활동 일과 • 유사한 문제행동
➜ 선정된 각 활동 일과에 대한 FACTS-Part B를 작성하시오.

출처: March, R. E., Horner, R. H., Lewis-Palmer, T., Brown, D., Crone, D., Todd, A. W., & et al., (2000). Functional Assessment Checklist: Teacher and Staff(FACTS). Eugene, OR: Educational and Community Supports.

교사와 교직원을 위한 기능적 진단 체크리스트
(Functional Assessment Checklist for Teachers & Staff: FACTS-Part B)

1단계 학생 이름/학년: ________________ 날짜: ________________
면담 담당자: ________________ 응답자: ________________

2단계 일과/활동/환경: FACTS-Part A에서 확인된 활동 일과는 무엇인가?

일과/활동/환경	문제행동

3단계 문제행동에 대한 상세한 정보 제공

어떤 문제행동을 보이는가?	문제행동의 강도/위험 수준은 어떠한가?
문제행동은 얼마나 자주 발생하는가?	문제행동이 발생할 때, 얼마나 오랫동안 지속되는가?

4단계 문제행동이 발생할 때 예견할 수 있는 사건은 무엇인가?

관련 이슈(배경 사건)		환경적 특성	
______ 질병	기타	______ 질책/교정	______ 구조화된 활동
______ 약물 사용	________	______ 신체적 요구	______ 비구조화된 시간
______ 부정적인 사회관계	________	______ 사회적 고립	______ 지루한 과제
______ 가정 문제	________	______ 또래	______ 너무 긴 활동
______ 학업 실패	________	______ 기타	______ 어려운 과제

5단계 문제행동을 유지시킬 가능성이 가장 높은 결과는 무엇인가?

무엇인가를 얻게 됨		무엇인가를 피하게 됨	
		______ 어려운 과제	기타
______ 성인의 관심	기타	______ 질책	________
______ 또래의 관심	________	______ 또래의 부정적인 태도	________
______ 선호하는 활동	________	______ 신체적 노력	________
______ 돈/물건	________	______ 성인 관심	________

6단계 행동 지원 계획을 수립하기 위해 사용된 정보 요약

배경 사건과 예견 요인	문제행동	유지시키는 결과

7단계 요인 정보의 정확성에 대해 어느 정도 확신하는가?

전혀 확신할 수 없음					매우 확신함
1	2	3	4	5	6

8단계 문제행동을 다루기 위해 사용되어 온 노력은 무엇인가?

문제행동 예방 전략		문제행동 반응 전략	
______ 스케줄 조정	기타 ________	______ 질책	기타 ________
______ 좌석 배치 조정	없음 ________	______ 훈육 의뢰	없음 ________
______ 교육과정 조정	________	______ 정학	________

기능적 행동진단 체크리스트인 FACTS는 기능적 진단을 위한 면담 기록 양식으로 그 첫 번째 단계는 학생의 문제행동을 강조하기에 앞서 학생이 학교에 미치는 최소 세 가지 이상의 강점을 확인하도록 요구하고 있다. 그뿐만 아니라 개인의 신체적 · 사회적 · 학업적 · 환경적 요인들이 문제행동 발생 배경이 되고 있는지를 점검함으로써 긍정적 행동지원의 특징인 인간의 존엄성 강조가 명확하게 반영되고 있다.

학생들이 보이는 문제행동의 기능을 이해하기 위해서는 보다 폭넓은 시야와 이에 대한 고려가 필요하다. 행동은 그 행동을 일으키는 선행 사건이 존재하며 행동의 지속성에 영향을 미치는 결과가 있다는 것이다. 이러한 선행 사건과 결과의 조작을 통해 행동의 변화를 이끌어 내기 위한 노력이 지속되어 왔는데, 예를 들어 어려운 과제는 학생들에게 좌절감을 주고 문제행동을 보임으로 과제를 하지 않게 되었다면 학생의 문제행동은 어려운 과제(선행사건)로 인해 야기되고 회피(결과)할 수 있는 방법으로 지속되게 된다. 그런데 만약 학생이 유난히 피곤한 날, 아침을 먹고 오지 않은 날과 같이 행동 발생에 직접적인 영향을 주지는 않지만 발생 가능성을 높이는 여러 가지 요인이 있다. 이를 배경사건(setting event)이라고 부르는데 문제행동과 관련된 배경 사건의 예는 크게 생리적 · 환경적 · 상황적 사건으로 유목화된다(Kauffman, 2009). 생리적 배경사건에는 약물, 질병, 피로, 배고픔, 고통 등이 포함되며, 환경적 배경사건은 소음, 많은 사람들, 활동 단계나 구조, 자리 배치 등이 포함된다. 개인적 변화, 휴일, 일과 변화, 학급 이동, 또래와의 싸움, 성인과의 언쟁 등은 상황적 배경사건에 속한다. 학교 밖의 상황에서 발생하는 배경사건에 교사가 직접적으로 영향을 미치고 조절하는 것은 어려운 일이지만 이러한 배경사건을 이해하고 가정과 협력하여 배경사건이 문제행동에 미치는 부정적인 영향을 감소시키는 것은 가능한 일이다.

(3) 긍정적 행동지원 전략

전통적 행동중재 방법은 연구를 통해 타당성이 입증된 행동원리들을 적용하지만 문제행동을 일으키는 그 학생이 누구인지, 문제행동에 대한 사회적 상황이 무엇인지, 문제행동을 일으키는 기능과 목적이 무엇인지에 대한 관심이 배제되었고 사회적으로 적절하고 다양한 기회를 가르치고 강화하기보다는 오히려 사람의 행동을 억압하고 통제하는 결과를 가져왔다는 측면에서 비효과적이라는 비판을 받아 왔다. 따라서 행동수정이 아닌 행동지원으로 변화된 용어가 사용되고 있으며, 행동지원의 핵심은 문제행동을 소거하기보다는 바람직한 방향으로의 변화를 이끄는 것이다.

행동지원의 전략에는 앞서 언급한 배경사건과 선행사건에 대한 예방 전략, 사회적으로 수용 가능한 대안적 방식으로 환경에 영향을 미치는 새로운 기술을 교수하는 교수 전략 그리고 많은 교사들에게 익숙한 행동수정 원리인 결과 전략이 포함된다.

배경사건은 교사 통제 밖의 상황으로 제거나 감소를 위한 중재 개발에 어려움이 있으나 학생과 관련된 사람들이 협력적으로 일한다면 그 영향을 감소시킬 수 있다. 예를 들어, 아침을 먹고 오지 않는 경우에는 우유 급식 시간을 조정할 수 있으며, 수면이 부족한 경우에는 학생이 좋아하는 활동으로 시간표를 조정하여 학교 일과를 시작하거나 긍정적인 상호작용을 통해 기분을 좋게 하는 등 학생의 컨디션을 고려하는 방법을 적용할 수 있다.

문제행동 발생과 관련된 선행사건을 확인하였다면 문제행동을 자극하거나 유발시키는 상황이나 사건을 바꾸거나 해결함으로써 문제행동 발생을 예방할 수 있다. 어려운 과제, 지루한 활동, 활동 요구, 또래의 놀림이나 관심 부족, 기다리는 시간 등은 문제행동을 발생시키는 선행사건이 될 수 있는데 이와 반대되는 또래의 관심, 선호하는 활동, 성인의 도움, 흥미로운 과제나 활동, 짧게 끊어진 과제, 쉬는 시간 제공, 선택 기회, 역할 제공 등을 통해 문제행동 발생과 관련된 선행사건을 조정함으로써 문제행동 발생을 예방할 수 있다. 학업 과제를 회피하고자 문제행동을 하는 경우 회피하도록 만드는 학업과제의 특성을 변화시킨다면 문제행동을 일으키는 조건과 문제행동은 서로 관련성이 끊어지게 된다.

교수 전략에 있어 가장 중요한 것은 문제행동과 같은 기능을 가지면서 적어도 문제행동만큼이나 쉽게 사용할 수 있는 최선의 대체 행동을 결정하는 것이다. 예를 들어, 교사의 관심을 얻기 위해 소리를 지르는 학생에게 손을 들면 즉각적인 교사의 관심을 얻을 수 있다는 것을 가르친다면 단순히 소리를 지르지 말라고 가르치는 것보다 문제행동 감소와 바람직한 행동 증가라는 장기적인 변화를 가져올 수 있다. 이때 사용될 수 있는 전략은 꼭 말로 하는 의사소통 표현이 아니어도 괜찮다. 학생의 언어능력을 고려해 간단한 몸짓과 신호로 표현할 수 있도록 교사와 학생 간 약속을 정해 일관성 있게 반응하며 가르치면 되는 것이다.

마지막으로 결과 전략은 적절한 행동의 증가와 부적절한 행동의 감소를 위해 교사들이 사용해 온 대표적인 전략들을 모두 포함한다. 정적 강화와 부적 강화, 타임아웃과 소거 등이 여기에 속하며 중요한 것은 그동안 문제행동 뒤에 주어졌기 때문에 문제행동 발생 유지에 영향을 미쳐 온 결과는 철회하면서 동시에 적절한 행동 발생 가능성을 높일 수 있도록 강화를 제공해야 한다는 것이다. 교사가 어떤 행동의 감소를 목표로 삼았다면 동시에 그 문제행동을 대체할 만한 대체 행동을 선택하고 이를 교수 · 강화해야 한다.

(참고: 김영란, 특수학교 교사의 긍정적 행동지원 적용을 위한 교수적 지원이 장애학생의 문제행동과 특수교사의 교사효능감에 미치는 영향. 특수교육 7권 2호, p. 53–80, 2008)

쉬어 가는 코너

스트레스 자가진단

다음 문항들을 읽고 이 문항의 내용이 현재 여러분 자신에게 적용되거나 지난 12개월 동안 적용되어 왔다면 또는 과거에 심한 긴장을 경험했다면 빈칸에 V표 하세요.

번호	문항	체크
1	쉽게 흥분한다.	
2	일정시간 동안 정신을 집중하는 데 어려움이 있다.	
3	아침에 일어날 때 피로를 느낀다.	
4	아주 사소한 결정도 잘 내리지 못한다.	
5	잠드는 데 어려움이 있고, 밤중에 깨어 안절부절못할 때가 많다.	
6	보통 때보다 더 많은 일을 해야 한다.	
7	대체로 기진맥진해 하고 몸이 불편한 것을 느낀다.	
8	산다는 것은 희망 없어 보이며, 가치 있는 것은 아무것도 없는 것 같고, 나 자신이 참으로 못났다고 생각한다.	
9	식욕은 없지만 건강을 위해 음식을 먹는다.	
10	새로운 자료에 흥미를 집중시키는 데 어려움이 있다.	
11	작은 두통으로 고생한다.	
12	내가 어떤 것을 하도록 요구받았을 때 필요한 정보를 상기하는 데 어려움이 있다.	
13	보통 때보다 술을 더 많이 마신다.	
14	때로는 감정이 심하게 격해지고, 우울해지는 등 심한 감정 동요가 있다.	
15	한두 가지 중요한 약속들을 어겼거나 늦은 일이 있다.	
16	들떠 있어서 적절하게 휴식을 취하지 못한다.	
17	이전에 비해 창의성을 보여 줄 수 없다.	
18	때때로 불안하여 잠이 오지 않는다.	
19	소화불량으로 자주 고생한다.	
20	특정한 문제에 주의를 집중하는 능력이 결여된 것 같다.	

* 채점방법: 체크한 것을 각각 1점씩 계산하여 합산하십시오.

★ 스트레스 검사 채점결과

점 수	결 과
0~10점	당신은 정직하게 응답하지 않았거나 그렇지 않다면 스스로 스트레스의 경고신호를 잘 인식하지 못하는 경우, 혹은 이미 스트레스 상황에 특별한 방식으로 잘 반응하는 경향을 가지고 있습니다.
11~15점	당신은 상당한 정도의 스트레스를 경험하고 있거나 오랫동안 과다한 스트레스로 어려움을 겪은 것으로 보입니다. 따라서 이를 극복하기 위해 좀 더 적극적인 노력이 필요합니다.
16점 이상	당신의 스트레스 반응이 위험한 상태라서 도움을 받을 필요가 있습니다.

★ 스트레스 해소법

- 균형 잡힌 식사가 필요합니다: 가급적 술과 카페인이 있는 음식을 피하고 야채와 과일을 많이 먹습니다. 무엇보다 규칙적으로 적당량의 식사를 하는 것이 중요한데, 식사를 거를 경우 저혈당이 되어 스트레스 반응이 나타날 수 있습니다.
- 적당히 운동을 합시다: 지나친 운동은 그 자체가 스트레스입니다. 하루에 30분씩 일주일에 3번 이상 운동을 할 때 스트레스를 이기는 데 도움이 됩니다. 운동은 근본적인 해결책은 아니지만 분노나 울화를 풀어 주고, 정신적 안정감을 가져옵니다.
- 심호흡을 합니다: 깊은 호흡은 자율신경계를 안정시킵니다. 하루에 2~3번씩 다음과 같이 호흡을 연습해 보세요. 배를 불리면서 숨을 천천히 고르게 들이쉰 후, 다시 배를 들어가게 하면서 숨을 천천히 내쉽니다. 가능한 길게 호흡하지만 자연스럽게 하는 것이 좋습니다.
- 긍정적 태도가 중요합니다: 부정적으로 생각하는 사람은 똑같은 일에도 더 많은 스트레스를 받습니다. 생각하는 것도 하나의 습관이기에 노력하면 어느 정도 고쳐질 수 있습니다. 우선 자신이 부정적이고 한쪽으로 치우쳐 생각하고 있지는 않나 알아보아야 합니다.
- 여유 있게 스케줄을 짜세요: 시간에 쫓기게 되면 당연히 더 스트레스를 받게 됩니다. 그러니 계획을 세울 때 여유 있게 짜고, 해야 할 일의 우선순위를 정해서 차근차근 풀어 나가야 합니다. 너무 욕심을 내지 말고 자신의 능력에 맞는 현실적인 목표를 정하는 지혜가 필요합니다.
- 유머 감각으로 긴장을 해소합니다: 모든 일을 너무 심각하게 받아들이는 사람들은 스트레스를 잘 받습니다. 어려운 상황일수록 유머 감각을 잃지 말아야 합니다. 갈등과 긴장감은 웃음으로 완화될 수 있습니다.

소변보고 막 울어요

초등학교 1학년 우리 반에 주변의 사람들로부터 관심과 사랑 받기를 좋아하는 민호라는 아이가 있다. 다른 아이들도 그렇지만 민호는 유독 교사의 손을 끌어다가 자신의 얼굴에 대거나 손을 잡는 것을 즐거워한다. 쉬는 시간에 화장실에 다녀오라고 말하면 민호는 두 손으로 고추(?)를 잡고 있으면서도 화장실에 가지 않는다. 그래서 콕! 찍어 "민호야, 화장실에 갔다 와라."라고 말해야 한다.

물론 그렇게 말로만 하고 다른 데 신경을 쓰고 있으면 또 잘 가지 않는다. 그래서 화장실에 가는 것을 확인해야 하고 소변기에 바르게 서라, 바지를 내려라 등 자꾸 말을 해야 한다.

어린 장애아이들이 스스로 바지를 내리고 소변을 본다는 것은 박수를 쳐 주어야 할 상황이다(짝! 짝! 짝!). 그것은 일상생활에 대한 자발적인 능력이 있다는 것이고 앞으로의 지적행동발달의 가능성이 보이는 것이다.

그런데 민호는 그 다음이 문제인데 소변을 보고 눈물을 흘리며 소리 높여 울어 버리는 것이다. 처음에는 고추가 아픈가 했는데 그것도 아니고, 오줌이 자기의 몸에서 빠져나왔기 때문에 아까워서 우는 것일까? 물론 민호는 몸에 병이 있는 것도 아니고 가끔 집에서도 그런 행동을 보인다고 한다. 그동안 담임으로서 민호를 쭉 지켜본 나의 결론은 이렇다. '왜 바지도 내려주지 않고, 계속 칭찬해 주지도 않고, 지켜봐 주지도 않고, 혼자서 해결하게 하느냐' 다. 민호 녀석, 사랑은 일일이 모두를 해 줘야 하는 것이라고 생각하는가 보다.

[전선주 / 『네잎클로버 편들기』 中]

05

성적행동

1. 친구들이 싫어하는 신체접촉을 하는 행동
2. 수업시간에 성기를 만지거나 바지에 손을 넣는 자위행동
3. 바지에 손을 넣거나 이성친구에게 지나친 관심을 보이는 행동
4. 아무나 손을 잡고 안는 행동

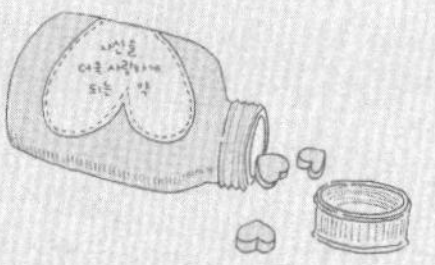
자신을
더욱 사랑하게
되는 약

성적행동 1 친구들이 싫어하는 신체접촉을 하는 행동

1 이런 일이 있었어요

만 5세인 상원이는 친구를 보면 무조건 달려가서 안는다. 가볍게 안는 게 아니라 힘껏 껴안고 놔주질 않아 교사가 중재해야 할 정도다. 자유놀이 시간에는 책을 보고 있는 미소의 머리와 볼을 만지다가 미소가 소리를 지르자 그 행동을 멈추었다.

또 점심시간, 세면대에서 손을 닦고 있는 다연이를 안고 뽀뽀를 해서 다연이가 소리 내어 울었다. 상원이는 아직 생각이 어려서 동생처럼 행동하니 이해하자고 얘기했지만 아이들은 상원이의 신체접촉을 싫어하고 이젠 가까이 다가오기만 해도 소리를 지르고 도망가곤 한다.

2 선생님 당황스럽지요

(1) 껴안고 얼굴을 만지는 행동이 진짜 나쁘고 고쳐야 할 행동인가

상원이는 아직 어리고 상원이의 신체접촉은 친구를 좋아하고 친해지고 싶어 하는 표현이 아닐까? 만약 그렇다면 무조건 제재해야 하는지 판단이 서지 않는다. 상원이의 행동을 싫어하는 친구들을 이해시키는 것이 우선이 아닐까?

(2) 상원이가 친구들과의 신체접촉에서 성적쾌감을 느끼는 건 아닌가

혹시 단순한 애정표현이 아니라 성적인 쾌감을 느끼며 하는 행동은 아닐까? 지적장애아의 성적발달단계는 일반유아와 비교해서 어떨까? 성장 후에도 이런 행동이 사라지지 않는다면 큰 문제다. 성교육을 어떻게 시켜야 할 것인가?

(3) 부모님과 상담이 필요하다

상원이가 친구들에게 신체접촉을 하는 것에 대해 부모님과 상의해야겠다. 가정에서는 상원이가 어떤 행동을 보이는지 묻고, 너무 심하게 신체접촉을 하는 것에 대해 염려하신 적이 있는지 부모님과 상담해 보는 것이 좋겠다.

3 아! 그랬구나

(1) 애정과 관심의 표현이에요

지적장애학생의 정신연령 및 사회연령은 또래에 비해 낮으며 만 5세인 상원이의 경우, 3세 이하의 지적능력을 갖고 있다고 볼 수 있다. 3세 이하의 영아는 신체접촉을 통해 사랑을 표현하고 편안함을 느끼는 시기다. 상원이의 신체접촉은 애정과 관심의 표현일 수 있다.

본인은 문제를 느끼지 못하는데 친구들이 멀리하고 교사로부터 제재와 주의를 계속적으로 받게 된다면 수치심 및 부정적인 정서가 형성될 수 있으므로 행동수정 시 주의해야 한다.

(2) 또래관계에서 자신의 의사 표현 방법이 서툴러요

지적장애학생인 상원이는 또래관계에서 적절한 표현방법을 찾지 못해서 무조건 신체접촉으로 자신의 관심을 표현하는 것일 수 있다. 이 같은 신체접촉으로 '같이 놀자' '나는 너가 좋아' 라는 언어적 표현을 대신하는 것이다.

(3) 우연히 쾌감을 느꼈을 수 있어요

친구의 부드러운 머리카락을 만지고 통통한 볼을 만지며 혹은 껴안거나 뽀뽀를 하면서 우연히 쾌감을 느꼈을 수 있다. 그 기분을 다시 느껴 보고 싶은 생각에 계속적으로 친구들이 싫어하는 신체접촉을 시도하게 된다.

(4) 가족 및 다른 대상으로부터 신체접촉을 통해 긍정적인 피드백을 받았을 거예요

가정에서는 상원이의 생활연령을 고려하지 않고 영아 수준의 신체접촉으로 애정을 표현했을 수 있다. 안아 주고 뽀뽀해 주고 만져 주었을 때, 상원이는 긍정적인 피드백을 받았을 것이고 또래관계에서도 자신이 받았던 긍정적인 반응을 기대하며 신체접촉을 했을 것이다.

4 이렇게 해 봤어요

(1) 친구들이 "싫어."라고 얘기하게 해 주세요

상원이는 자신의 행동을 친구들이 싫어한다는 것을 알아야 하고 아직 어린 유아인 친구들은 방어기제로 싫은 감정을 표현하는 것을 배워야 한다. 그래서 상원이가 신체접촉을 했을 때, 싫었다면 분명한 어조로 "싫어."라고 얘기하도록 지도해야 한다.

- 상원이에게는 "싫어."라는 언어적 표현의 의미에 대해 사전에 지도한다.
- 친구들에게는 "싫어."라는 표현을 사용할 때, 지나치게 화를 내거나 큰 소리로 말하지 않고 차분하면서도 분명한 어조로 말할 수 있도록 사전에 지도한다.

(2) 지나친 신체접촉을 대신할 행동을 찾아 주세요

꼭 껴안고 놓아주지 않거나 얼굴과 몸을 만지는 행동 대신 서로가 좋아하는 다른 대체행동을 찾아 줄 필요가 있다. 예를 들어, 악수하기, 하이파이브하기, 최고야 도장찍기 등이 그 예가 될 수 있다.

(3) 부모님과 함께해요

성에 대한 태도는 거의 4세 전후에 형성되기 때문에 이 시기의 성교육은 매우 중요하다. 따라서 어렸을 때부터 자연스러우면서도 아이 입장을 배려한 부모의 성교육이 필수적이다. 상원이의 지나친 신체접촉에 대한 또래친구들의 반응에 대해 부모님과 진솔한 대화를 나누고 행동수정전략을 함께 세우는 것이 중요하다.

가정에서도 유치원에서와 마찬가지로 상원이를 영아처럼 대하지 않고 만 5세에 맞는 애정표현 방법 및 언어표현을 사용하고 지나친 신체접촉을 자제할 필요가 있다. 갑자기 신체접촉을 못 하게 하면 상원이가 받는 충격이 클 것이므로 만 5세 유아기에 맞는 적절한 표현방식을 사용하여 정신적 충격을 줄여 준다. 예를 들어, 무릎에 앉히고 뽀뽀하는 대신 가볍게 안아 등을 두드리고 악수를 하며 격려하는 등의 행동으로 대체하고 칭찬의 메시지를 전달하면 상원이게 긍정적인 피드백이 될 수 있다.

역할극을 통해 다양한 표현방법들을 보여 주고 노래로 답해 보기

❶ 놀고 있는 친구 뒤에 가서 갑자기 껴안을 때, 놀라는 표정으로 리듬에 맞춰
'싫어요. 싫어요. 정말 싫어요.'
❷ 간식시간에 쿠키조각이 묻은 입술로 친구 얼굴에 뽀뽀할 때 찡그린 얼굴로,
'싫어요. 싫어요. 정말 싫어요.'
❸ 블록놀이 하는 친구에게 다가가 '같이 놀자' 얘기할 때 웃으며,
'좋아요. 좋아요. 정말 좋아요.'
❹ 길에서 친구를 만나서 '안녕, 친구야' 손 흔들 때 웃으며,
'좋아요. 좋아요. 정말 좋아요.'

5 이런 방법도 해 보세요

(1) 비슷한 사례

- 친구의 귀를 계속 만지는 행동
- 다른 사람에게 코가 맞닿을 정도로 지나치게 얼굴을 가까이 대는 행동
- 친구의 손을 꽉 잡고 놓지 않으려는 행동
- 친구를 자꾸 껴안으려는 행동

(2) 선호하는 활동을 제공해서 정서적 안정감을 느낄 수 있도록 해 주세요

핑거페인팅, 점토 놀이, 밀가루 놀이 등 부드러운 질감의 재료를 활용한 놀이를 제공하여 정서적 안정감을 느낄 수 있도록 한다.

(3) 운동하기

대근육 운동을 많이 하여 혈액 순환을 돕고, 내재된 에너지를 발산하도록 한다. 또한 달리기나 잡기 놀이, 숨바꼭질과 같은 놀이는 긍정적인 상호작용을 유도하므로 적합한 놀이가 될 수 있다.

성적행동 2 수업시간에 성기를 만지거나 바지에 손을 넣는 자위행동

1 이런 일이 있었어요

초등학교 5학년의 용진이는 키도 크고 얼굴도 잘생겨서 많은 여학생들이 좋아하고 친절하게 대한다. 그렇지만 용진이는 친구들이 잘 대해 주어도 단순한 대답 외에는 말을 하지 않는다.

오늘 수업시간에 용진이 주변의 학생들이 웅성거리는 소리가 들려 교사가 뒤 돌아보니 용진이가 손을 바지 속에 넣고 기분 좋게 웃고 있었다. 가끔 용진이가 이런 모습을 보였기에 아이들에게 신경 쓰지 말라고 하였고 교사도 대수롭지 않게 생각하였다. "용진아, 손 빼고 바르게 앉아라." 하면 용진이는 금방 바른 자세를 취하곤 하였다. 그런데 언제부터인지 너무 빈번하게 그런 행동을 하였고 어느 날 교사가 가까이 가서 확인해 보니 민망할 정도로 바지가 높게 솟아올라 있었다.

여교사는 당황하여 "김용진! 똑바로 앉아!" 라고 소리를 치고 자리로 돌아왔지만 마음이 안정되지 않았다. 다른 아이들이 이런 모습을 본다면 어떻게 생각할런지……. 아직도 뚜렷한 지도방법이 생각나지 않는다.

2 선생님 당황스럽지요

(1) 당황스럽네. 이럴 때는 어떻게 하지

그런 행동을 보니 교사로서 당황하지 않을 수 없다. 어떻게 교실에서 그것도 친구들이 모두 보고 있는데 바지에 손을 넣고 있을 수 있을까 하는 생각에 좀 혼란스러움이 생겼다. 저 녀석은 창피하지도 않을까? 용진이에게 성교육을 별도로 해야 하나? 다른 아이들이 저런 행동을 하는 용진이를 어떻게 생각할까 하니 마음이 복잡해진다.

(2) 자폐성장애인데 다른 아이들보다 조숙한 것 아냐

용진이는 발달이 다른 아이들보다 좀 늦는 것 같았는데 성적인 발달은 오히려 빠른 것 같다. 이런 경우 성교육을 모두를 대상으로 해야 하나 용진이만 별도로 해야 하나 좀 고민이 된다. 그리고 보건선생님에게 부탁을 해야 하는지 담임인 내가 해야 하는지도 판단이 되지 않는다.

(3) 아이들이 용진이를 싫어하면 어떡하지

용진이의 이런 모습을 특히 우리 반 여학생들이 안다면 용진이를 피하거나 따돌릴 수 있으니 조심스럽다. 우리 반 아이들에게 용진이에 대하여 설명하고 이해하도록 하고 싶은데 마땅히 교육해야 할 내용을 모르겠다. 무조건 장애학생이라서 그런 것이라고 할 수도 없고 자폐성장애에 대해서도 잘 모르겠고 고민이다.

(4) 용진이 어머니에게 연락을 해서 고쳐야겠다

용진이 어머니에게 연락을 하여 오늘 수업시간에 용진이의 문제행동으로 수업을 진행하기 어려웠다고 말할 수 있다. 그러면 용진이 어머니는 어떻게 하실까? 어머니는 용진이의 이런 행동을 못 하게 할 수 있는 방법이 있을까? 그것도 학교에서 벌어진 일인데 오히려 속상해하지나 않을까? 분명히 부모라 해도 뾰족한 방법이 없을 것이다. 언제부터 시작된 행동인지는 알아봐야겠다.

3 아! 그랬구나

용진이는 자폐성장애학생으로 인지적으로나 정서적으로 일반아이들에 비하여 지체된다고 할 수 있다. 하지만 신체적으로는 오히려 일반아이들보다 더욱 성숙하고 성적인 발달에 있어서는 조숙한 측면이 있다. 그러한 신체적인 발달에 비하여 정신적인 발달이 늦기 때문에 자신의 행동을 부끄럽게 생각하거나, 친구들이 좋아하지 않을 거라는 생각을 못 하고 있는 것이다.

구체적으로 알아보면 용진이는 자신의 몸에서 일어나는 상황을 이해하지 못한다. 자신의 몸에서 남성호르몬이 왕성해지고 2차 성징이 나오며 신체적 · 정서적으로 변화가 이루어지고 있지만 정신적으로는 준비가 되어 있지 않은 것이다.

특히 단체 생활을 하는 교실에서 사회성이 많이 요구되지만 용진이에게는 그런 것이 많이 부족하고 자신의 신체의 변화에 대해 적절하게 대처하지 못하고 있다. 그리고 운동이나 활동적인 생활로 자신의 신체리듬을 조절해야 하는데 그러지 못하고 있다.

- 수업에는 흥미가 없고 바지 속이 가려워서?
- 친구들의 반응에 재미가 생겼다?
- 신체적으로 의료적인 조치(포경수술 등)가 필요해서?
- 바지가 너무 꽉 조여서 자극이 되나?

4 이렇게 해 봤어요

(1) 두 손을 이용해야 하는 활동적인 학습을 통해 다른 곳에 신경을 쓰게 한다

언제나 수업내용과 방법을 수정해서 적용할 수 있도록 준비를 해야 한다. 수업에서 용진이가 두 손을 활용하는 활동을 제시하면 좋다. 예를 들면, 가위를 이용하여 오리기, 색종이 찢어 붙이기, 찰흙을 이용하여 만들기, 수수깡을 이용하여 만들기 등등 용진이가 흥미를 가지고 접근할 수 있는 활동적인 과제를 준다.

(2) 상담을 통해 구체적인 전략을 짜고 표현하게 한다

이런 경우에는 용진이와의 개별적인 상담 및 학부모와의 상담이 필요하다. 우선 용진이와 대화하여 수업 중에 그런 행동을 하면 안 된다는 것을 단호하게 알리고 다짐을 받는다. 그리고 학부모 상담을 통하여 의료적인 문제나 위생적인 문제가 있는지 확인할 필요도 있다. 설마 하면서 그냥 넘어갈 수 있는 사소한 문제일수록 해결방법이 간단할 수 있기 때문이다.

(3) 해결방법을 알려 준다

다른 사례로, 중학교 1학년생인 동호는 최근 들어 매일 '배가 아프다' 며 울상인 표정을 지었다. 담임교사와 부모는 아무리 알아봐도 그 이유를 알 수가 없었다. 그러던 어느 날 담임교사가 보건교사에게 배가 아프다는 동호를 살펴봐 달라고 했고,

장애학생 지도경험이 풍부한 보건교사는 동호의 성기가 발기되어 '아프다' 고 표현한 것을 알아내었다.

이럴 때 보건교사는 면봉으로 귀를 판다든가 하여 동호의 관심을 다른 방면으로 전환시킬 수 있지만 보다 적극적인 지도방법으로 동호의 아버지가 사정하는 방법을 알려 주는 것이 효과적일 수 있다.

5 이런 방법도 해 보세요

(1) 비슷한 사례

- 이성 친구를 자꾸 안으려는 행동
- 이성친구의 손만 계속 잡으려는 행동
- 여자친구나 여선생님의 가슴을 만지려고 하는 행동

(2) 특수교사, 보건교사와 협력하기

- 특수교사와 협력을 통하여 지속적으로 문제행동에 관심을 나눈다. 서로 의견을 나누다 보면 때로는 너무도 쉽게 문제를 해결할 수도 있다.
- 구체적으로 계획을 수립하고 적용하는 데 도움을 구한다. 성교육을 통하여 바람직한 행동을 할 수 있도록 계속적인 지도를 해 나간다.
- 특수교육보조원의 필요와 배치를 논의한다. 특수교사가 문제행동지도를 잘 한다 해도 학교에서 항상 같이 생활하는 보조원의 도움이 없다면 어려울 때가 많다. 그래서 특수교육보조원에게 구체적으로 어떻게 대처해야 하는지 알려 주어야 한다.
- 보건교사를 통해 전체적으로 성교육을 진행한다.

(3) 학부모와 연계하여 지도하기

- 가정에서 문제행동의 빈도나 상황을 파악한다. 때로는 학교에서만 하는 행동

이 있고 가정에서만 보이는 행동이 있을 수 있다. 환경의 영향을 많이 받는 행동이기 때문에 가정환경을 파악하는 것은 필수다.

- 위생적인 문제나 의료적인 문제를 점검한다.
- 가정에서도 문제행동에 대하여 단호하게 제지할 수 있게 한다. 공공장소나 대중이 보는 곳에서 문제행동을 보이지 않도록 단호하게 대해야 한다. 당황스럽다고 그냥 넘어가면 앞으로도 공공장소에서 문제행동을 하게 된다.
- 가정에서도 대체학습을 한다.

(4) 행동지원 전략 이용하기

① 학급 학생들과 행동 전략 공유하기: 용진이가 문제행동을 하지 않도록 사전에 환경을 조성하고 학습을 활동적인 것으로 준비할 필요가 있다.

② 짝이나 주변 친구들 지원: 진행과정에서 교사와 또래의 지지와 관심을 보여 주어야 한다. 문제행동 발생 시에는 정도에 따라 주변 친구가 가볍게 주의를 환기시켜 줄 수도 있고 교사가 제지할 수 있다. 어느 정도 기간을 두고 문제행동이 나타나지 않거나 약하게 넘어가는 겨우 반 전체 학생들에게 자연스럽게 협조에 대한 고마움과 칭찬을 한다.

예방 전략 A	교수 전략 B	반응 전략 C
- 통합학급에 활동적인 과제 부여 - 또래와 상호작용할 수 있는 활동 제시 - 교사의 관심 유지하기	- 활동 과정에 관심 표현하기 - 또래의 활동지지 및 도움 주기 - 적절한 신체접촉 방법 지도하기	- 문제행동 시 바로 제지하기 - 대체학습 제시하기 - 특수교육보조원 요청하기 - 바른 자세로 수업참여 시 칭찬하기

성적행동 3 바지에 손을 넣거나 이성친구에게 지나친 관심을 보이는 행동

1 이런 일이 있었어요

중학교 2학년인 영진이는 수업시간 중에 가끔 멍한 표정을 지을 때가 있다. 그럴 때 영진이의 손은 책상 밑으로 내려가 있다. 눈치를 챈 짝꿍이 낄낄거리며 웃는다. 그것도 모르고 영진이의 손은 계속 책상 밑에 있다.

며칠 전에도 영진이가 수업시간에 바지 속으로 자꾸 손을 집어넣는다는 이야기를 몇몇 아이들에게 들은 적이 있다. 또한 영진이는 여학생을 뚫어지게 쳐다보아 여학생들이 부담스러워하기도 한다. 한참 사춘기여서 신체적으로나 감정적으로 예민한 아이들이기 때문에 영진이의 이러한 행동을 아이들에게 이해시킨다는 것이 참 어렵다.

아이들에게 말로만 듣던 일이 실제로 내 수업 도중에 일어나다 보니 정말 당황스

럽다. 영진이를 꾸짖자니 다른 아이들이 더 놀리고 장난칠 것 같고 그렇다고 아무 말도 안 할 수는 없고, 이런 행동들에 대해 정말 어떻게 대처해야 할지 모르겠다.

2 선생님 당황스럽지요

(1) 여선생님 앞에서 남학생이 어떻게 이런 행동을

성적인 면에서 아이들의 짓궂은 장난에 대담하게 대처하는 편이긴 하지만 영진이 같은 장애학생의 경우에는 말도 잘 통하지 않을 것 같아서 섣불리 대처할 수가 없다. 다른 아이들이 이 문제에 대해 큰 소리를 낼까 봐 눈치만 보게 된다.

(2) 애들은 입소문이 빨라서 다 알게 될 텐데 어떡하지

요즘 아이들은 자신과 다르게 행동하는 친구에 대해 소문을 쉽게 퍼뜨린다. 특히 성적인 면은 보통 아이들이 장난스럽게 생각해서 쉽게 말해 버리기 일쑤다. 심한 경우 불러서 시켜 보기도 한다는 이야기를 들은 적이 있다. 다른 아이들이 알게 될까 봐 걱정스럽다.

(3) 이런 일을 여학생들이 보게 된다면 어떡하지

여학생들에게 이런 행동은 과히 충격적이다. 학부모님의 입장에서는 장애학생의 이런 행동들이 자신의 자녀에게 충격이 될 것을 걱정하실 수 있다. 성적으로 민감한 일반학생들에게 어떻게 접근해야 할지 고민스럽다.

3 아! 그랬구나

영진이는 자폐성장애를 가지고 있다. 일상생활 시에는 큰 문제가 없지만 먹는 데에는 민감해서 배가 고플 때 욕구가 충족되지 않으면 반응이 격해진다. 영진이가 어렸을 때는 먹는 것에 대해서만 주의를 기울이면 되었지만 아이가 자라면서 성적인 욕구에 대해서도 주위 사람이나 장소를 가리지 못하고 욕구대로 행동하게 되었다. 요즘에는 인터넷이나 TV 등의 대중매체를 통해서 너무도 쉽게 얼마든지 성에 노출될 수 있다.

그래서 일반학생들도 성적으로 여러 변화를 느껴서 다양한 형태로 해소를 하지만 주변을 굉장히 의식하여 겉으로 문제가 드러나지는 않는다. 하지만 사회성과 적응행동에 문제가 있는 장애학생의 경우에는 주위 사람들을 의식하지 못하고 욕구를 표출하는 경우가 많다. 영진이도 마찬가지다.

특히 중 · 고등학교처럼 자기관리가 중요해지는 시기에 영진이와 같은 문제행동을 보이면 친구들과의 관계형성에도 어려움이 많고 놀림의 대상이 될 수 있다. 그래서 영진이의 부모님도 영진이에게 나름대로 성교육을 열심히 시키고 있지만 한창 사춘기인 영진이에게 이런 행동을 못 하게 하는 것은 참 어려운 일인 것 같다.

4 이렇게 해 봤어요

(1) 통합학급에 함께 있는 일반학생 이해하기

일반학생들에게 장애학생은 쉽게 친해지기 어려운 친구다. 함께 이야기하기도 어렵고 생활을 공유하기도 어렵다. 그런 상황에서 성적인 문제까지 발생하면 장애학생을 놀림감으로 생각하거나 거부의 대상으로 삼을 수 있다. 10대의 아이들은 친구들의 변화에 깊이 있게 배려하기가 쉽지 않다.

특히 나와 다른 친구에 대해서 이해하기란 더욱 어렵다. 이때 교사가 장애학생에 대한 일반학생의 이해를 돕는 교육을 해 줘야 한다. 장애학생은 일반학생에 비해 사회성이 많이 떨어지기 때문에 성적욕구 표현에 있어서 일반학생처럼 숨기지 못하고 적극적으로 표현한다. 주위 사람을 의식하고 창피해한다면 그런 행동은 하기가 쉽지 않은데 장애학생은 주위 사람을 의식하기보다는 욕구에 더욱 민감하다.

장애학생의 성적 특성에 대한 교육을 일반학생들에게 해 주는 것은 장애학생을 이해하고 배려하는 데 좋은 역할이 된다. 다름을 인정하고 배려하려는 그 마음이 함께 살아가는 교실의 모습이 아닐까. 특수학급 담당교사나 성교육 담당교사를 통하여 적절한 성교육을 하는 것이 필요하다.

(2) 문제행동에 대한 현장에서의 대처

수업 도중에 그런 일이 생길 경우에는 함께 수업을 받는 다른 아이들이 눈치채지 못하도록 중단을 시킬 필요가 있다. 장애학생의 이름을 불러서 주위를 환기시켜 준다거나 일반학생들이 책을 읽거나 필기를 하는 시간을 틈타서 주위에 다른 사람이 있다는 것을 알려 주어야 한다. 그렇게 하기도 어려울 경우에는 특수학급 선생님이 오실 수 있도록 도움을 요청해야 한다.

또한 문제가 일반학생들에게 퍼져 나가기 전에 상황을 교사가 먼저 인식하는 것이 중요하다. 장애학생의 이런 행동에 의연하게 대처하는 것은 미리 상황을 알고 있어야 가능하다. 특수학급 선생님으로부터 성적인 변화가 없었는지 체크해 둔다면 수업시간에 당황스러운 일은 피할 수 있을 것이다.

(3) 특수학급 선생님의 장애학생에 대한 지도

성적행동을 보이는 장애학생을 통합학급 교사가 지도하기란 쉽지 않다. 성적인 표현에 대해서 수치심을 느끼게 하는 것은 올바른 지도방법이 아니기 때문이다. 그래서 그 당시에는 문제행동을 중단만 시키고 근본적인 해결은 특수학급 담당선생님과 함께하는 지도가 필요하다. 이때 야단을 치기보다 사적인 공간에서 하는 행동이라는 기준을 분명히 알려 준다.

5 이런 방법도 해 보세요

(1) 비슷한 사례

- 수업시간에 책상 밑으로 손을 내려 성기를 만지작거리는 행동
- 이성 친구의 가슴을 의식적으로 계속 쳐다보는 행동
- 쉬는 시간에 화장실에서 자위하는 행동

(2) 성교육 상담센터나 체험관 방문하기

최근 현장학습지로 상담센터나 성교육 체험관 등이 운영되고 있다. 직접 체험하며 배울 수 있는 기관을 방문하여 교육을 받도록 배려한다.

(3) 성교육 관련 시청각 자료 이용하기

성교육과 관련된 시청각 자료가 시중에 점차 확대 · 보급되고 있다. 애니메이션이나 동영상 등을 활용하여 간접적인 방법으로 지도에 활용할 수 있다. 또한 성교육 관련 교재교구가 시판되고 있으므로 이를 활용하여 내 몸의 소중함을 일깨우며 자연스럽게 성교육이 이루어지도록 한다.

(4) 역할극와 게임하기

혐오스러운 행동을 역할극으로 보여 주고 이에 대해 옳고 그름을 판단하는 퀴즈를 낸다. 학생들이 역할극과 게임 활동을 통해서 건전한 성교육을 스스로 터득할 수 있다.

(5) 가정과 연계 지도하기

학교에서 아무리 노력하여도, 가정과 연계된 지도가 없이는 학생의 행동을 변화시키기가 어렵다. 가정에서 자위를 하더라도 사적인 공간 즉, 자기 방이나 화장실 등에서 하도록 지도해야 한다.

성적행동 4 아무나 손을 잡고 안는 행동

1 이런 일이 있었어요

고등학교 1학년인 은주는 친구들과 어울리는 것을 참 좋아한다. 그래서인지 친구들만 보면 남자친구든 여자친구든 다가가서 손을 잡거나 어깨동무를 스스럼없이 한다. 하지만 통합학급 친구들뿐만 아니라 다른 반 아이들도 은주만 보면 슬슬 피하기 일쑤다. 오늘도 종례시간에 도우미로 앉은 친절이는 자꾸 은주가 자신을 배시시 웃으며 쳐다보는 것이 부담스럽기만 하고, 이를 보는 다른 아이들은 은주가 친절이를 좋아한다고 놀린다. 그래서 담임선생님께 도저히 도우미를 할 수 없다고 이야기했다.

담임선생님은 통합학급 친구들에게 은주가 친구들을 좋아해서 그런 것이니 이해하라고 설명은 하지만 아무래도 고등학교 1학년이나 되는 여학생이 이성 친구, 동성 친구할 것 없이 자꾸만 손을 잡거나 어깨동무를 하는 것이 조금은 조심스럽기만 하다. 이제 2년만 있으면 졸업을 할 은주가 아무에게나 손을 잡거나 어깨동무를 하

는 것은 문제가 있는 듯하니 고쳤으면 한다.

2 선생님 당황스럽쳐요

(1) 은주가 친구들을 좋아한다고 무조건 손을 잡는 것은 좀 그렇다

가끔 친구들을 너무 좋아하는 개방적인 성격의 장애학생이 있다. 중 · 고등학교에 올라오면서 일반학생들은 대부분 이성 친구와 동성 친구를 나누는 경향이 있다. 그런데 장애학생 중에는 아직도 초등학교 때처럼 친구와 손잡고 노는 것을 더 좋아하는 경우가 있어서 난감할 때가 있다. 사회연령에 맞추어 친구를 좋아하는 방법을 가르쳐야 할 것 같다.

(2) 은주는 성격이 좋은 거야, 아님 부끄럼을 모르는 거야

이런 행동에 다른 친구들이 싫은 내색을 해도 은주는 잘 모를 수 있다. 어떻게 보면 성격이 좋은 것이다. 일반학생들은 자신의 행동 하나하나를 다른 사람의 기준에 맞추어 보기 때문에 대인관계에 어려움을 겪는 경우도 많지만 은주는 자신의 감정에 충실하기 때문에 자신의 행동이 부끄럽다고 생각하지 않는다.

하지만 다른 친구들의 마음을 이해하고 알려 줄 필요는 있다. 친한 친구와 친하지 않은 친구에 대해 알려 주며 가까운 친구에게 하는 행동과 그렇지 않은 친구에게는 하는 행동이 다름을 일깨워 주어야 할 것 같다.

(3) 아이들이 은주의 행동을 부담스러워하거나 짜증을 내는데 은주의 행동을 받아 주지 못하는 아이들이 너무 이기적인 것은 아닐까

중 · 고등학생의 경우 한창 사춘기이고 감수성이 예민할 시기인지라 충분히 은주의 행동에 부담을 느끼는 것은 이해해야 한다. 다만 은주의 장애특성을 고려하여 짜증을 내거나 화를 내는 것 외에 정중하게 거절하는 방법도 가르치면서 함께 성장하여야 함을 알려 주는 것이 좋겠다.

3 아! 그랬구나

(1) 학생 입장

자폐성장애와 정신지체를 가지고 있는 은주는 사람을 참 좋아한다. 그래서인지 자신의 마음에 담아 두고 있는 감정을 그대로 표현한다. 예쁜 친구를 보면 예쁘다고 말하고, 멋진 친구를 보면 멋지다고 말한다. 선생님을 봐도 마찬가지다. '선생님, 참 멋있어요.' '선생님은 대머리이시네요.' '선생님은 너무 무서워요.' 등 각 선생님의 특성을 직접적으로 말한다.

이렇듯 장애학생은 어떤 면에서는 아이처럼 순수한 마음으로 자신의 느끼는 감정을 그대로 행동이나 말로 옮기기 때문에 주변 사람들을 당황하게 할 수 있다. 하지만 은주가 하는 말이나 행동은 악의적이기보다는 너무 순수해서 하는 행동이기 때문에 주변 사람들이 은주에게 너무 민감하게 반응하면 오히려 은주를 당황하게 만든다.

원인은 은주가 아직 나이에 비하여 미성숙하고 순수한 것이라고 할 수 있다. 또한 사랑의 감정, 좋아하는 감정을 적절하게 표현하는 방법을 잘 모르기 때문이다.

(2) 환경이 원인인 경우

은주의 부모님은 은주를 사랑하는 방법이 조금은 특이한 편이다. 은주가 장애가 있다는 것을 인정하기에 눈에 넣어도 아프지 않을 정도로 과잉보호를 한다. 은주가 하는 모든 행동은 그저 안쓰럽고 미안해하는 감정에서 출발한다. 그렇기 때문에 잘못된 행동을 하여도 야단치기보다는 말로 설명한다.

사실 은주와 같은 정신지체학생은 심하게 야단치거나 혼낸다고 해서 바뀐다고 보기 어렵다. 그러나 은주의 문제행동을 가볍게 보고 지나치면 어렸을 때에는 크게 문제가 되지 않을 수 있어도 고등학생쯤이 되면 문제가 될 수 있다.

은주는 장애학생이라고 마냥 이해하고, 받아 주었기 때문에 청소년기에 적합한 행동이 무엇인지 이해하지 못하고 있을 수 있다. 어떤 학생에게나 일관된 지도는 매우 중요하다.

4 이렇게 해 봤어요

(1) 은주의 입장에서 이해해 주세요

은주는 중학교 때까지 완전통합교육을 해 왔다. 그렇기에 상황에 적절한 말을 배울 수 있는 기회가 적었다. 초등학교 때에는 담임선생님께서 하루 종일 학생들과 함께하므로 적절한 교육과 훈련이 있었겠지만 중학교 3년 동안은 교과담당으로 이루어지는 교실 안에서 친구들이 하는 말을 관찰만 할 뿐 상황에 맞는 적절한 말을 배울 수 있는 기회가 적었다.

실제로 학부모상담에서 중학교 시절에는 고등학교에서처럼 말을 많이 하지 않고 가만히 교실에 앉아 있는 내성적인 학생이었다고 한다. 이 때문에 은주는 할 수 있는 말이 적었다. 상황에 적절하게 말을 하는 것이 어려웠기 때문이다.

이로 인해 고등학교 기간 동안 꾸준한 교육과 훈련을 통해서 상황에 적절한 말을 할 수 있도록 하는 것이 관건이다. 특수교육보조원을 배치하여 주로 친구들과 접촉이 많은 쉬는 시간이나 점심시간에 은주가 적절한 말을 할 수 있도록 가르쳐 주었다. 때로는 친구가 쉬는 시간에도 공부를 하거나 숙제를 하고 있다면 말을 걸지 않는 것이 좋음을 함께 가르쳐 주었다. 정신지체 3급 정도인 은주는 처음에는 어려워하였지만 시간이 흐를수록 친구들에게 말을 걸어야 할 때와 말을 걸지 않아야 할 때를 인지하였다.

(2) 장애학생을 위한 성교육

- 여학생과 남학생의 차이점 알기
- 사춘기 시기의 신체적 변화와 감정 변화 알기
- 이성과 교제 시 적절한 표현 방법 알기

(3) 일반학생의 장애이해를 돕는 성교육

초등학교 고학년이 되면서 사춘기에 접어드는 일반학생들은 이미 그때부터 남자

친구와 여자친구를 구별하고 유독 동성 친구들과 밀접한 관계를 맺고자 한다. 하지만 사회연령에 비해 정신연령이 낮은 장애학생의 경우에는 중학생이 되어서도 정신연령과 사회연령 사이에서 차이가 있는 경우가 있기 때문에 이에 대한 일반학생들의 이해가 필요하다. 친구로서 할 수 있는 행동과 하지 말아야 하는 행동을 다른 친구들을 관찰하면서 배울 수 있게 지도한다.

5 이런 방법도 해 보세요

(1) 비슷한 사례

- 이성 친구를 보면서 자꾸 웃는 행동
- 짝꿍의 얼굴이나 손을 만지는 행동
- 화장실이 아닌 운동장이나 복도에서 바지를 내리는 행동

(2) 외부단체와 함께하는 성교육

지역사회복지관이나 장애인복지관 등과 연계하여 성교육을 실시할 수 있다. 물론 학교에서 교사와 학부모가 연계하여 지도하는 것이 좋지만 늘 보는 선생님이나 부모님보다는 외부기관에서 파견 나온 강사들의 이야기에 더 귀를 기울이는 학생들도 많다.

＊ 공적인 장소와 사적인 장소에서의 성행동 알기

- 공적인 장소와 사적인 장소를 구분할 수 있도록 직접적이고 구체적으로 구분하여 교육한다(내 방과 거실의 차이, 우리 집 화장실과 공공화장실의 차이).
- 관심을 끌기 위한 것이라면 일시 격리하는 방법을 사용할 수도 있다.
- 성적인 행동을 못 하게 하기보다는 관심을 다른 곳으로 돌려 주고 장소에 따른 행위의 구분을 분명하게 해 준다.

– 사적인 장소: 우리 집의 자기 방, 아무도 없는 곳, 우리 집의 화장실처럼 나(혼자)만 있는 공간
– 공적인 장소: 우리 집의 거실이나 주방, 학교의 교실, 복도, 화장실, 공원과 같이 여러 사람이 함께 쓰는 공간

(3) 관계에 따른 올바른 신체접촉 방법

중・고등학생이 되면 나와 관계를 맺은 사람들에 따라서 신체접촉을 하는 방법이 달라진다. 초등학교 고학년만 되어도 선생님, 친구들과 손을 잡거나 껴안지 않기 때문에 또래의 이러한 행동패턴을 관찰하여 장애학생의 사회연령에 맞는 신체접촉 방법을 가르쳐 주어야 한다.

- 나와 손을 흔들 수 있는 사람: 친구, 친척 동생, 교회에서 만나는 선후배 등
- 나와 인사(목례)할 사람: 선생님, 동네에서 자주 보는 어른
- 나와 악수할 사람: 오랜만에 만나는 친구, 동생
- 나를 껴안을 사람: 부모님, 동성의 형제
- 나와 뽀뽀할 사람: 어릴 때는 부모님, 형제가 가능하나 크면 결혼을 약속한 사람
- 나와 성관계를 할 수 있는 사람: 결혼한 사람

(4) 학부모상담

장애학생의 성교육에 있어서 학부모상담은 상당히 중요한 역할을 한다. 때로는 학교에서 만나는 교사도 이성적일 수 있기 때문에 일차적으로 성교육은 학부모가 올바른 성의식을 갖고 자녀를 지도하는 것이 가장 좋다.

특히 장애학생은 학부모가 지나치게 사회연령보다 정신연령에 맞추어 학생을 대하기 때문에 제대로 된 성교육을 받지 못하는 경우도 있다. 그러므로 학부모 연수나 다양한 자료를 통해서 학부모에게 성교육 지도를 하는 것이 좋다.

좀 더 알아보기

* 교사의 상담준비와 학생상담

교사로서 학생들과 학부모를 상담하는 일은 어쩌면 일상화된 모습이다. 특히 학생을 상담할 때는 생활지도, 학생지도라는 단어를 사용하기도 한다. 그렇지만 어떤 대상이 있고 만남의 목적이 있으며 과정을 통하여 서로 이해하고 도움이 되고자 하는 것에 뜻을 같이한다.

특히 학생상담 시 교사는 학생의 입장을 이해하는 것에서 출발해야 하지만 교사 입장에서 잘잘못을 가리고 훈계하려고 하며, 생활지도를 통해 벌을 주려는 과정으로 삼는 경우도 많다.

교사는 상담자로서 인격과 자질을 갖추어야 하고 관련된 지식도 필요하나 준비되지 않은 상태에서 문제학생과 장애학생 및 그 부모를 만나고 있어 어려움이 많다. 그래서 간단하게나마 교사가 상담을 위해 준비해야 할 내용을 알아본다.

(1) 상담의 의미

상담(counseling)이란 말은 라틴어의 'counsulere' 에서 유래되었으며 영어에서의 'counsel' 이란 형태로 바뀌어 쓰여 오다가 Williamson E. G.의 『How to Counsel Students』(1939)에서 현재와 같은 'counseling' 으로 해석되기 시작했다. Williamson (1950)은 '상담이란 일시적으로 각 개인의 적응을 도울 뿐만 아니라 장래 적응을 준비하도록 돕는 것이다.' 라고 이야기했고 Hahn과 Maclean(1955)은 '상담이란 혼자서 해결할 수 없는 문제에 의하여 곤란을 받고 있는 개인과 이 개인의 제반적이며 개인적인 곤란을 해결하는 데 도움을 줄 수 있는 훈련과 경험을 해 온 전문가와 일대일의 관계에서 생기는 과정이다.' 라고 하였다.

정원식과 박성수(1978)는 '상담이란 도움을 필요로 하는 사람과 도움을 줄 수 있는 사람 사이의 개별적인 관계를 통하여 새로운 학습이 이루어지는 과정' 이라고 정의하였고, 이장호(1986)도 '상담이란 도움을 필요로 하는 사람이 전문적 훈련을 받은 사람과의 대인관계에서 생활과제의 해결과 사고, 행동 및 감정 측면의 인간적 성장을 위해 노력하는 학습과정이다.' 라는 정의를 통해 학습과정을 강조하고 있다.

황응연과 윤희준(1983)은 상호작용의 관계를 강조해서 상담은 도움을 필요로 하는 사람을 다른 사람이 도와주는 상호작용의 인간관계로 보았다.

최근에는 법률, 의학, 경제, 혹은 알고 싶은 여러 가지 정보를 얻기 위해 매스컴이나 전화 혹은 이야기를 통해 해결하려는 것까지도 모두 상담이라고 부르는 경우를 흔히 볼 수 있다.

이와 같이 상담은 여러 가지의 의미를 담고 있으며, 그 사용 범위도 매우 포괄적이라고 할 수 있지만, 상담이란 도움을 줄 사람과 도움을 필요로 하는 사람 간에 서로 대화를 통해 문제를 해결한다는 의미로 널리 사용되고 있다.

즉, 상담이란 상담자와 내담자의 만남의 과정에서 내담자가 스스로의 문제에 직면하고 현명한 판단을 통하여 문제해결의 능력을 배양하고 성장할 수 있도록 돕는 전문적인 활동이라고 정의할 수 있다.

학교장면에서 상담과 유사하게 사용하는 개념으로 생활지도(guidance)가 있는데 두 개념 사이에는 큰 차이를 두지 않는 것이 일반적인 경향이다.

생활지도는 교육의 목적을 달성하기 위한 방법 중의 하나로서 학생이 저마다 독특하게 지니고 있는 발달 가능성을 발견하고 이를 최대한으로 개발할 수 있도록 도와주고, 사회적으로는 현명한 선택과 적응, 가치판단과 자기지도를 할 수 있도록 돕는 활동이라고 볼 수 있다.

이처럼 생활지도는 문제를 해결하여 적응과 선택을 함에 있어서 교육적이고, 직업적인 계획에 대하여 돕는 과정으로 상담보다는 비교적 포괄적이며 단순한 문제를 다루는 활동으로 볼 수 있다. 반면에 상담은 이 생활지도 영역 중 언어적 수단을 통해 보다 치료적인 의미를 지니고 있는 것으로 구별할 수 있다.

생활지도는 단순한 정보와 기술적 정보를 필요로 하는 문제를 다루고, 상담은 기술적 정보를 필요로 하는 문제와 태도상의 문제, 심리적 갈등의 문제를 다룬다. 따라서 생활지도는 학교장면에서 절대적으로 필요하고 포괄적인 교육지도의 한 부분으로서, 담당자는 학교에서의 일반교사, 상담교사, 교감 및 교장 등 전체 교직원이

동원되어 지도할 수 있는 영역이자 분야라고 할 수 있다(김청자, 정진선, 2009).

(2) 상담의 목표

상담의 궁극적인 목표는 내담자의 성장과 발달을 촉진하는 과정으로 볼 수 있다. 보다 구체적인 목표를 정리하면 다음과 같다.

첫째, 행동변화의 촉진이다. 상담의 목표는 내담자가 보다 의미 있고 행복한 삶을 영위할 수 있는 행동의 변화를 가져오는 데 있다고 제시한다. 변화가 필요한 행동이 어떠한 것인지를 상담을 통해 구체적으로 발견하도록 돕는 것이 중요하다.

둘째, 정신건강의 증진이다. 상담은 문제를 일으키는 여러 가지 병리적, 혹은 환경적인 요소를 제거하거나 수정해 줌으로써 적극적인 정신건강을 유지하는 데 초점을 둔다. 상담과정을 통하여 책임감이 있고 독립적이며, 인격적으로 성숙한 건강한 인격체로 변화되도록 돕는 것이 목표이며 이는 결국, 정신건강의 증진과 맞닿는다.

셋째, 문제해결이다. 상담의 목표는 내담자가 안고 있는 문제가 무엇이건 이를 해결하는 데 있다. 내담자는 상담자가 자기에게 무엇인가 도움을 줄 수 있다고 믿기 때문에 자신의 문제를 상담자 앞으로 가져오게 된다. 문제해결을 상담의 목표로 정의할 경우, 상담자는 내담자가 지니고 있는 문제를 과학적이고 체계적인 방법을 통하여 해결해 나가는 데 초점을 두어야 한다. 문제의 해결을 통한 자아의 실현은 궁극적으로 개인의 행복을 가져와 참된 삶을 추구할 수 있다.

넷째, 내담자의 잠재능력 촉진 및 문제해결능력 증진이다. 상담을 통해 내담자는 개인의 능력과 흥미를 탐색하고 이용하여 극대화할 수 있는 기회를 얻게 된다. 이를 통해 내담자는 문제를 인지하고 해결하는 능력이 배양되며 결국 생산적인 사고를 증진하고 원만한 인간관계를 형성하여 개인의 효율성이 증대된다.

다섯째, 의사결정의 증진이다. 상담의 목표는 내담자가 신중한 의사결정을 하도록 돕는 데 있다. 상담자는 상담과정 중, 개인이 선택하고 결정하기 위해 필요한 다양한 정보를 제공하고 의사결정에 필요한 제반의 문제들을 분석하여 장애가 되는 측면을 극복하도록 돕게 된다. 상담은 의사결정이 효율적이고 합리적으로 이루어질 수 있도록 원조하는 것을 목표로 한다.

상담의 목표를 앞의 다섯 가지로만 제시하긴 어려운 일이다. 상담의 궁극적인 목표는 개인의 잠재력이나 자아실현의 목표를 깨닫도록 돕고 개인의 문제를 인식하며 효과적이고 합리적인 방법으로 문제를 해결할 수 있는 능력이 증진되도록 지원하며 결론적으로 의미 있고 행복한 삶을 영위하는 건강한 개체로 성장하도록 돕는 것이라고 할 수 있다.

(3) 상담의 기본원리

상담은 개인이 가진 문제를 인식하고 해결해 나가는 과정을 통해 건강한 자아의 형성을 돕는다.

상담자가 보다 전문적인 상담을 전개하기 위해 반드시 알아야 할 기본적인 원리를 김홍규(1984)가 제시한 Biestek의 이론을 통해 다음과 같이 제시하였다.

첫째, 개별화의 원리다. 상담자는 인간은 누구나 개별적인 특성이 있음을 인식하고 내담자의 개인적 차이나 독특성을 이해해야 한다. 편견이나 선입관을 버리고 내담자의 말에 경청하며 내담자와 보조를 맞추어 진행한다.

둘째, 감정표현의 원리다. 상담자는 내담자가 긍정적이든 부정적이든 개인의 감정을 자유롭게 표현할 수 있도록 도와야 한다. 내담자가 자신의 감정을 솔직하고 자유롭게 표현할 수 있도록 상담자는 적절한 환경조건을 갖추어야 하는데 내담자가 긴장하지 않도록 이완시켜 주는 분위기가 중요하며 내담자가 감정을 표현했을 때 적극적으로 지지하고 격려할 필요가 있다.

셋째, 수용의 원리다. 수용이란 상대의 감정이나 성격에서 나타나는 행동들을 그대로 이해하며 개인의 존엄성을 인정하고 받아들이는 태도다. 상담자는 내담자 중심으로 감정이나 태도를 수용하고 이해할 수 있어야 한다. 그러기 위해 상담자는 권위적이지 않아야 하며 잘못을 질책하거나 비판적이어서는 안 된다. 또한 내담자의 행동이나 발언에 대해 성급한 결론을 내려서는 안 되며 가급적 내담자와 보조를 맞추어 그의 입장에서 이해하고 수용하는 태도가 필요하다.

넷째, 자기결정의 원리다. 상담자가 직접 내담자의 문제를 해결해 줄 수는 없다. 결국 문제의 해결자는 내담자 자신이어야 한다. 상담자는 내담자 스스로 자기가 나아갈 방향을 결정하고 선택하도록 안내하는 역할을 해야 한다. 그러기 위해서 상담자는 내담자가 자기를 수용하도록 돕고 내담자의 잠재능력을 활용하여 스스로 결정하도록 자극하며 내담자가 스스로 결정할 수 있도록 분위기를 조성해 주고 수용적인 태도나 심리적인 지지를 보내는 것이 중요하다.

다섯째, 비밀보장 원리다. 상담과정에 있어 비밀보장은 상담자의 직업적 · 윤리적 책무라고 할 수 있다. 내담자의 개인적 권리 및 인격은 존중되어야 하며 이를 위해 상담자는 반드시 비밀을 보장해 주어야 한다.

(4) 상담자의 역할과 자질

① 상담자의 역할: 상담자는 주로 내담자의 일상생활에서 나타나는 문제와 심리적인 문제를 해결하고 내담자가 통제력을 갖고 스스로 문제를 해결하며 현실생활에 적응하도록 돕는 역할을 하는 것이 주된 과업이다. 상담자는 내담자 스스로 자신의 문제해결방법을 찾도록 돕고 자신을 수용하며 존중하도록 돕는다. 또한 상담자의 역할 중 중요한 것은 문제가 발생한 후에 처치하는 것보다 예방적 차원에서 문제해결방법을 배울 수 있도록 돕는 것이다.

그리고 상담자 자신은 자신의 내적 · 외적 성장을 위해 연구자로서의 자질도 갖추어야 한다. 왜냐하면 상담자의 지속적인 노력과 성장은 자신의 성장뿐 아니라 더 많은 이들에게 건강한 자아형성 및 균형 잡힌 일상생활을 할 수 있는 영향력을 미치기 때문이다.

상담의 특징 중 하나는 인간의 삶을 윤택하게 하는 것이다. 상담자가 내담자 개인을 돕는 것은 그 개인뿐 아니라 지역사회에도 변화를 가져올 수 있으므로 상담자는 치료자, 교육자, 연구자, 자문자로서 또한 지역사회 발전을 위한 지원자로서의 다양한 역할을 수행하기 위해 끊임없는 자기계발 및 연마가 필요하다.

② 상담자의 자질: 상담자는 내담자가 가진 문제를 해결해 나가며 건강한 생활을 할 수 있도록 지원하기 위해 인간적인 자질과 전문적인 자질을 갖추어야 한다.

인간적인 자질은 내담자를 한 인간으로 이해하기 위해 반드시 필요한 덕목이며 인간적인 신뢰감과 존중, 배려가 선행될 때 내담자는 상담자에게 한 걸음 더 가까이 다가가게 되며 자신이 가진 문제를 자유롭게 표출하는 데 도움을 얻게 된다.

상담의 목적은 내담자가 일상생활에서 자신의 문제를 발견하고 보다 잘 대처해 나가도록 돕고 잠재능력을 이용하여 주어진 기회를 최대한 활용하는 능력을 키워 주는 것이다. 주변에서 일어나고 있는 일반적 상담은 자신의 경험을 토대로 상대방에게 도움을 제공하는 것인 데 비해 전문적 상담은 상담이론과 방법에 관한 체계적인 지식을 갖고 상담실습 및 훈련의 과정을 통하여 자격을 갖춘 상담가에 의해 이루어지는 것이다. 일반적인 상담은 겉으로 드러난 문제에 초점을 맞추다보니 스스로 문제를 해결할 수 있는 능력을 길러 주기 어려운 점이 있다. 하지만 상담에 관한 전문적인 지식과 상담진행경험을 갖춘 전문 상담가와의 상담은 내담자가 문제해결 방법을 터득하는 데 훨씬 효율성이 높다.

즉, 상담자는 내담자에 대한 수용적인 태도와 공감 및 진솔함을 갖춘 인간적인 자질과 더불어 상담이론에 관한 이해 및 상담경험을 토대로 한 전문적인 자질을 갖추어야 한다. 그렇다면 유능한 상담가의 인간적 특성을 알아보자.

- 효과적 심리상담/치료자는 정체성을 가지고 있다: 현재 자신이 누구인지, 어떤 사람이 될 수 있는지, 자신이 원하는 것이 무엇인지, 무엇이 본질적인 것인지 알고 있다.
- 자신을 존중하고 인정한다: 자신들이 가진 가치관과 힘으로 도움과 사랑을 줄 수 있다.
- 자신의 힘을 인정하고 수용할 수 있다: 상대와 동등한 관계를 좋아하며, 상대가 힘을 낼 수 있도록 한다.
- 변화에 개방적이다: 자신이 가지고 있는 것에 만족하지 않을 때, 모험을 할 수 있는 의지와 힘을 가지고 있다. 변하고 싶은 것을 결정하고 되고자 하는 사람이

되기 위해 노력한다.

- 삶을 형성하기 위한 선택을 한다: 자신과 주변 상황에 대해 초기에 결정한 것을 인식하고 있다. 그들은 필요하다면 기꺼이 고칠 수 있기 때문에 초기 결정의 희생자가 아니다.
- 활기가 있으며 생명 지향적 선택을 한다: 단순히 존재하는 데 안주하지 않고 충만하게 생활한다.
- 진실하고 성실하고 정직하다: 가면, 방어, 헛된 역할, 허울 속에 숨지 않는다.
- 유머감각이 있다: 생활을 관조할 줄 안다. 자신의 약점과 모순에 대해서도 웃을 줄 안다.
- 실수를 기꺼이 수용한다: 자신의 과오를 가볍게 넘겨 버리지는 않지만 그 과오 때문에 괴로워하지는 않는다.
- 주로 현재에 산다: 과거에 집착하지도 않고 미래에 매달리지도 않는다. 현재를 경험하고 현재에 살고 현재의 사람과 함께한다.
- 문화의 영향을 인식하고 있다: 문화가 어떤 영향을 미치는지 알고 있으며 여러 문화의 가치관을 존중한다. 또한 사회 계층, 인종, 성의 다른 차이에 대해서도 알고 있다.
- 타인의 복지에 진정한 관심을 가지고 있다: 이러한 관심은 존경, 잘 되기를 바라는 마음, 신뢰, 타인의 가치를 인정하는 것 등에서 나온다.
- 일을 열심히 하며 일에서 의미를 찾는다: 일에서 보상이 주어진다는 것을 인정하지만 일의 노예는 아니다.
- 건전한 한계선을 유지한다: 내담자와는 함께하려고 하지만, 여가 시간에는 내담자의 문제를 가져오지 않는다.

쉬어 가는 코너

영 · 유아 연령별 성교육

❶ 0~만 3세 미만

0~18개월 미만의 시기는 자신의 몸을 탐색하는 과정이다. 만 2세가 되면 자신이 여자인지 남자인지 인식하게 되고 자신의 신체가 이성의 신체와 다르다는 것을 인식한다.

0~18개월 때는 따뜻한 스킨십으로 사랑을 느끼게 해 아이가 원만한 정서를 키울 수 있게 해야 한다. 성역할을 인식하는 18개월 이후에는 부모 간의 다정한 관계를 보여 줌으로써 아이가 올바른 성역할과 성에 대한 태도를 갖게 하고 신체적 차이나 성역할 등에 대한 질문에 대해서는 구체적이기보다는 간단하면서도 정확하게 대답해 주는 것이 중요하다.

참고로 갓 태어난 아기도 성별에 따라 몇 가지 다른 현상을 보인다. 예를 들면, 여아의 경우 '초생아 경도'라고 해서 기저귀에 약간의 피가 묻을 수 있는데 이는 탯줄을 통해 어머니의 여성호르몬이 나오는 것이다. 또 젖을 짜면 마유(魔乳)라는 뽀얀 젖이 나오는 경우도 있다. 이 역시 태아로 있을 때 어머니의 여성호르몬으로부터 영향을 받아 일어나는 현상으로 오래 지속되지는 않는다. 남아의 경우는 방광이 가득 찼을 때나 오줌을 눌 때 가끔 음경이 발기하게 된다. 하지만 이 역시 지극히 자연스러운 현상이다.

❷ 만 3~6세

만 3~6세는 또래 친구들과 어울리면서 생활영역이 넓어지는 시기다. 이성에 대한 호기심이 생기고 이를 알아내려는 경향을 보인다. 이 시기에는 아이가 성에 대해 끊임없이 질문할 수 있는데 인내심을 갖고 대답해 주어야 하며, 성폭력에 대비한 교육도 필요하다.

예를 들어, 만 3세 아이가 "엄마, 아기는 어디서 와?"라고 묻는다면, 난자와 정자에 대한 설명보다는 "엄마 뱃속에서 자라고 다 자라면 세상 밖으로 나오게 된단다."라는 답변이면 충분하다.

만 4~5세라면 "엄마 뱃속에 있는 자궁이라는 특별한 곳에서 아이가 자란다."고 설명하고, 만 6세 이후에는 "엄마의 다리 사이에 길이 있어서 그곳으로 아기가 나온다."라고 가르쳐 주면 된다.

또 이 시기에는 어른처럼 성적 자극을 받기 위해 생식기를 바닥이나 모서리에 부비거나 만지는 자위행위를 하는 경우도 있다. 이럴 때는 성기는 아기를 낳는 소중한 곳이므로 함부로 비비거나 만지는 것은 좋지 않다고 설명하고 아이와 좀 더 많은 시간을 함께하며 집중할 수 있는 놀이를 하는 것이 좋다.

[출처] 영유아 연령별 성교육 |아시아투데이

올바른 자위행위 지도방법

❶ 자위하는 이유

- 너무 꽉 끼인 옷을 입지 않았는가?
- 가려움증과 같은 증상은 없었는가?
- 사회적인 이유로 주의를 끌기 위해서인가?
- 신체적인 활동이 너무 없었기 때문은 아닌가?
- 주변에 흥미 있는 것들이 없어서 그런 것은 아닌가?

❷ 자위행위의 지도방법

- 다른 사람의 눈에 띄지 않도록 때와 장소를 알려 준다(사적인 장소).
- 자위행위를 해도 좋은 장소(사적인 장소) 외에서는 부끄러워하는 기분을 갖도록 지도한다.
  예: 다른 사람 앞에서 계속해서 자위를 하는 중증도 정신지체인을 무조건 혼내기보다는 일관성 있게 공공장소에서 개인 공간(화장실, 자신의 침실)으로 이동시켜 행동하게 한다.
- 청결을 유지하도록 성기 깨끗이 씻기, 손 청결하게 하기 등을 지도한다. 자위행위 전에 늘 손을 닦고 주위에는 화장지를 둔다. 또는 콘돔을 이용하여 깨끗이 처리하게 한다. 사용한 화장지는 휴지통에 잘 싸서 버리도록 한다.

❸ 자위행위를 예방하기 위한 방법

- 트레이닝복 같은 바지를 입히지 않는다. 트레이닝복은 바지에 손을 집어넣고 수시로 음경을 만질 수 있어 장소를 구별하지 않고 자위를 할 수 있는 기회를 제공하는 것이다. 이는 성폭력 예방에도 도움이 된다.
- 운동을 생활화하고 다양한 취미나 여가활동을 경험하게 한다.
  (등산, 수영, 페인팅, 찰흙놀이, 요리활동, 콜라주 등)
- 어려서부터 아이가 하고 싶어 하거나 잘하는 운동을 시킨다. 용솟음치는 뜨거운 힘들을 땀으로 쏟아 놓도록 한다.
- 흥미가 있는 수업이나 여러가지 활동을 하는 동안에는 자위를 하지 않는다.
- TV 시청 시에는 누워서 보지 말고 바른 자세로 앉아서 본다.
- 수업 중 음경을 만지거나 자위를 하면 짧은 율동을 하거나 손을 책상 위에 올려고 진행하는 조작활동을 하는 것이 좋다.

엄마는 나쁜 생기

엄마는 나쁜 생기, 아마 '엄마는 나쁜 생기'가 무슨 뜻인지 궁금해하는 사람들이 많을 것 같다. 자폐성장애가 있는 우리 반 아이가 엄마에 대한 감정을 일기에 적은 것이다.

아이의 어머니는 밤늦은 시간에 아이스크림을 먹겠다고 하는 아이에게 안 된다고 하였는데 이 친구는 아이스크림이 무척 먹고 싶었나 보다. 그래서 심통이 나서 동생의 잠옷을 입겠다며 떼를 쓰고 하다가 엄마에게 혼이 났다. 그 후에 이 친구는 엄마는 나쁜 생기(새끼)라는 일기를 쓰고 잠을 잤다는 것이다. 이 어머니는 그런 아이의 일기를 보고도 화가 나지 않았단다.

자폐성장애 아이들은 자기 감정 표현을 제대로 못 하는 경향이 많은데 이 친구는 그래도 약하게 표현했기 때문이다. 일반아이들은 자신이 먹기 싫으면 "먹기 싫어요.", 먹고 싶으면 "먹고 싶어요."를 쉽게 표현하는데 자폐성장애 아이들은 주로 행동으로 표현하고 그런 표현조차 어려울 땐 싫어도 그냥 받아들이는 경우가 많다.

그래도 이 친구는 말을 잘 하는 편이고 글로 표현할 수 있어 다행이다. 비록 자폐성장애가 있어도 자기주장을 할 수 있는 기회를 제공해 주는 것이 좋다. 아무 표현을 못한다고 해도 아이 입장에서 존중해 주는 것 역시 중요하다. 비록 표현은 욕이 되었어도 욕은 바로잡아 주면 된다. 마음속에서 욕구가 나오지 못하는 것은 더 큰 문제를 가져올 수 있다.

[전선주 / 『네잎클로버 편들기』 中]

06

일반학생의 문제행동

1. 습관적으로 거짓말하거나 핑계 대는 행동
2. 욕하고 싸우며 시비 거는 행동
3. 수업시간에 집중하지 못하는 행동
4. 친구들과 어울리지 못하는 독특한 행동
5. 장애학생에게 일부러 장난을 쳐서 통합학급에 적응하기 어렵도록 하는 행동

자신을
더욱 사랑하게
되는 약

일반학생의 문제행동 1

습관적으로 거짓말하거나 핑계 대는 행동

1 이런 일이 있었어요

초등학교 6학년 민경이는 공부를 잘하고 악기 연주도 잘하는 재능 있는 아이이다. 학기 초에는 교사의 말에 순종하고 교사를 대하는 태도도 좋았다. 그러나 한두 달 후 전담 선생님들에게서 민경이가 교사를 무시할 뿐더러 수업에도 거의 참여하지 않는다는 이야기를 듣게 되었다. 그리고 두 달 정도에 한 번씩 조사하는 무기명 설문조사에서도 반 아이들에게 은근히 물건을 요구하고 무서운 눈초리로 겁을 준다는 사실을 알게 되었다.

게다가 자신의 말을 안 들으면 따돌린다는 것이다. 심지어는 담임교사가 감독하는 시험 시간에도 지능적이고 계획적으로 훔쳐보고 쓰기를 감행하면서 아이들의 점수를 조작하였다. 그 일이 발각되자 교사에게 사실임을 시인하고 지도 · 조언을 받았으

나 2학기 시험에서 또 그런 행동을 하여 80점대인 친구를 90점 이상으로 만들었다.

다행히 채점 과정에서 발견하고 재시험을 보게 하여 문제를 해결하였다. 종종 자기 일이 아닌데도 자기 맘에 안 들면 교사에게 대항하면서 자기의 의견을 수락시키려고 끊임없이 논쟁을 하기도 한다. 왜 교사를 속이고 자기 마음대로 하려 하는지 무슨 방법을 써서라도 아이들을 자기 손안에 쥐려고 하는지 이해하기 힘들었다.

2 선생님 당황스럽지요

(1) 내가 민경이의 마음을 이해한다고 자주 표현해 주면 달라질 거야

말을 하면 알아듣는 아이니까(최소한 겉으로라도) 윽박지르지 말고 조리 있게 말해 주자. 언젠가는 내 마음을 알아 줄 거야. 그러면 태도가 바뀌겠지?

(2) 부모님께 심리 검사를 받아 보라고 권해 드릴까

아무리 보아도 하는 말과 행동이 이상한데 신체적으로는 이상이 없으니 정서적인 문제일 거야. 검사를 받아 보면 어떻게 해야 그런 행동들을 수정할 수 있는지 알게 될 거야.

(3) 나도 강하게 나가 볼까

민경이가 그런 행동을 했을 때 무섭고 독하게 야단을 쳐 봐야겠다. 내가 너무 말로 이해시키려고 하니까 겁도 안 내고 무시하는 것은 아닌지 모르겠다.

(4) 무시하고 싶다

민경이가 하는 행동을 다 알고 있으나 관심이 없는 척해 볼까? 그러면 교사의 관심을 끌려고 일부러 하던 행동들이 사라지지 않을까? 별로 가능성이 없는 방법이지만 그래도 시도해 보고 싶다.

(5) 포기할까

아무리 말해도 안 듣고 뒤에서 또 교사를 속이니 그냥 그 아이가 멋대로 하도록 놔두고 신경 쓰고 싶지 않다. 민경이와 사건이 있는 날은 정신적으로 너무 피곤하고 지쳐서 아무 일도 할 의욕이 생기지 않는다. 정말 힘들다.

3 아! 그랬구나

민경이의 5학년 때 담임선생님과 상담을 하였다. 5학년 때도 지금과 같은 행동을 보였다고 했다. 부모님과는 면담을 해 보았는지 물었더니 전화통화만 했는데 가정에서는 특별한 점을 찾지 못했다고 했다.

하지만 나는 납득이 되지 않았다. 학교에서 원인을 찾을 수 없다면 분명히 가정에 원인이 있을 것이었다. 이미 민경이의 속임수에 넘어가 바보가 되고 실망한 것이 한두 번이 아니었지만 포기할 수는 없었기에, 졸업하기 전에 꼭 부모님과 상담 기회를 가지고 싶었다. 한번은 우연한 일로 민경이 어머니와 통화하게 되어 상담을 오시든지, 바쁘시면 전화상담이라도 했으면 좋겠다는 생각을 비쳤다.

하지만 기다려도 민경이 어머니의 전화는 오지 않았고 뭔가 있으리라는 의심만 더 커져 갔다. 아이한테 문제가 있어 상담을 해야겠다고 하면 늦어도 며칠 내에는 방문하는 것이 보통 부모들이다. 미루고 미루다 결국 졸업 전날 도서 반납 문제로 다시 민경이 어머니와 통화하였는데 민경이 어머니가 전의 일을 물어봤다. 민경이가 무슨 문제였냐고.

나는 그동안 있었던 민경이의 일을 다 얘기하고 혹시 가정에서는 어떤 문제들이 없었는지를 물었다. 민경이 어머니는 요즘 아버지와 함께 민경이를 다시 보게 되었다고 한다.

민경이는 언니, 오빠와 터울이 많이 나서 지금까지 해 달라는 것 다 해 주며 공주처럼 키웠다고 한다. 담임교사의 얘기를 듣고 나니 그게 문제였다는 것을 서서히 깨닫게 된다고 했다. 집에서는 아직도 민경이를 공주라고 부른다는데…….

그래서 청소도 매번 힘없는 아이한테 시키고 자기는 도망갔구나. 아이들이 자기 편을 안 해 주면 다른 애들을 시켜서라도 괴롭히고 따돌렸구나. 교사가 자기 의견 안 들어주면 끝까지 따지고 들었구나. 한마디로 자기가 이 세상에서 최고여야 직성이 풀리는 거였다.

게다가 시험 문제를 가르쳐 줘서라도 아이들을 자기편으로 만들고 눈치를 보게 한 것이다. 그런데 그런 민경이한테도 열등감이 있었으니 그게 바로 외모였다. 그리 예쁘고 날씬한 편이 못 된다는 것을 알고 공부를 열심히 하면서 아이들, 심지어는 교사까지 자기 손안에 넣으려고 안간힘을 쓰는 것으로 열등감을 극복하려 했던 것이다.

4 이렇게 해 봤어요

(1) 끊임없는 대화로 문제를 해결한다

정말 어려운 방법이지만 상대방을 이해하려고 하는 의도를 가지고 하는 대화는 효과가 있다. 하지만 지속적이고 일관된 태도로 실시해야 한다. 교사의 변덕스러운 행동은 자칫 학생의 마음을 닫고 오히려 반감을 사게 되어 역효과를 초래할 수 있다. 힘들고 지쳐도 인내심을 가지고 대화를 나누고 학생을 이해하면 별 마찰 없이 지낼 수 있다.

(2) 보이는 그대로를 인정해 주고 믿어 준다

때로 전 학년 담임교사에게 미리 학생에 대한 부정적인 정보를 받기도 한다. 물론 정보를 통해 아이를 이해하는 데 도움이 되기도 하지만 부정적인 시각으로 바라보게 될 수도 있다는 단점이 있다. 아이가 밝은 웃음을 보낼 때에는 있는 그대로 기쁘게 받아 주어야 한다. 저 웃음 안에 어떤 의도된 목적이 있을 거라는 등의 억지 상상은 금물이다. 아이를 진심으로 믿어 주고, 또 진심으로 믿고 있다는 느낌을 심어 주기 위해 애를 썼더니 아이는 과로로 병가를 낸 나한테 '천 년 묵은 산삼 드시고 건강하세요!' 라는 문자를 보내 왔다. 내 진심을 알아준 거다.

(3) 부모님과 상담한다

부모님은 학교에서의 생활을 모르고 교사는 가정에서의 생활을 모른다. 그래서 부모님과 교사의 대화는 필수다. 서로 어려운 상대이기는 하나 학생의 문제를 해결하는 데는 협조해야 할 동반자이기 때문이다.

아이들이 문제 상황에 처했을 때는 교사만 힘든 것이 아니다. 가장 힘든 사람은 당연히 아이들 자신이다. 그런데 교사인 나 역시 그런 상황에서 부모님과 직접 상담하는 것을 꺼려 왔다. 학생을 다루듯이 편하지도 않고 괜한 말실수 등으로 오히려 부모와의 관계가 나빠질까 우려되었기 때문이다.

하지만 이번에는 달랐다. 6학년이라 졸업하기 전에 꼭 부모님과 상의를 해야겠다는 생각이 들었다. 이것이 담임으로서의 내 의무라는 강한 의지가 생겼다. 부모님도 아이에 대해 알 권리가 있다. 용기를 내어 상담을 요청했고, 학교에서의 아이의 생활을 자세히 듣고 난 부모님은 자신들의 양육 태도에 문제가 있음을 인식하기 시작했고 함께 노력하기로 했다.

집에서 아무것도 책임져 보지 않은 아이가 학교에서 책임을 다하지 않고, 뭐든 말만 하면 다 해 주는 식구들처럼 교사와 친구들을 수단과 방법을 가리지 않고 자기편으로 만들려는 욕심은 어쩌면 당연한 것이었다. 졸업식 날 우리는 좋게 헤어졌다. 아이도 나에 대해 나쁜 감정은 없다고 했고, 1년 동안 늘 내 머리를 쉬지 못하게 만들던 아이였지만 기쁜 마음으로 보낼 수 있었다.

(4) 정확한 증거를 찾아 더 이상 둘러대지 못하게 한다

시험 중 학생 둘이 훔쳐보기를 어찌나 계획적으로 했는지 치밀하게 감독하는 나도 깜빡 속고 말았다. 하지만 채점 중 이상함을 발견했다. 자신의 생각으로 써야 하는 서술형 주관식 문제의 답까지 같은 시험지가 발견된 것이다. 민경이가 모르게 보고 쓴 학생을 불렀다. 그냥 넘기기에는 내 양심이 허락지 않았다.

똑같은 시험지를 주고 다시 시험을 보게 하니 아니나 다를까 70~80점대다. 좀 전에 자기가 쓴 답도 잊어버려 90점이 70점이 된다는 것은 말이 되지 않는 일이다. 그제서야 아이는 사실대로 털어놓았고 그 중심에 민경이가 있다는 사실도 알게 되었다. 증거와 증인이 있으니 인정하지 않을 수 없는 일이다. 이상한 일이 생겼을 때에는 반드시 확실한 증거를 찾아야 한다.

5 이런 방법도 해 보세요

(1) 비슷한 사례

• 무조건 자기가 해야 하고 인정받으려는 행동
• 주변의 친구를 이용하려는 행동

(2) 주변 친구들의 협조 구하기

이런 학생은 친구관계를 중요시하면서도 친구를 배려하지 않기 때문에 친구들로부터 인기가 없는 경우가 많다. 하지만 거짓말하는 이유 중의 하나는 친구나 주변 사람들의 인정을 받고자 하는 욕구다.

친구들에게 민경이를 이해할 수 있도록 설명을 해 주고 구체적으로 돕는 방법을 찾아보는 것이 좋다. 특히 거짓말하고 핑계를 대는 것을 교사나 친구들이 알고 있음을 깨닫게 할 필요가 있다.

(3) 집중하여 칭찬해 주기

교사가 칭찬스티커 판을 만들어서 날마다 민경이의 긍정적인 모습을 찾아 칭찬해 준다. 그리고 일정기간을 정하여 놓고 일정량의 스티커가 붙여지면 반 모든 친구들 앞에서 민경이가 변하고 있음을 보여 주고 인정해 주는 기회를 갖는다. 그러면 민경이의 친구관계도 더 좋아질 것이다.

일반학생의 문제행동 2

욕하고 싸우며 시비 거는 행동

1 이런 일이 있었어요

초등학교 2학년인 성우는 장애학생은 아니지만 통합학급에서 자주 교사를 힘들게 한다. 쉬는 시간뿐만 아니라 수업시간에도 주변의 친구들과 툭툭 치며 자주 싸우고, 교사가 있어도 친구들에게 거친 욕을 하기 때문이다. 친구와 싸운 데 대해 교사가 나무라면 항상 친구가 잘못했다고 하고 자신은 잘못이 없다며 언제나 당당하다.

오늘도 성우는 쉬는 시간에 친구들과 언성을 높이며 말로 싸우는 모습을 보이더니 두 주먹을 쥐고 씩씩거리며 한 친구를 노려보고 있었다. 싸운 아이를 함께 불러서 이유를 물으니 성우는 그 친구가 먼저 자기에게 '메롱' 하며 약을 올려서 그렇다고 하였고 그 친구는 성우가 먼저 욕하며 놀렸다고 하였다.

누가 먼저 잘못했는지를 떠나서 교사는 이러한 상황을 너무 자주 접하였기에 날마다 이러한 상황을 만드는 성우를 바라보며 어찌하지 못하고 있다. 한두 번 지적하는 것도 아니고 교사가 야단을 쳐도 소 귀에 경 읽기다.

2 선생님 당황스럽지요

(1) 어쩌다가 저 학생이 우리 반에 와서 힘들게 할까

장애학생이라면 그나마 이해를 하겠는데 성우는 장애학생보다 더 교사를 힘들게 한다. 이런 상황 같으면 통합학급을 맡는 것이 더 좋았을 텐데 하는 생각이 든다. 이제는 나뿐만 아니라 우리 반 아이들도 성우를 피하는 분위기가 되고 있다. 올해는 공개수업도 많고 행사도 많은데 어떻게 지내야 하는지 많이 걱정된다.

(2) 특수학급에 보내면 안 되나

성우는 공부를 하는 것이나 지능 면에 있어서는 장애학생이 아니지만 친구들과 날마다 싸우며 잘 지내지 못하는 것을 보면 분명히 문제가 있다. 혹시 ADHD는 아닐까 의심도 해 본다. 하지만 성우의 부모님은 양육을 잘 못해서 그렇지 절대로 장애가 있는 것은 아니라고 하였고, 주변의 교사들도 그 정도는 아닌 것 같다는 의견을 낸다. 그래도 특수학급에 가면 성우에게 더 도움이 되지 않을까?

(3) 학습 분위기를 자꾸 깨는데 심하게 벌을 줄까

말썽을 피울 때 심하게 벌을 주면 좀 차분해지지 않을까 하는 생각이 든다. 벌을 받으며 땀이라도 뻘뻘 흘리고 나면 좀 차분하게 있을 것 같고 친구들과 싸움도 줄어들 것 같다. 솔직히 말하면 체벌이라도 해서 성우의 문제행동을 잡아야 한다는 생각도 든다. 그렇다고 정말 체벌을 할 수도 없고…….

(4) 담임교사를 너무 만만하게 보는 것은 아닐까

성우는 남자 교사 앞에서는 굉장히 차분하게 앉아 있고 말도 잘 듣는데 유독 여교사가 담임을 맡으면 더 문제를 일으키는 것 같다. 교사가 여자라고 무시하는 것은 아닌가하는 생각이 든다. 아니면 교사로서 내가 학생의 눈에 너무 약하고 부드럽게만 보이는 것은 아닌지 고민이다. 성우에게는 무섭게 학생을 다루는 교사가 필요할 것 같다.

(5) 학부모 상담이 꼭 필요한 학생이군

이 학생은 아마 집에서도 비슷하게 행동할 것이고 부모님들도 양육하기가 쉽지 않을 것이다. 그래도 학부모 상담을 해야 좀 더 파악이 될 것 같고 뭔가 새로운 방법을 찾을 수 있을 것 같다. 하지만 부모님들도 맞벌이로 바쁘게 생활하고 아버지도 학생에 대하여 크게 신경을 쓰지 않는 것이 마음에 걸린다. 그렇지만 학부모 상담은 꼭 해야겠다.

3 아! 그랬구나

성우는 장애학생이 아니다. 하지만 교실에서 생활하는 것을 보면 장애학생보다 교사를 힘들게 하고 친구들과의 관계도 원만하지 못하다. 성우는 부모님이 모두 계시지만 아버지의 재혼으로 친어머니가 아니며 동생도 새로운 어머니 사이에서 태어났다.

아버지는 직장에서 늦게 퇴근하여 들어오기 때문에 아이들과 대화하는 시간이 짧고 어머니는 새로 태어난 어린 아들을 돌보기 바쁘다. 또한 자녀들의 양육과 교육에 대한 부부의 시각 차이가 크고, 가정에 경제적인 어려움이 있어 부부싸움도 잦은 편이다. 그리고 성우가 잘못했을 때 아버지는 강한 체벌을 하며 폭언도 많다. 친구들과 싸우면 이기고 들어오라고 하고 자꾸 까불면 때리라고 주문한다고 한다. 성우의 입장에서 생각해 보자.

첫째, 거짓말하고 핑계 대는 행동은 일단 혼나지 않기 위해서다. 거짓말을 하거나 좋지 못한 행동 결과를 합리화하기 위해 핑계를 대면 상대방은 그냥 넘어간다는 것이 학습되어 습관화되어 있다.

둘째, 욕하는 행동은 가족과 주변의 친구, 동네 형들로부터 배웠다. 하교하면 주로 동네 형들과 같이 어울리는데 그 형들이나 성우는 욕을 대화의 기본으로 삼고 생활한다. 그러니 교실에서 친구들에게 욕하는 것이 너무도 쉽고 당연해진다.

셋째, 싸우거나 말을 안 듣는 행동을 살펴보면 경쟁심과 자존심에 원인이 있다. 교실에서 게임을 하면 반칙을 해서라도 이기려고 하고 패하면 분을 삭이지 못하고 눈물을 흘리며 씩씩거린다. 그리고 친구나 어른과 대화 중에 자신에게 조금이라도 불리하거나 자존심을 건드리면 바로 싸우거나 화가 나서 과격하게 행동한다.

전체적으로 성우는 가족과 타인으로부터 받는 사랑과 대화가 부족하다. 그리고 구체적인 사랑표현법과 대화의 방법이 미숙하다. 그래서 자신을 위해 배려해 주어도 오해하고 화를 자주 내며 친구들과 대화를 하다가도 쉽게 싸움으로 번지곤 한다. 성우에게는 관심과 사랑이 필요한데 문제행동만 크게 보인다.

- 자신이 무시당하지 않으려고 목소리를 높이는 것이다.
- 친구들의 관심과 교사의 사랑을 받기 위해서다.
- 자존감이 아닌 자존심을 지키기 위해서다.

4 이렇게 해 봤어요

(1) 상담을 통해서 학생의 마음을 읽는다

친구들과 싸우고 욕하는 행동을 한 날 교사는 성우와 개인 상담을 했다. 성우는 자신이 잘못한 행동을 알고는 있으나 친구들도 잘못을 한 것이니까 큰 일은 아니라고 생각하고 있었다. 또한 아버지에 대한 신뢰가 상당하여 아버지가 친구들이 까불면 두 번은 참고 세 번째는 때려도 된다고 하였기에 그랬다고 하였다.

그렇지만 자신이 그런 행동을 하면 친구들도 싫어하고 욕하면 안 된다는 것도 알고 있어 참으려고 해도 자꾸 싸우고 욕하는 행동이 반복된다는 고백을 들을 수 있었다. 그리고 다시 노력하겠다며 눈물을 흘리는 성우를 보니 교사와 친구들의 지속적인 관심과 애정이 꼭 필요한 학생이라는 것을 알았다.

(2) 게임을 통해 기다리는 것과 규칙을 지키는 것을 배운다

주사위 게임, 가감산 게임, 구구단 게임, 팀별 고리던지기 게임 등을 통하여 다양한 규칙을 지켜야 한다는 것을 알게 하였다. 때로는 게임을 잘 못하는 친구가 답답하다며 나서서 해결하려고 하고 자기 팀이 진다고 펄쩍 뛰기도 하였지만 교사가 애정을 갖고 참도록 눈길을 주자 한결 부드러운 모습으로 바뀌는 것을 볼 수 있었다. 그리고 친구들과 게임에서 패해도 그렇게 화내거나 싸울 일이 아니라는 것을 강조하였다.

(3) 칭찬 스티커를 이용하여 문제를 해결한다

- 학교에서 하루 동안 욕을 안 했으면 스티커 한 장
- 싸웠어도 바로 화해하는 모습을 보이면 스티커 한 장

- 교사의 지시에 모범적으로 따르고 심부름을 한다면 스티커 한 장

5 이런 방법도 해 보세요

(1) 비슷한 사례

- 게임에서 패했다고 상대방을 때리는 행동
- 친구에게 욕을 하면서 싸움을 거는 행동
- 교사의 인정을 받고자 하는 욕구는 강하나 지시 따르기를 거부하는 행동

(2) 상담으로 풀어 봐요

이런 학생의 경우는 교사가 개인적으로 상담을 꼭 해야 할 필요가 있다. 상담은 학생의 잘못을 지적하려고 하는 것이 아니라 학생과 소통을 하고 이해하고자 하는 것이다.

- 학생의 생각을 들어 준다.
- 친구들의 입장에서 말해 보게 하고 교사의 입장도 알려 준다.
- 부모의 진정한 마음을 알도록 한다. 부모 상담을 통하여 대부분의 문제행동에 대한 원인을 예상해 볼 수 있다. 하지만 이런 학생의 경우 부모님들이 협조적이지 않을 수 있고 원인을 타인이나 사회에 둘 수도 있다. 그래서 교사는 좀 더 넉넉한 마음으로 상담을 해야 한다.
- 구체적으로 해결하는 방법을 찾아본다.
- 교사의 신뢰감을 심어 준다. 교사가 지속적으로 학생의 문제행동에 대하여 관심을 가지고 지도하고 있음을 가정에 알린다. 그리고 학부모와의 관계가 신뢰를 바탕에 두고 있다면 문제행동을 지도하기가 한결 수월해진다.

(3) 게임 학습으로 풀어 봐요

- 협력해야 하는 게임을 선정한다(예, 모둠별 주사위 게임).
- 작은 숫자에 실망하거나 큰 숫자에 흥분하지 말자. 주사위의 숫자를 마음대로 하지 못하는 것처럼 게임을 통하여 이길 수도 있고 질 수도 있음을 받아들일 수 있게 한다.
- 친구들과 모둠이 되어 함께하는 과정에 집중하자.
- 승패에 관계없이 기뻐하고 축하해 주자. 꼭 이겨야 재미있다는 생각보다 친구들과 함께하는 것이 즐겁다는 것을 느끼게 한다.

(4) 특수교사와 협력하기

- 특수교사와 문제 상황에 대하여 구체적으로 협의한다. 특수교사와 친하면 친할수록 더 많은 해결방법이 나올 수도 있고, 도움을 받을 수도 있는데 협력을 귀찮게 여긴다거나 관계를 어렵게 생각하면 안 된다.
- 통합학급과 특수학급에서 연계 가능한 지도방법을 논의한다.
- 두 교사의 협력으로 문제행동을 해결해 간다.

(5) 학부모와 연계하여 지도하기

- 학생의 부모와 상담을 통하여 문제 상황을 공유한다.
- 학생의 놀이 친구를 파악하고 특별한 일이 있으면 정보를 공유한다. 학교뿐만 아니라 동네에서 놀이친구나 동네 형, 동생관계를 파악하면 학생의 생활을 파악하는 데 도움이 된다.
- 학생과 부모가 신뢰할 수 있는 방법을 찾아보고 부모와 협력한다.

일반학생의 문제행동 3 수업시간에 집중하지 못하는 행동

1 이런 일이 있었어요

중학교 중간고사 시험기간 중 둘째 날 2교시 국어 시험 시간이었다. 시험지를 나눠 주자 아이들은 한 문제 한 문제 집중하여 문제를 풀어 나갔다. 10분쯤이 지났을까, 제일 오른쪽 끝자리에 앉은 한 아이가 가방에서 종이로 만든 온갖 장난감을 책상 위에 꺼내 놓기 시작했다. 종이로 만든 방패, 종이로 만든 칼, 종이로 만든 비행기 등. 시험을 치르는 중이라 부정행위가 될 수 있어서 가까이 가서 집어넣도록 지도하였다. 아이는 아무런 표정 변화 없이 가방에 집어넣었다. 그러고 나서 5분 후 그 아이는 다시 종이로 만든 장난감을 책상 위에 꺼내 놓았다.

시험이 끝나고 담임선생님께 들은 이야기인데 아이는 수업시간에도 전혀 집중하지 못하고 지우개 가루를 만들어서 다시 뭉치고 다시 가루를 만들고 다시 뭉치는

행위를 반복하거나 공책을 모두 찢어서 장난감을 만든다고 한다. 당연히 성적은 하위이며 사칙연산조차 잘하지 못한다.

2 선생님 당황스럽지요

(1) 이 아이는 장애학생보다도 더 집중력이 부족한 것 같아

수업시간에 고개를 들고 선생님의 말씀을 듣는 경우를 볼 수가 없다. 늘 자기 책상 위의 물건을 보며 자기만의 세계에 빠져 있다. 혼도 내 보고 뭔가를 시켜 봐도 변화가 없다. 말귀도 못 알아듣는 것 같고 답답하다.

(2) 장애학생은 지원이나 도움이라도 받지만 이런 학생들은 정말 사각지대야

특수학급 학생이면 나름대로의 교육과정과 사회적응훈련 등을 받게 된다. 하지만 이런 학생들은 정말 특수학급에 있어야 할 것 같은데 일반학생으로 분류되어 있어서 학급에서 수업을 받거나 친구들과 적응하는 데 어려움이 많으며 담임선생님도 지도하기가 어렵다.

(3) 부모님께 아이의 이런 상황을 어떻게 말씀드리지

여러 가지 검사를 통해서 진단을 해 보면 아이의 상황에 대해서 알 수 있고, 그에 적절한 교육을 할 수 있을 텐데 부모님들은 검사를 권유하면 아이를 비정상인 취급했다며 서운해하신다. 여러 가지 예를 들어 말씀을 드리면 "우리 아이가 수줍어서 적응을 잘 못 하는 것 같다."고 말씀하실 뿐이다. 이럴 때 참 난감하다.

3 아! 그랬구나

수업시간에 집중을 잘 못하고 수업과 상관없는 일을 하거나 고개를 숙이고 공책이나 책에 낙서만 하는 아이들이 있다. 이런 학생들의 대부분은 기초가 부족하다.

수업에 대한 이해가 부족해 좌절을 많이 겪었고 그로 인해 수업에 대한 자신감과 흥미를 잃은 상태다. 기초가 부족한 것도 문제이지만 학습에 대한 의욕이 없다는 것이 교사들을 더욱 고민하게 하는 부분이다.

수학이나 과학, 영어 같은 어려운 과목에 대해 흥미를 잃는 것뿐만 아니라 쉽게 접근할 수 있는 미술이나 음악, 체육 등에서도 어려움이 많다. 이런 아이들은 대부분 성실하지도 못해서 중 · 고등학교에서 과제물이나 학습과정에 대한 평가에서도 낮은 점수를 받게 된다.

그러나 기초가 부족한 이유가 학생만의 문제라고 보기는 어렵다. 대체로 가정에서 관리가 잘 안 되거나 학습에 흥미를 갖도록 잘 이끌지 못한 경우일 수 있다.

4 이렇게 해 봤어요

(1) 튜터를 통해 배움을 알아 가기

40명이 넘는 과밀학급에서 이런 학생들을 지도하기란 정말 쉽지 않다. 영어, 수학은 수준별 이동수업이 있으니 이런 학생들에게도 수준에 맞는 수업을 할 수 있다고는 하지만 그곳에서도 소외되기는 마찬가지다. 오히려 수준별 수업조차 따라가지 못해 더 큰 상실감을 맛보기도 한다. 이런 학생들에게 도움을 줄 수 있는 또래 친구가 있다면 학생의 성장에 큰 도움이 될 수 있다.

수업시간에 배우는 내용을 배제하고 초등학교 수준부터 다시 공부하는 것은 실제적으로 어렵다. 그 정도의 공부가 필요하다면 이 학생들을 위해서는 일대일 지원이 필요하다. 선진교육을 하고 있다는 북유럽의 국가들은 이런 학생들을 위한 국가적인 지원이 있어서 학생들이 좌절하지 않고 배움을 이어 갈 수 있다.

하지만 우리나라에서는 교사가 지원해 주는 데 한계가 있는 상황이므로 또래 친구를 활용하는 방법을 쓸 수 있다. 꼭 공부를 잘하는 학생이 아니더라도 열 가지를 배웠다면 한두 가지 정도는 가르치는 도움을 줄 수 있다. 학급에서 활발하고 긍정적인 학생을 튜터로 정하고 튜터와 짝을 지은 후 수업을 보조할 수 있도록 한다면 소외되는 아이가 없는 학급을 만들 수 있을 것이다.

(2) 여러 교과 교사가 함께 관찰하고 고민하기

중 · 고등학교에서는 과목마다 교사가 다르기 때문에 한 학생의 수업태도 또한 다르게 보인다. 열 개가 넘는 과목 중에서 아이가 남달리 관심을 보이는 과목이 있을 수도 있지만 모든 과목에서 소외되어 참여하지 못할 수도 있다. 한 학생을 여러 교사가 집중적으로 관찰하고 함께 고민한다면 좋은 방법을 찾을 수 있다. 주의할 점은 아이가 수업에 참여하지 않으면서 방해하지도 않기 때문에 교사의 관심 밖에 있게 되는 것이다.

담당교과 선생님끼리 학생들의 상황에 대해서 각자 관찰하고 함께 고민하는 것은 이런 아이들을 수업으로 끌어들이기 위한 방법이다. 실제로 수업시간에 집중하지 못하고 다른 행동을 많이 하는 학생을 함께 관찰해 달라고 부탁할 때 누구인지, 어디에 앉아 있는지 물어보는 경우도 있다. 그만큼 이런 아이들은 교실에서 소외되는 경우가 많고 이런 것이 학습결손으로 누적될 수 있다.

여러 담당교과 선생님에게 부탁을 하여 학생의 상황을 이해하게 하는 것도 좋다. 이는 담당교과 선생님이 학생을 좀 더 자세하게 관찰하고 고민할 수 있는 계기를 만들기도 한다.

5 이런 방법도 해 보세요

(1) 비슷한 사례

- 떠들지도 않지만 수업에도 참여하지 않는 행동
- 수업 중 책상 위에 놓인 물건만 만지작거리는 행동
- 수업시간에 고개를 숙이고 책이나 공책에 낙서만 하는 행동
- 수업시간에 샤프나 연필, 지우개 등을 분해하거나 자르기를 반복하는 행동

(2) 지속적인 1:1 만남

이런 학생들의 경우 소극적이고 말수가 적다. 혼자 할 수 있는 컴퓨터 게임을 즐기고 친구들과도 교류하지 않는다. 물건도 잘 잃어버리고 챙기는 것도 잘 못한다. 이로 인해 선생님들께 꾸중을 듣는 경우도 다반사다. 담임선생님과 상담을 할 때도 너무 말이 없어서 상담을 다른 학생들로 미루다 보니 제외되기도 한다.

하지만 이럴수록 아이와 만나서 친해지고 교류하며 아이에게 내재되어 있는 능력을 끌어내는 것이 필요하다. 이런 아이들도 분명 마음에 맞는 친구들과는 수다를 떨 정도로 교류할 수 있을 것이다. 그런 교류를 교사와 1:1로 만나면서 이룰 수 있다면 학습능력 면에서 당장 큰 효과를 보지는 못하더라도 적어도 성실성을 갖추거나 수업시간에 고개를 들 수 있는 자신감을 찾을 수 있을 것이다.

(3) 가정에서 아이가 어떻게 지내는지 살펴보기

이런 학생들의 경우 가정에 상황을 자세하게 알릴 필요가 있다. 가정에서는 '우리 아이가 좀 산만하지요, 집중을 잘 못하는 것 같아요, 아직 어린 것 같아요.' 라며 아이가 실제로 학교 수업에 참여하지 못하는 것을 크게 문제 삼지 않는 경우가 많다.

단순히 수업을 재미없어 한다거나 집중을 못하는 것이 아니라 자세한 사례를 들면서 아이의 상황을 실제적으로 설명해 주는 것이 필요하다. 아이의 상황을 더 나쁘게 말하거나 대수롭지 않다는 듯이 말하는 것이 아니라 정확하게 묘사하는 것이 중요하다.

또한 가정에서는 아이가 어떻게 지내고 있는지, 어린 시절 부모의 양육태도 및 누구에 의해 양육되었는지도 알아볼 필요가 있다. 부모님도 문제 상황을 알아야 하며 어떻게 해야 할지 어려워하실 경우에는 슬며시 상담이나 진단검사의 방법을 권해 보는 것도 좋다.

이때 교사는 문제가 있어서가 아니라 아이가 어려움을 겪고 있는데 그 어려움을 좀 더 자세하게 알 수 있다면 도움을 주는 방법도 구체적일 수 있다고 설명한다. 부모님께서 원하시지 않을 때는 시도하지 않는 것이 좋다. 너무 강압적으로 검사를 권하면 교사가 자신의 아이를 이상하게 생각해서 미워하거나 싫어한다고 생각하는 등 예상치 못한 결과를 만들 수도 있다.

(4) 멘토제 활용하기

- 동네의 저소득층 학생을 위해 마련된 공부방을 알아보고 연계해 준다.
- 대학생 자원봉사자를 구하여 1:1로 연결해 주어 학습지도를 돕는다.

일반학생의 문제행동 4 친구들과 어울리지 못하는 독특한 행동

1 이런 일이 있었어요

중학교 2학년 여진이는 언제나 수업시간에 조용히 앉아서 친구들의 모습을 관찰하는 것이 하루 일과다. 가만히 친구들을 쳐다보는데도 친구들은 싫은지 담임선생님께 여진이가 자꾸 자신을 쳐다보아서 신경이 쓰인다고 한다.

여진이의 성적은 거의 하위권이지만 그렇다고 특수교육을 받아야 할 정도로 장애가 있는 것 같지는 않다. 글씨도 또박또박 잘 쓰고 그림도 곧잘 그리며 얼굴도 예쁘게 생겨서 조금만 도움을 주면 잘 지낼 것 같다. 그런데 같은 반 친구들은 여진이가 너무 특이해서 싫다고 한다. 어떻게든 짝을 만들어서 친구를 만들어 주려고 하지만 여진이를 친구로 받아 주고 살뜰하게 챙겨 주는 짝을 만들어 주는 것이 힘들다.

2 선생님 당황스럽지요

(1) 특별히 장애가 있는 것 같지도 않은데 여진이는 왜 친구들과 어울리지 못할까

꼭 의학적으로 장애의 유무에 따라서 사회성의 문제 유무가 생기는 것은 아니다. 의학적으로 정신지체나 자폐성장애, 청각장애 등의 진단을 받아도 자라 온 환경이나 성격적인 부분에 의해서 다른 친구들과 어울리는 것을 좋아하는 아이들도 많다. 아마도 여진이는 가정환경이나 본인의 성격적인 부분에 의해서 사회성 발달이 지체된 것일 수 있으므로 이에 대해 알아내야 할 것이다.

(2) 우리 반 아이들이 여진이를 조금만 이해하면 될 텐데 왜 그렇게 싫어하지

한참 사춘기를 겪고 있는 학생들은 또래의식이 강하다. 그러므로 자신이 여진이와 어울리면 다른 친구들에게 거부를 당할지도 모른다는 생각을 할 수도 있다. 하지만 모든 아이들이 여진이를 싫어하지는 않을 것이다. 여진이와 함께 어울릴 수 있는 그룹도 분명 형성될 수 있으니 이를 잘 살펴보는 것이 중요하다.

(3) 여진이 같은 학생은 특수학급에 가서 수업을 받으면 더 좋지 않을까

간혹 여진이처럼 특별히 의학적인 문제가 없는데도 불구하고 또래관계 형성에 어려움을 겪어 특수학급에 들어가는 학생들이 있기도 하다. 특수학급에 들어가면 분명한 득과 실이 있게 마련이다. 장애가 있어 특별한 도움이 필요한 경우가 아니라 단순히 학급에 적응이 어렵다고 해서 특수학급에 들어가면 득보다 실이 많을 수 있으니 학부모, 담임교사, 특수교사와 충분한 상담을 한 후 결정해야 한다.

3 아! 그랬구나

여진이는 얼굴도 예쁘고 그림도 잘 그린다. 그래서 늘 친구들과 함께 지내고 싶지만 선뜻 친구들에게 다가가기가 어렵다. 왠지 친구들이 자신을 싫어하는 것 같고 친구들이 거부할 것 같기 때문이다. 초등학교 때는 반에 10명 정도밖에 되지 않아서 친구들과 그런대로 어울릴 수 있었는데 중학교에 오니 반 친구들도 너무 많고 어떤 친구와 함께 어울려야 하는지도 모르겠다. 다시 시골학교로 전학을 가거나 아예 학교에 다니지 않았으면 좋겠는데 그럴 수도 없고 어떻게 해야 할지 모르겠다.

어려서부터 예쁘다는 소리도 많이 들었고 할아버지, 할머니, 엄마, 아빠, 오빠 모두 여진이를 사랑해 주었으며 발달에 있어서는 그리 빠르지도 않았지만 아주 늦지도 않았다. 다만 말이 조금 늦었다. 늘 조심스럽게 말했고 말을 하면 틀릴까 봐 불안해했다.

어른들은 여진이가 늦게 말을 해도 다 들어 주시는데 친구들은 답답해한다. 그래서 더 친구들하고 이야기하기가 어렵다.

4 이렇게 해 봤어요

(1) 여진이의 좋은 점 먼저 발견하고 칭찬하기

여진이는 그림을 참 잘 그린다. 미대를 가는 것이 꿈인 여진이를 환경부에 넣어서 환경미화 활동에 함께 참여할 수 있도록 했다. 가위질도 잘하고 그림도 잘 그리니 환경부 학생들도 여진이를 거부할 이유는 없다. 사회성이 부족하고 말을 조리있게 잘 하지 못하는 여진이가 친구들과 함께 어울릴 수 있도록 했다. 환경미화 심사를 위한 준비기간 2주 동안 하루에 1시간씩 교실 환경꾸미기에 함께 참여하도록 하고 꼭 담임교사가 함께했다. 담임이 먼저 여진이에게 말을 걸고 이야기를 듣는 것을 학생들에게 시연한 것이다. 늦기는 하지만 또박또박 말을 하는 것을 보고 친구들도 조금씩 마음의 문을 열었다.

(2) 좋은 친구 그룹 만들어 주기

여학생들은 무리 지어서 노는 것을 좋아한다. 화장실을 갈 때도 꼭 누군가와 같이 가고 밥을 먹을 때도 함께 먹고 청소를 할 때도, 교무실을 갈 때도 자신이 속한 무리에서 떨어지면 큰일이라도 나는 것처럼 생각한다. 여학생 20여 명의 그룹이 있으면 그 안에서 또 3~4그룹 정도가 나뉜다.

공부 잘하고 조용한 무리의 학생들, 반의 분위기 메이커인 무리의 학생들, 공부보다는 멋 내고 노는 것을 즐기는 학생들 그리고 어느 무리에도 들지 못하고 둘이만 뭉쳐 다니거나 아니면 아예 입을 닫고 사는 아이들 등이다.

교사는 이 학생들이 모두 잘 어울릴 수 있도록 해야 하겠지만 각각의 무리의 특성이 확연한 경우에는 참 어렵다. 다만 친구들과 어울리지 못하는 여진이와 같은 학생이 어느 한쪽의 무리에라도 끼어서 밥도 먹고, 체육도 함께할 수 있도록 해 주는 것이다. 그룹의 구성원 중 다른 학생이 끼어드는 것을 매우 싫어하지만 차마 교사의 말을 거절하지 못하고 끼워 주는 척이라도 하는 아이들도 있으나 때론 나와 달라도 잘 보살펴 주는 따뜻한 심성을 가진 친구가 있다.

어느 그룹에서든지 따뜻한 심성의 학생을 잘 관찰하여 칭찬하고 격려해 주면서 여진이가 그룹에 조금씩 적응할 수 있도록 격려해 주는 것이다.

(3) 집단상담 받아 보기

여진이와 같이 자기표현이 서투른 학생들은 자기표현을 하는 방법을 배워야 한다. 대부분의 학생들이 일상생활에서 저절로 습득하는 것과는 달리 내성적이고 소심한 학생들은 친구관계에 갈등이 발생했을 때 적극적으로 대처하지 못하게 된다. 이와 같은 경험이 누적될수록 친구관계 형성에 어려움을 겪고 다른 친구들도 으레 여진이는 말이 없고 조용한 아이라며 배제하고 자기들끼리 관계를 형성해 간다.

보통 상담은 문제가 심각한 경우에 받는 것이라고 생각하기 쉽지만 작은 문제 하나가 발생했을 때, 학생이 적극적으로 대처하지 못하고 힘들어한다면 전문기관의 도움을 받아 보는 것도 하나의 방법이 된다. 요즘에는 다양한 인간관계훈련프로그램도 많고 이러한 도움을 받을 수 있는 기관도 많으므로 이를 적극적으로 활용해 보는 것이 좋다.

5 이런 방법도 해 보세요

(1) 비슷한 사례

- 학교에 오면 아무런 준비도 하지 않고 가만히 책상에 앉아만 있는 행동
- 다른 친구들과는 전혀 어울리지 못하고 한 친구만을 따라다니는 행동
- 통합학급에는 말도 못 하고 특수학급에서만 이야기를 하는 행동

(2) 학생의 다양한 적성 및 성격검사를 통해 객관적으로 학생 판단하기

이러한 학생들의 경우 대부분 눈에 보이지는 않지만 여러 가지로 성격적인 부분이나 대인관계 영역에서 어려움을 겪고 있을 가능성이 많으므로 지능검사와 더불

어 성격검사, 적성검사 등을 통해서 구체적인 문제 영역을 파악해 볼 필요가 있다.

대부분의 선생님들은 학부모에게 아이가 문제가 있으니 검사를 받아 보시라는 말을 하는 것이 세상에서 제일 어렵다고 말한다. 하지만 이러한 학생의 문제가 저학년일 때 해결될수록 특별한 장애를 가지지 않는 한 교사와 학부모의 관심만으로도 학생은 상태가 좋아진다. 그래야 중 · 고등학교에 갔을 때, 집단 따돌림과 같은 상처를 받지 않을 가능성이 높아진다. 가정에서는 다양한 욕구가 존재하기보다는 부모와 자식 간의 욕구만이 존재하므로 성격이 조용하다고 해서 큰 문제가 발생하지는 않는다. 하지만 요즘처럼 자기주장이나 자기표현이 솔직한 세대에서는 표현력의 어려움이 친구관계의 어려움으로 이어지게 된다.

(3) 집단상담 및 개인상담 프로그램 활용하기

학교마다 상담교사가 상주해 있거나 지원이 되는 경우가 많다. 이러한 제도를 이용하여 개인적으로 상담을 받기 곤란하다면 반 친구들과 어울려서 집단상담을 받게 하거나 도움교사의 도움을 통해 개인상담을 받아 볼 수 있도록 지원해 주면 좋다.

일반학생의 문제행동 5 장애학생에게 일부러 장난을 쳐서 통합학급에 적응하기 어렵도록 하는 행동

1 이런 일이 있었어요

중학교 3학년 수학시간이다. 장애학생인 민수가 갑자기 '듣기 싫어, 하지마.' 라고 소리치며 괴로운 표정을 하고 있다. 선생님과 아이들이 깜짝 놀라서 민수를 쳐다본다. 민수는 뒤에 있는 아이에게 '하지마.' 라는 말만 반복한다. 뒤에 있는 상호는 당황스럽다는 표정이다. 민수에게 왜 그러냐고 물어보자 민수는 뒤에서 자꾸 '치치치' 하는 소리가 난다고 했다. 상호를 쳐다보자 상호는 아니라며 딱 잡아뗀다.

그러자 민수는 분명히 상호가 그랬다고 말했다. 수업이 끝나고 민수를 교무실로 데리고 가서 상호가 진짜 그랬는지 물어보았다. 그러자 민수는 자기가 잘못 들은 것 같다면서 황급히 나가 버렸다.

2 선생님 당황스럽지요

(1) 누구의 말을 믿어야 할까

민수는 작은 소리라도 규칙적이면 민감하게 반응하는 편이다. 상호가 그러지 않았는데도 우연치 않은 어떤 소리에 그렇게 들린 것은 아닐까? 이런 일이 수업시간에 벌어지면 누구의 말을 믿어야 할지 난감하다.

(2) 당연히 상호가 그랬겠지. 이 녀석을 무섭게 혼낼까

학급 내 폭력 관련 설문에서 상호가 민수를 괴롭힌다는 이야기가 나왔었다. 그래서 학생부에서 벌을 받기도 했지만 민수가 소리 지르는 일은 줄어들지 않는다. 거짓말하지 말라고 상호를 무섭게 혼내 버릴까 싶다. 하지만 본인이 인정하지 않는데 혼을 낼 수는 없다. 전에 그런 적이 있다고 무조건 상호가 했다고 볼 수는 없다. 상호의 자백을 받아야하는데…….

(3) 상호를 혼내면 선생님이 안 계실 때 민수를 괴롭히지는 않을까

상호는 나름 학급에서 힘이 있는 아이이다. 지금 내가 상호의 말을 무시하고 혼내면 상호는 선생님이 안 계실 때 민수를 괴롭힐 수 있다. 그런 이유를 알아서인지 오히려 민수는 이제 괜찮다고 말하고는 회피하려 한다. 너무 어려운 관계다.

(4) 민수가 그런 소리에는 이제 익숙해지면 좋겠는데

상호를 비롯한 학급 아이들은 민수가 소리에 크게 반응하기 때문에 그런 반응을 보기 위해서 일부러 그럴 수도 있다. 무시해 버리고 반응하지 않으면 학급 아이들은 재미가 없어서라도 그만둘 텐데 민수가 그런 소리를 무시해 버릴 수 있으면 좋겠다.

3 아! 그랬구나

상호는 티 안 나게 민수를 힘들게 할 수 있는 방법을 알고 가만이 있는 민수에게 시비를 거는 것 같다. 민수가 상호의 그런 소리에도 반응을 하지 않으면 좋겠지만, 민수는 그럴 수 없는 장애학생이다.

자폐성장애 및 정신지체 아이들은 외부의 자극에 민감하다. 반대로 생각하면 외부의 자극이 없다면 평화롭게 생활할 수 있다는 뜻이다. 특정 자극! 즉, 특별한 발음, 소리, 행동, 말투 등은 장애학생을 자극하기 쉽다. 일반아이들도 듣기 싫은 소리가 있듯이 장애학생들도 싫어하는 소리가 있다. 그 소리를 듣게 되었을 때 일반

학생들과 다르게 장애학생들은 좀 더 강하게 표현할 수 있다.

싫다는 표현을 일반학생들처럼 하면 주위 사람들이 잘 몰라 주니 강하게 표시하는 것일 수도 있다. 하지만 이때 일반학생들이 다른 아이들과 다르게 반응하는 것을 재미있어 하며 장난을 치는 일이 생긴다. 장애학생들 중에는 이런 스트레스로 인해서 자해를 하기도 한다. 일반학생이든 장애학생이든 싫어하는 것은 분명히 있다. 그것을 가까이 있는 친구가 한다면 당연히 기분 나쁠 것이다.

4 이렇게 해 봤어요

통합학급에서 장애학생들은 일반학생들과 잘 어울리지 못하는 경우가 많다. 중학생 아이들 정도라면 친구를 이해해 주는 마음이 클 것 같지만 막상 학교에서 아이들을 만나 보면 그렇지 않아 실망하기도 한다. 민수가 무탈하게 수업을 잘 받을 수 있게 하기 위해서는 상호에 대한 교육이 필요하다.

대부분의 교사들은 상호처럼 장애학생을 괴롭히는 아이들이 있으면 그 자리에서 혼을 내거나 교무실로 데리고 와서 혼을 내는 경우가 많다. 그래도 상호처럼 순순히 벌을 받는 아이들은 마음속에 분명 잘못된 행동이라는 양심을 가지고 있는 것이다. 그 양심을 제대로 발휘하지 못해 잘못을 저지르기는 하지만 자신 때문에 민수가 크게 반응하고 수업에 방해를 준다는 것도 잘 알고 있다.

하지만 선생님들은 상호가 잘못을 모른다고 생각하고 너무 못된 아이라고 평가하며 아이를 책망하고 화를 내게 된다. 이렇게 되면 상호 같은 아이들은 앞으로 두 가지로 행동하게 된다. 선생님께 혼나는 것이 두려워서 민수를 괴롭히지 않거나 아니면 지금은 가만히 있다가 선생님이 안 계시는 곳에서 또 그런 행동을 반복하는 것이다.

하지만 우리가 바라는 것은 두려움에 떨면서 행동을 고치거나 또는 선생님이 계신 곳에서만 잘해 주는 척하는 것이 아니다. 우리가 바라는 것은 아이가 함께 살아간다는 것에 대해서 알고 누구나 서로에게 도움이 될 수 있는 존재라는 것을 아는 것이다.

수업 중에 민수와 상호가 했던 행동에 대해서 당장 혼내서 끝을 보겠다고 생각하지 말고 상호의 그런 행동은 정말 긴 시간을 두고 고쳐 가야 한다. 그리고 상호에게 진심일 수 있도록 둘이서만 만나서 이야기하게 한다. 민수가 어떤 친구인지, 어떤 것을 싫어하는지, 어떻게 도와줘야 하는지, 민수는 상호와 어떤 관계를 맺고 싶어 하는지, 민수도 상호와 마찬가지로 이 사회에서 꼭 필요한 사람이 되고 싶어 한다는 것 등을 이야기하며 상호가 변화하기를 기다리는 것이 진정 필요한 일이 아닌가 싶다.

수업 상황에서 이런 일이 생길 때는 민수가 상호가 소리를 냈다고 하는 말과 상호가 자기는 그런 적이 없다고 하는 말 둘 다를 모두 듣고 교사는 알았다고만 한다. 그리고 교사가 둘 다의 이야기를 알고 있으니 수업 끝나고 같이 이야기하자고 말하고 계속해서 둘을 관찰할 것이라는 것도 함께 말해야 한다. 수업이 끝난 후 둘과 함께 이야기하지 말고 따로따로 불러서 이야기하는 것이 좋다. 혼내려는 것이 아니라 먼저 상황을 잘 알고 싶고, 서로에 대해서 이해가 부족했다면 도와주고 싶은 마음이라고 한다. 그리고 이야기 중에 혹시 반성해야 할 것이 있다면 반성하고 책임을 져야 할 부분이 있으면 책임을 지도록 하고 싶어서라며 부드러우면서도 단호하게 말하는 것이 중요하다.

상호가 이런 지도에 단번에 변화된다면 좋겠지만 상호는 또다시 그런 행동을 할 수도 있다. 아이가 의도적으로 그런다기보다는 선생님이 지치지 않기 위해서다. 그렇게 잘 설명했는데도 또 그런 행동을 한 아이에게는 평정심을 찾고 다시 처음부터 이야기를 할 수 있는 자세가 필요하다.

5 이런 방법도 해 보세요

(1) 비슷한 사례

- 그림을 잘 그리는 자폐아에게 그림을 그려 달라고 계속 부탁하는 행동
- 정리정돈을 잘 하는 아이의 책상을 일부러 흐트러뜨리는 행동
- 장애학생이 하는 말을 똑같이 따라 하는 행동

• 장애학생을 일부러 때리거나 툭툭 치는 행동

(2) 특수교사와 함께 협력하기

장애아이의 행동에 대해서는 계속해서 관심을 가지고 관찰해야 한다. 관찰해 보면 특수학급에서와 통합학급에서 행동에 차이가 날 수 있다. 함께하는 구성원이 다르고 환경이 다르기 때문에 반응 또한 다르다. 특수학급에서는 얌전한 아이라 할지라도 통합학급에서는 다를 수 있기 때문에 어느 한쪽을 좋고 나쁘다고 할것이 아니라 두 가지 반응 모두 우리 아이가 가지고 있는 모습임을 알고 접근하는 것이 좋다.

(3) 통합학급 아이들과 함께 만들어가기

• 일반학생들이 장애학생을 이해할 수 있도록 장애학생이 되어 하루일과 글쓰기: '내가 장애학생이라면' 이라는 제목으로 아이들에게 우리 반에 있는 장애학생이 되어서 하루일과를 써 보게 한다. 답답하고 바보 같고 친해지기 힘들 것 같은 친구의 하루일과를 써 보는 동안 장애학생을 이해할 수 있다.

내가 승준이라면

– 이지선 –

나는 이승준이다^^ 아침에 교실에 들어선 순간 나에게 인사하는 사람은 별로 없었다. 사실 너무 속상했지만 표현할 수 없었다. 나는 친구들이 너무 좋은데 친구들은 나를 별로 안 좋아하는 것 같다. 하루는 내가 수업시간에 방귀를 뀌었다. 나는 집에서 하던 대로, 평소대로 했던 것뿐인데 애들이 수근거리고 쳐다보고 멀리 피하고 그랬다. 나는 왜 그러는지 모르겠다. 너무 슬프다.

또 종례시간에 선생님한테 궁금한 게 있어서 물어봤는데 애들이 째려보고 뭐라고 한다. 선생님이 다 말해 주신 건데 그렇게 또 물어보면 어떡하냐고. 그럴 땐 정말 왜 그러는지 모르겠다. 시간표도 궁금해서 물어보는 건데……. 친구들, 선생님이 싫어한다. 휴…… , 내가 여태까지 한 행동들을 이제 안 하려고 노력 중이다.

내가 승준이가 되어 보면서 느낀 건데…… 그동안 나를 포함한 친구들이 승준이를 너무 무관심하게 생각했던 것 같아서 미안하다. 정말로~! 앞으로 인사도 잘하고 물어보는 것도 짜증 내지 않으면서 잘 대답해 줘야겠다. 그리고 승준이가 틀리거나 잘 못하는 것이 있으면 바로잡아 주고 다시는 그런 행동을 하지 못하게 해야겠다. 승준아~ 사랑해!

- 장애학생을 관찰하고 살피도록 또래 도우미 활용하기: 중학교부터는 수업시간을 제외하고 아이들끼리 교실에서 생활하게 된다. 선생님이 안 계시기 때문에 아이들은 더욱 자유롭게 그리고 마음먹은 대로 행동한다.

  장애학생과 함께 생활하는 통합학급에서는 장애학생이 일반학생들과 다른 면 때문에 놀림의 대상이 되기 십상이다. 생각이 통하고 같은 이야깃거리가 있을 때 더욱 친해지는 10대에게 장애학생은 어쩌면 쉽게 친해질 수 없는 아이일 수도 있다.

  이때 그 친구를 도와주고 어려움이 있을 때 도움을 청할 수 있는 친구를 정해 주는 것은 좋은 방법이다. 또래 도우미를 선발하고 아이들에게 학급에 있는 장애학생의 특징, 싫어하는 것, 좋아하는 것 등을 설명해 주고 도움을 줄 수 있도록 아이들을 훈련시키면 좋다. 다음의 글은 한 학기 동안 또래 도우미로 활동한 학생의 후기다.

또래 도우미 활동 후기

- 김진선 -

처음 도움반 친구들에 대해 잘 몰라서 그들이 혼잣말을 하는 등의 일들이 우습기도 했다. 하지만 점점 친해지고 많은 것을 알고 나니 나의 처음 그 생각이 틀리다는 것을 알았다. TV에서 장애인들의 장애극복 같은 것을 봤는데 실제로 눈앞에서 보면서 그들도 잘하는 게 많음을 자연스레 배웠다. 장애인을 장애인이기 이전에 내 친구로, 같은 사람으로 볼 수 있는 눈을 가지게 된 것 같다. 덕분에 학교가 아닌 곳에서 장애인들을 봐도 거리를 두지 않고 대할 수 있을 것 같다. 앞으로 더 많은 장애인 친구들이 통합교육을 통해 일반인들이 장애는 아무것도 아니라고 생각하며 친해지고 통합교육을 안 하는 학교도 통합교육을 해서 내가 어른이 되었을 때쯤에는 장애인에 대한 인식이 개선되면 좋겠다.

좀 더 알아보기

* 장애학생 상담

개인적이며 독특한 요구를 지니는 장애학생을 일반학급이나 학교에서 분리하지 않고 일반학생과 같이 배치하여 교육을 하고자 하는 '통합교육' 이 교육현장에 뿌리를 내리고 있다. 공동체는 그 구성원이 어떠한 조건을 가졌더라고 소외되는 일이 없도록 해야 한다는 원론적인 주장을 넘어서, 장애학생의 통합은 실제로 해결해야 할 과업으로 나타나고 있다. 새로운 상담 영역의 확장과 상담의 전문화를 지향하려고 할 때 장애학생 상담은 매우 의미 있는 영역이 되며, 장애학생의 문제해결과정을 조력하고 그들의 삶의 질을 높이기 위하여 카운슬러가 보다 적극적으로 개입해야 할 것이다.

(1) 장애학생 상담의 개관

상담을 관계의 측면, 과정의 측면, 효과의 측면에서 살펴볼 때 장애학생 상담이 일반학생 상담과 다를 이유가 없다는 것을 알 수 있다. 특수교육자나 상담자들은 장애인이 살아가면서 경험하는 내적 · 외적 일들이 일반인들이 경험하는 일들과 그리 다르지 않다고 이야기한다. 그렇다면 상담에 있어 장애인들과의 관계도 마찬가지일 것이다.

현장에서 장애학생 상담은 장애아동 상담과 대체로 동의어로 사용되고 있다. 지금까지도 일반인이나 특수교육자들은 장애아동들에게 상담이 적용될 수 있는지에 대해 의심하고 있다.

(2) 장애학생 상담 영역

장애학생 상담의 영역은 몇 가지 기준으로 분류할 수 있다. 장애의 종류, 과제의 성격, 상담의 양식이 기준이 될 수 있다. 장애는 지적 장애, 시각장애, 청각장애, 지체장애, 정서 · 행동장애, 자폐성장애, 의사소통장애, 학습장애, 건강장애, 발달지체 등으로 분류된다. 과제의 성격에 따라서는 정신건강상담, 진로상담 및 전환교육, 부모교육과 상담, 부모 및 교사자문 등으로 나뉘고, 상담의 양식으로는 개인상담, 집단상담, 가족상담, 심리교육 등으로 나뉜다.

- 장애에 따른 영역: 장애의 종류에 따라 독립적인 상담 양식이 따로 존재한다고 생각하는 경향이 있다. 이것은 아주 정확한 생각이 아니다. 이유는 간단하다. 장애의 차이보다 개인의 차이가 더 크기 때문에 장애 종류의 차이에도 불구하고 장애인을 개인으로서, 인간으로서 이해하는 것이 더 적절하다.

  어떤 장애를 지니고 있든지 장애인은 먼저 인간으로서 이해되어야 한다. 장애인과 함께 살고 있거나 장애인을 돕고 가르치는 사람들은 한결같이 장애인은 일반인과 다른 점보다도 같은 점이 더 많다고 한다. 그들은 일반인과 같이 다양한 감정과 기대뿐만 아니라 좌절과 실망 그리고 인내, 타협을 경험하면서 성장해 간다. 그들은 자신의 의지와 기대에 따라 삶을 선택하고 실천한다. 그러나 그들은 장애의 영향을 받기 때문에 자기의 방식대로 장애를 극복하여 자아를 실현하기 위해 최선의 노력을 한다. 장애의 종류에 따라 특유의 행동양식을 개발한다는 견해도 있지만, 그것은 공통점과 유사점에 비해 오히려 작은 차이라고 보아야 한다.

  상담의 원리 측면에서 볼 때, 장애의 특성에 따른 내담자의 특성을 이해하는 것도 필요하지만 그것은 일반인의 상담에서 적용되는 무조건적 존중과 수용, 공감을 실천할 때 오히려 더 잘 이해될 수 있다. 어떻게 보면 개인의 차이는 장애로 인한 차이보다 훨씬 크기 때문에 장애로 인한 차이를 개인차의 영역 내에서 이해할 수 있을 것이다. 장애학생 상담을 일반상담과 연속선상에 놓기 위해서 검토되어야 할 과제는 장애학생 발달에 관한 지식이다. 장애아동은 장애로 인해 경험하는 곤란을 지니고 있어 일상생활 속에서 자신의 기대를 실현하는 과정에서 일반아동과 다른 발달양상을 보일 수 있다.
- 과제의 성격에 따른 영역: 상담은 부적응을 보이는 사람만을 대상으로 하는 서비

스 활동이 아니다. 상담은 적응적이거나 부적응적이거나 관계없이 내담자의 적응성을 향상시키는 데 기여한다. 장애인이 보이는 부적응행동은 장애 이전에 생활 적응 과정에서 발생하는 것이다. 즉, 장애인이 우울하고 불안한 것, 혹은 화가 나는 것은 장애와 부분적으로 관련되어 있지만 장애인의 속성, 즉 장애 자체로 인해 발생하는 것은 아니다. 가령, 지적 장애인이 정신질환을 지니고 있다고 할 때, 지적 장애가 있어서 정신질환을 지니게 된 것이 아니다. 이런 이유로 지적 장애인과 같은 장애인도 상담으로 도움을 받을 수 있다(Rappaport, 1995). 정신건강 혹은 적응 문제에 있어서 장애인의 문제와 일반인의 문제가 따로 있는 것은 아니다.

정신건강의 문제 외에 장애인 적응과 자아실현에서 중요한 과제는 직업인이 되기 위한 훈련과 취업 그리고 취업 후의 성공적 적응이다. 자조능력, 의사소통능력, 규칙준수능력, 지역사회시설 이용능력, 기초직업기능능력, 특정직업능력, 인간관계능력, 재산관리 및 증식 능력 등 여러 가지 직업과 관련된 능력의 훈련과 장애인 개인의 흥미, 적성, 직업성격, 환경 등에 대한 평가가 이 영역의 주 과제가 된다. 이런 훈련은 특수교육 전반에 걸쳐 체계적으로 교육되는 것이지만 장애아동의 특성에 대한 평가와 직업 훈련계획, 적합한 직업의 선정, 취직 후 심리적 적응의 조력 등의 과제는 특수상담자가 담당할 과제다.

부모교육과 상담도 장애인을 다루는 상담자에게는 중요한 과제다. 요즘 특수교육과 장애인 복지 분야에서는 가족지원서비스가 강조되고 있다. 더욱이 우리나라에서는 장애인의 가족이 심리적 · 경제적 부담을 크게 감당하고 있기 때문에 복지 지원이 적극적인 서구 국가보다 가족지원의 중요성이 더욱 강조될 수밖에 없다. 가족지원은 심리적 지원뿐만 아니라 고용지원이나 양육기술 지원 등 다양한 형식의 조력을 의미한다. 이 중에서 부모교육과 상담은 상담자에게 고유한 과제다. 장애인의 부모가 되면서부터는 다양한 단계의 심리적 적응과정을 거친다. 많은 장애인 부모들이 성공적인 적응과정을 거쳐 결국에는 장애인 자녀로 인해 더 성숙한 생활을 하게 되었음을 보고하고 있다. 그러나 그 과정은 결코 순탄한 것이 아니며, 그들은 자녀의 장애에 대해, 장애를 극복하는 방법에 대해, 장애자녀로 인해 손상되는 가족관계를 회복하는 방법에 대해, 장애자녀의 장래를 보장하는 방법에 대해 지식을 얻고 싶어 한다. 그러므로 상담자는 장애인 부모 개인의 심리과정이나 가족관계에 개입하고 또한 그들이 원하는 부모교육의 원리나 장애자녀를 조력하는 방법적 지식을 제공함으로써 그들이 보다 원활하게 적응해 갈 수 있도록 돕는다.

- 상담의 양식: 장애인에 대한 상담은 장애인 개인을 대상으로, 장애인 집단을 대상으로, 장애인 가족을 대상으로 실천될 수 있으며, 장애인과 부모의 심리적 과정과 대응방법에 대한 심리적 지식을 제공하는 심리교육의 방식으로 실천될 수 있다. 이것은 일반인을 대상으로 하는 일반상담의 양식과 같다. 장애학생 상담에서는 상담자 개인에 의한 노력도 중요하지만 관련 전문가와 가족 그리고 관련 지원기관의 자원과 능력을 효과적으로 활용하는 팀 접근이 일반인을 위한 상담보다는 훨씬 자주 활용된다.

(3) 장애학생 상담과정

상담의 과제를 크게 라포의 형성, 문제의 규정과 역동의 확인, 구조화, 목표 수립, 중재, 종결로 나누어서 각 과제를 해결하기 위해 필요한 기법들을 살펴본다.

- 라포의 형성: 라포란 상담을 가능하게 하는 내담자-상담자의 동맹관계이며 내담자 측면에서 볼 때 상담자에 대해 신뢰감을 느끼게 되는 것을 말한다. 상담에서 처음 임할 때 내담자는 여러 가지 불안하고 걱정스러운 마음을 지니고 있기 때문에 상담자에게 자신을 공개하는 일이 쉽지 않다. 상담은 내담자의 자기공개를 바탕으로 내담자의 감정을 조절하며, 내담자의 여러 가지 특성을 평가함으로써 진행될 수 있기 때문에 상담 초기에 상담자의 임무는 내담자의 자기개방을 촉진하는 것이며, 이를 통해 라포 형성이 이루어지게 해야 한다. 이 과제를 성공적으로 수행하기 위해 상담자는 내담자에게 주의를 집중하고, 내담자를 무조건적으로 존중하고, 내담자의 입장을 수용하며, 내담자에게 정확한 공감을 보여 준다.

이 초기의 기술들은 장애인이나 일반인을 상담하는 데 있어 다르지 않다. 그 이유는 앞에서도 설명했듯이 장애인은 먼저 인간이기 때문에 자신에게 주의가 집중되고, 자신이 존중받고 있음을 알아차리며, 자기가 정확하게 이해되고 있음을 느낄 때 그들이 경험하고 표현하는 것들이 공개될 가능성이 높다. 내담자가 어린 아동인 경우나 기능이 낮은 장애인인 경우에는 추상성이 강한 언어보다는 구체적 언어, 정교한 언어보다는 간결하고 명료한 언어를 사용하거나 그들에게 관심이 높은 놀이 혹은 그림을 사용하여 그들의 투사된 경험을 짐작해 볼 수 있다.

일상 언어를 사용할 때에도 상담자가 목소리, 자세, 거리 등을 조절하면서 내담자에게 주의집중과 '함께임'을 전달하는 것처럼, 놀이나 그림과 같은 보조수단을 활용할 때에도 내담자의 나이나 주제에 따라 놀이의 종류나 상담자의 자세 같은 변인을 조절하여 라포의 형성을 촉진시킨다.

- 문제의 규정과 역동의 확인: 인간의 행동을 흔히 환경과 자신 간의 적합성을 높이는 시도로 이해한다면 어떤 행동의 지속성은 적합성 혹은 적응 기능이 유지되는 것으로 이해할 수 있다. 이것을 상담학에서는 역동이라고 한다. 이것을 확인하는 일은 바로 상담가의 핵심 과제가 된다. 역동을 이해하기 위해서는 앞의 주의집중과 수용 등의 태도에 의해 내담자로부터 충분한 정보를 이끌어 내는 것과 함께 체계적인 이론적 지식의 적용이 필요하다.
- 구조화: 구조화는 내담자와 상담자가 지키는 상담의 틀로서 상담 관계를 사회적 관계와 분리시키고, 상담자의 개인적 욕구가 상담의 과정에 영향을 미치지 못하게 하는 역할을 한다. 구조화의 내용은 내담자에 따라 다르다. 이를 구별하는 능력은 상담자가 내담자의 문제와 역동을 정확히 이해할 때 생길 수 있기 때문에 적절한 구조화를 할 수 있기 위해서 상담자는 충분한 실제적 경험과 이상행동과 인간발달, 상담이론에 대한 충분한 지식을 구비하고 있어야 한다.
- 목표 수립: 목표는 언제나 실현 가능한 구체적인 형태로 진술되어야 한다. 가령 수업시간에 20분 더 앉아 있기, 준비물 챙겨 오기, 공격행동 빈도의 감소, 같이 노는 또래 수의 증가와 같이 내담자, 부모, 교사 그리고 상담자 모두가 달성 여

부를 알 수 있는 형태여야 하며, 가능한 한 내담자가 표현하고 이해할 수 있는 형태가 되어야 한다. 만약 내담자가 직접 표현할 수 없을 때에는 부모, 교사, 상담자가 합의하여 결정할 수 있다. 목표가 행동적 · 가시적으로 표현되어야 한다고 해서 상담방법을 행동주의로 제한해야 한다는 뜻은 아니다. 어떤 접근 방법을 택하더라도 목표는 도달하는 점을 분명히 알 수 있는 형태로 수립되어야 한다. 이런 형태의 목표가 갖는 이점은 내담자와 상담자는 물론이고 부모나 교사도 아동의 문제에 대해 변화 가능성을 느낄 수 있고 상담도 적극적으로 참여하게 된다는 것이다.

(4) 장애학생 상담방법

장애학생을 상담할 때에는 개인, 부모 그리고 교사를 함께 고려하여야 한다. 장애학생들의 자아개념 형성과 유지 변화에 주변의 중요 타인들의 영향이 일반아동들보다 더 크다는 점을 생각하면 부모와 교사에게 아동의 문제나 의사소통양식, 상담방법을 이해시키고 그들이 아동과 건강한 관계를 맺고 적절한 개입을 할 수 있도록 조력하는 일은 장애학생 상담의 필수적인 요소라고 할 수 있다. 이와 더불어 장애학생을 다루는 상담자는 내담자가 가정생활, 학교생활, 또래와의 관계 혹은 사회생활을 적응적으로 유지하기 위해서 갖출 필요가 있는 조건에 대해 충실하게 평가할 수 있어야 한다. 이 과제를 수행하기 위해 상담자는 교사와 부모, 의사와 면담을 하고 또래를 관찰하는 것은 물론이고 사회복지사나 자신이 가정을 방문하여 가정의 경제적 · 심리적 형편을 확인하여야 한다. 그리고 상담자는 교사, 부모 그리고 기타 관계자와 함께 사례평가회의를 개최하여 아동의 문제에 대한 정의와 개입의 영역 그리고 방법을 공유하고 역할을 나누어야 하며, 이 모든 과정을 조정 · 관리하여야 한다. 이런 통합적 · 집단적 접근 모형을 결정한 뒤 상담자는 자신의 고유 업무를 시작한다. 그것은 개인상담이나 가족(부부) 상담 혹은 심리교육을 하는 것이다.

심한 정신지체나 자폐성장애에는 행동적 접근 방법이 유익하다고 알려져 있다. 일반적으로 장애학생에 대한 상담은 절충적이며, 다양한 방법이 적용될 필요가 있다.

그러나 어떤 종류의 장애를 지니고 있는 아동이라고 하더라도 아동의 부적응행동이 지니는 의미나 기능을 무시하면 안 된다. 장애아동이든 일반아동이든 인간 행동에는 의사소통의 기능이 있다. 자율신경계의 지배를 받는 행동이 있을 수 있지만 대부분의 행동에는 목적이 있다. 이러한 목적을 파악하기 위하여 행동 기능의 분석을 수행한다. 또한 놀이, 레크리에이션, 음악, 미술, 기타의 방법도 적용될 수 있다.

장애학생과 부모, 그 가족의 이해를 돕고자 발달 단계별 가족생활 주기와 그 특징 및 욕구를 알아본다.

- 자녀가 장애가 있음을 처음 알게 된 단계: 장애아동의 탄생은 부모로 하여금 충격과 낙심, 걱정과 우울함에 빠지게 한다. 이러한 감정은 아동을 양육하는 과정 중에 장애가 없는 아동과의 차이를 현실적으로 느끼며 계속하여 경험하게 된다. 이 시기에는 자녀의 장애에 대한 새로운 지식과 이해, 스스로 감정과 해결이 필요한 시기이므로 그 가정에 도움을 주는 접근방식도 사려 깊게 해야 한다. 이때 부모의 태도가 결정된다.
- 학령전 유아 시기: 부모들은 아동의 미래를 걱정하며 유사한 장애가 있는 선배 부모의 경험을 살펴보기도 한다. 한편 자녀가 가지고 있는 장애의 정확한 판정을 받기 위해 동분서주한다.
- 초등학교에 입학하는 시기: 장애아동이 학교에 입학하여 학교나 사회에서 주류가 아닌 비주류의 입장을 느끼는 시기이고 학교 진학문제와 능력 면에서 한계를 느끼며 더 많은 스트레스를 받게 되는 시기다. 또한 사회의 차별을 경험하고 장애아동이 받아들여지는 곳과 아닌 곳을 현저히 깨닫게 되는 시기다.
- 사춘기 시기: 장애아동이 혼란과 양가감정을 경험하는 시기다. 부모 역시 장애가 없는 자녀와의 비교로 사회적인 고립과 실패감을 느끼게 되기도 한다.
- 성인이 시작되는 시기: 전환교육과 함께 자립을 준비시키는 단계다. 하지만 한정된 서비스 자원 등으로 부모는 염려와 걱정이 함께하는 시기다.
- 성인생활을 후원해 주는 시기: 부모는 연로해져 비록 지역사회가 지원해 준다 해도 사후에 장애자녀의 미래를 염려하게 된다.

쉬어 가는 코너

학습습관 자가진단

	문 항	전혀 아니다	가끔	아주 그렇다
1	나는 공부를 할 때 마음속에 목표를 가지고 있다.	1	2	3
2	나는 열심히 공부를 하고 난 후에는 달성한 결과에 대해 적당한 보상을 준다.	1	2	3
3	나는 공부하는 것이 즐겁다는 것을 발견하곤 한다.	1	2	3
4	나는 나의 학습습관에 만족한다.	1	2	3
5	나는 숙제나 공부를 시작하는 것이 어렵지 않다.	1	2	3
6	나는 공부할 때 주위 환경이나 딴 생각이 나서 방해받는다.	1	2	3
7	나는 하루 중 공부가 가장 잘 되는 때를 알고 있다.	1	2	3
8	나는 매주 학습을 위해서 규칙적인 시간을 할당한다.	1	2	3
9	나는 일주일 동안 공부하는 시간을 골고루 배치한다.	1	2	3
10	나는 가장 중요하고 시급한 숙제를 가장 먼저 해치운다.	1	2	3
11	나는 휴식시간도 계획에 넣는다.	1	2	3
12	나는 그날 숙제는 그날그날 한다.	1	2	3
13	나는 과목마다 시간을 똑같이 배분하여 공부한다.	1	2	3
14	내가 공부하기에 편한 장소가 있다.	1	2	3
15	나는 펜이나 책, 참고서 등 공부하는 데 필요한 것들을 찾느라고 시간을 낭비한다.	1	2	3
16	나는 숙제를 끝낸 후에 나 자신에게 보상을 한다.	1	2	3
17	나는 학습의 심리가 무엇인지 알고 있다.	1	2	3
18	나는 기억하는 방법에 대해 알고 있다.	1	2	3
19	나는 내가 이해하기 쉽게 노트정리를 한다.	1	2	3
20	나는 모든 과목의 교과서를 정확하게 같은 방법으로 읽는다.	1	2	3
21	나는 사전과 참고서를 올바르게 사용하는 방법을 알고 있다.	1	2	3
22	나는 교과서에 나오는 도표나 그래프를 정확하게 해석할 수 있다.	1	2	3
23	나는 시험 보는 것이 너무나 두렵다.	1	2	3
24	나는 시험문제에 나오는 단어들을 해석하기 힘들다.	1	2	3
25	나는 시험시간을 충분히 다 활용한다.	1	2	3
합 계				

★ 학습습관 자가진단 결과

(42~46점) 나의 학습습관을 처음부터 다시 점검해 보세요.	이제까지 공부하는 데 많은 어려움이 있었겠군요. 그렇다면 지금부터 자신의 학습습관을 처음부터 다시 점검해 보면 어떨까요? 우선 내가 왜 공부를 해야 하는지, 공부하는 목적에 대해서 잘 생각해 보고 다음으로 공부할 때 가장 어려운 점이 무엇인지 점검해 보세요. 주의집중하기 힘들다든지, 특별히 어떤 과목은 더 공부하기 어렵다든지 등……. 그리고 자신이 실천할 수 있는 계획을 세워 보기 바랍니다.
(47~52점) 아쉽군요, 조금만 더 노력해 보세요.	열심히 하는 것 같은데 성적은 오르지 않고 성적이 오르지 않는 이유도 잘 알지 못해 많이 답답했겠군요. 그렇다면 이제 그 원인을 좀 밝혀 볼까요? 공부하려고 책상 앞에 앉아 있기는 하는데 공부는 제대로 안 되고 시간만 낭비하는 것은 아닌지요? 혹은 마음만 앞서고 실천이 어려운 것은 아닌지 점검해 보기 바랍니다.

묶인 의자

장애아이들이 주로 생활하고 있는 교실의 모습을 관찰해 보면 아이들이 자기 나름대로 좋아하는 행동을 즐기는 것을 알 수 있다. 어떤 아이는 고개를 좌우로 흔들며 이곳저곳을 쳐다 보는 모습이고, 어떤 아이는 손에 연필이나 작은 도구를 가지고 계속적으로 흔드는 모습도 있다.

그런데 오늘의 사진 주인공인 혁이는 의자를 뒤로 밀었다가 다시 앞으로 오는 행동을 수업 중에도 반복적으로 하는 것이다. 수업 중에 왔다갔다 하므로 주의가 산만해지고 다른 아이들에게도 피해를 주는 행동이어서 하지 말라고 타일러 주었지만 그때뿐이었다.

혁이는 의자를 뒤로 쑥 빼었다가 다시 앞으로 오는 행동을 즐기는 것이므로 그 행동을 멈추지 않았고 교실의 바닥은 이미 의자에 긁힌 자국투성이가 되었다. 그래서 최후의 수단으로 의자와 책상을 끈으로 묶어 주었다.

물론 효과는 만점이었다. 혁이가 의자를 밀며 뒤로 가려고 해도 책상이 움직이니 갈 수 없었다. 교사로서 학생들이 말로 지시할 때 잘 따라 주면 좋겠지만 때로는 환경을 바꾸기도 해야 하고 학생을 물리적으로 제압(?)해야 하는 상황도 자주 벌어진다. 다행스럽게도 혁이는 끈 하나로 문제행동이 사라질 수 있어 좋았다.

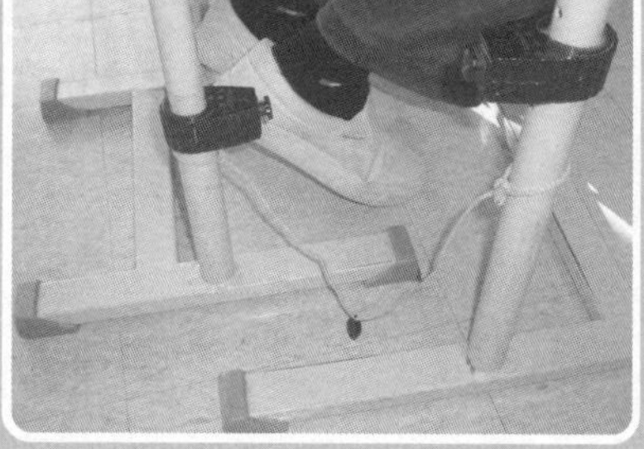

[전선주 / 『네잎클로버 편들기』 中]

07

비참여행동

1. 말이 없고 답답한 행동
2. 일반학생들과 함께 어울리지 못하고 주위를 겉도는 행동

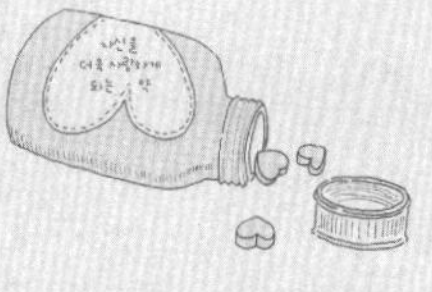
자신을
더욱 사랑하게
되는 약

비참여행동 1 말이 없고 답답한 행동

1 이런 일이 있었어요

사슴처럼 동그란 눈을 가지고 있는 소영이는 말이 없는 친구다. 말을 전혀 하지 않는 것이다. 하지만 집에서나 친근한 사람들과는 대화를 하기도 한다. 통합학급 친구들은 그런 소영이를 보는 것이 답답하기만 하다. 담임선생님도 전혀 말을 하지 않는 소영이가 무슨 생각을 갖고 있는지 어떤 어려움이 있는지 전혀 알 수가 없다.

학부모상담에서는 소영이가 학교에서 친구들이 좋다고 이야기도 한다는데 정말인지 궁금하다. 답답하기는 담당교과 선생님도 마찬가지다. 노래로 수행평가를 해야 하는 음악선생님도, 고사성어 외워서 발표하기를 실시하는 한문선생님도, 영어회화를 통해 영어말하기 시험을 보는 영어선생님도 아무 말 없이 배시시 웃기만 하는 소영이를 어떻게 가르쳐야 할지 참 고민이 많다.

2 선생님 당황스럽지요

(1) 소영이는 왜 말을 하지 않을까? 답답하지 않을까

소영이도 많이 답답할 것이다. 사실 말을 아예 할 수 없는 것은 아니지만 말을 하는 방법을 잃어버렸기 때문에 어떻게 말을 해야 할지 모른다. 하지만 때로는 말을 하지 않고 지내는 것이 너무 편하기도 하다. 소영이가 말을 하지 않음으로써 모든 사람들이 소영이를 그림자처럼 취급하기 때문에 대인기피증이 있는 소영이로서는 오히려 편하기도 할 것 같다.

(2) 소영이가 말을 하지 않는다면 다른 대체의사소통방법은 없을까

소영이는 대체의사소통방법으로 글을 쓰거나 고개를 끄덕이거나 손을 젓는 보디랭귀지를 사용할 수 있다. 하지만 지금 소영이에게 필요한 것은 무엇일까? 우선 의사소통을 해야 한다는 의지를 심어 주는 것이 더 시급하다. 의사소통을 하고자 하는 욕구가 생겨야 어떤 형식으로든 의사소통을 하려 할 것이며 이를 발전시켜 발화까지도 갈 수 있기 때문이다. 말하고자 하는 의지 말이다.

(3) 사회생활을 하면서 말을 잘하는 것도 중요한데 소영이는 사회생활을 할 수 있을까

소영이와 같은 사례를 적지 않게 찾아볼 수 있다. 매년 학교에 1~2명씩 있을 정도로 흔한 사례다. 하지만 이들은 근본적인 치료 없이 사회생활을 하기가 참 어렵다. 선택적 함묵증은 짧게는 1~2년에서 길게는 몇 년씩 지속되는 경우가 많다. 그래서 단기간에 교사와 학부모의 노력으로 치료하기보다는 전문가의 상담과 지속적인 관심으로 치유할 수 있기 때문에 각별한 관심이 필요하다. 그런데 사회생활은 잘 할 수 있을까?

3 아! 그랬구나

(1) 학생입장

소영이는 세살 이후부터 분리불안장애가 심했던 학생이다. 어릴 때 시장에서 엄마를 한 번 잃어버린 경험을 한 후에는 엄마에게서 결코 떨어지려 하지 않았으며 그로 인해 유치원을 다니는 것도 어려웠다. 유치원 때는 그래도 조금씩 말을 하기는 하였으나 몇 마디 하지 않았고 유치원에 와서부터 집에 가는 시간까지 엄마를 만나기만을 바라던 학생이었다.

초등학교 1학년에 입학하면서 학교에서는 입을 닫아 버렸다. 낯선 환경, 낯선 친구들과의 만남이 두려웠고 학교에서 지내는 시간이 힘들기만 했던 소영이는 특별한 치료경험도 갖지 못한 채 학교에서는 말을 하지 않았다.

집에서는 말을 했기 때문에 부모님은 심각하게 생각하지 않았다. 엄마도 약간의 대인기피증이 있어서 학교에서 선생님과 상담하는 것을 좋아하지 않았기에 소영이가 학교생활을 하면서 함묵증을 고칠 수 있는 기회는 거의 없었다. 고등학교에서 특수교육대상자로 배치되기까지 9년 정도를 별다른 치료 없이 이러한 선택적 함묵증의 상태가 진행되어 왔기 때문에 사실상 완벽하게 고칠 수 있는 상태는 아니다. 이미 소영이는 이러한 생활에 너무 익숙해져 있어 고쳐야 한다는 것조차 의식하지 못하게 되었다.

(2) 환경이 원인인 경우

아이마다 특성이 다르기는 하나 유독 엄마에게서 떨어지지 않으려는 소영이를 키우는 것이 소영이 부모님으로서는 많이 어려웠다. 또래 아이들보다 조금 늦기는 했지만 그런대로 발달을 해 가는 것을 보면서 엄마와 떨어지지 않으려 한다는 것을 문제행동으로 생각하지 않았다. 특별하게 장애가 있다고 생각하지 않았기 때문에 중학교 때까지는 일반학교에 다니게 하였다.

학교에서도 말이 없을 뿐 크게 문제를 일으키거나 하지 않았기 때문에 소영이의 행동에 대해서 학부모상담을 받아 본 적도 없다. 다만 중3이 되어 성적이 낮은데다 멀리 있는 학교에 보내자니 걱정도 되고 집 가까이에 있는 학교에 진학시킬 수 없을까 하여 진학상담 중에 특수교육에 대한 안내를 받고 병원에 가게 되었다. 16년간 아이를 키우면서 특별히 장애라고 느끼지 않았기에 병원에서 받은 검사는 너무 충격이었다. 정신지체 3급, 선택적 함묵증이라는 진단이 나왔다.

다행히 집 가까이에 있는 고등학교에 배정을 받아 조금씩 친구들과 마음의 문을 열고 있으며 학교에 잘 다니고 있으니 고맙기는 했다. 그러나 진작 아이의 문제를 진지하게 고민했다면 다른 결과를 낳았을 것 같아 부모로서는 늘 안쓰럽고 미안한 마음이다. 이렇듯 선택적 함묵증의 경우에는 부모가 크게 문제시하지 않아 상황이 더욱더 악화되는 경우가 많이 있다.

4 이렇게 해 봤어요

(1) 소영이의 입장에서 이해해 주세요

소영이는 유아시절부터 분리불안장애가 심한 아이였다. 엄마가 한시도 소영이를 혼자 두고 외출할 수 없을 정도였으며, 5세 때 다른 아이들이 친구를 더 좋아하며 유치원을 다니고 싶어 할 나이에도 소영이는 유치원 앞에만 가면 대성통곡을 하였다. 그래서 유치원도 7세 때만 1년 정도를 겨우겨우 다녔다. 그리고 초등학교에 들어가면서 조금씩 좋아지는 듯했으나 교실에서는 꼭 필요한 말만하고 조용히 가만히 앉아 있다 집으로 돌아왔다. 자신보다 더 어린 아이들이 편한지 말을 걸거나 이야기를 하곤 했으나 자신보다 나이가 많거나 같은 사람들 앞에서는 절대 이야기를 하지 않았다.

소영이의 건강이 좋지 않아 늘 걱정이 많은 가족들이었지만 가정에서는 가족들과 대화를 하였기에 크게 문제시하지도 못했고 장애라든지, 특수교육에 대한 정보도 부족하였다. 그렇게 중학교 시절까지 보내고 고등학교에 진학한 터라 이미 소영이의 다른 사람에 대한 선택적 함묵증은 고착화되어 있었고 소영이 자신이 변화를 해야 한다는 느낌조차 갖지 못했다. 사실 주변사람들이 더 답답했지 소영이는 이미 오랫동안 생활이 되어 왔기 때문에 답답함을 느끼지 못했다.

(2) 소영이의 행동변화를 위한 노력

- 좋은 친구 만들어 주기: 소영이는 가족 외의 사람들과 관계 형성을 하는 데에 상당히 많은 어려움을 가지고 있는 학생이다. 이미 오랫동안 가족이 아닌 다른 사람들과 관계형성을 하지 않고 살아왔기 때문에 왜 다른 사람들과 관계형성을 하며 살아야 하는지에 대해 별로 생각하지 않는다. 하지만 친구들이 재미있게 웃고 장난치는 모습을 보면서는 즐거워한다. 자연스럽게 어울릴 수 있는 기회를 만들어 주면 조금이라도 변화를 가질 수 있다. 그런 예로 스카우트나 RCY와 같은 단체 클럽활동을 주선해 보는 것도 도움이 될 수 있다.
- 의사소통의 중요성과 방법 알려 주기: 의사소통은 비단 말뿐이 아니라 몸짓과 글로서도 얼마든지 할 수 있다는 것을 알려 주었다. 이미 10여 년 이상 입을 닫고 살아온 소영이에게 고등학교 3년 동안 말을 하게 한다는 것은 거의 기적에 가까운 것이기에 너무 조급하게 다가가지 않도록 했다. 우선 주변 사람들과 의사소통하는 방법에는 여러 가지 종류가 있다는 것에서부터 시작했다.

  다른 친구들과의 수업시간에 몸으로 말하고 알아맞히기, 단어를 몸으로 표현하기 등 의사소통은 말뿐만 아니라 몸으로도 할 수 있다는 것을 다양하게 제시하였다.
- 상호작용을 할 수밖에 없는 게임 활용하기: 친구들과 상호작용할 수밖에 없는 게임을 고안하여 참여시킬 수 있다. 예를 들어, 둘이서 신문지를 점점 작게 하면서 바닥을 밟지 않기, 눈 감고 친구의 옷에 매달린 빨래집게 떼기 등의 게임을 할 수 있다. 게임을 통해서 자연스럽게 친구들과 친숙해질 수 있다.

5 이런 방법도 해 보세요

(1) 비슷한 사례

- 성적이 뛰어난 친구들과 전혀 말을 하지 않는 행동
- 체육시간이나 점심시간에 혼자서 계속 앉아 있는 행동
- 전화통화로는 대화가 가능한데 얼굴을 마주하면 말을 전혀 하지 않는 행동

(2) 선택적 함묵증(Selective Mutism) 아동의 중재 전략

- 1단계: 언어 임상가와 일대일 상황에서 반응을 이끈다. 쓰기, 제스처, 머리 끄덕이기, 그림, 마임과 같은 비구어적 수단을 사용한다.
- 2단계: 말하는 것이 얼마나 어려운 것인가를 아동과 논의한다. 임상가는 말하기가 때로는 쉽고 때로는 더 어렵다고 말하면서 아동이 이를 주의 깊게 듣도록 한다. 아동이 이러한 논의에 참여할 때 비구어적 수단을 사용하도록 허용한다.
- 3단계: 완성한 후 부모 사인을 받아 되가져 오는 의사소통 숙제 카드를 제공한다. 처음에는 아동이 이미 쉽게 할 수 있는 과제(예: 집에서 엄마와 말하기)를 내주고 이후에는 점차 더 어려운 과제(예: 전화로 친척과 말하기)를 내준다.
- 4단계: 언어 임상가에게 들려줄 오디오 테이프를 만들게 한다. 처음에는 부모와 함께 녹음기에 대고 노래를 할 수 있다. 이후에는 메시지를 전하거나 읽기 또는 이야기하기 등을 할 수 있다. 처음에 임상가는 아동이 없는 곳에서 테이프를 듣고 치료시간에 그것에 대해 코멘트를 해 준다. 이후에는 아동과 함께 테이프를 들어도 되는지 아동에게 허락을 구한다.
- 5단계: 언어임상가와 의사소통하기 위해 속삭이거나 소리 내지 않고 입만 움직여 말하거나 손 인형(puppet)을 이용해 보도록 격려한다. 처음에는 아동이 10까지 세기, 색깔 이름 대기와 같이 단순한 언어를 표현하도록 한다. 이들 활동을 하면서 눈맞춤을 증가시키도록 촉진한다.
- 6단계: 장난감 피리를 불거나 동물소리, 기침 등과 같은 다른 종류의 발성을

촉진한다. 임상가와 아동은 등을 맞대고 앉을 수 있다. 임상가는 아동이 좀 더 크게 속삭이거나 발성하도록 해서 아동의 반응이 들릴 수 있도록 요청할 수 있다.

- 7단계: 상대방이 서로 보지 않고 상대의 말을 다시 표현하는 형태의 교환적 패턴을 취하는 장벽게임을 활용한다. 아동이 놀이법에 대한 지침을 속삭이도록 하고, 임상가가 무엇을 해야 하는지 분명히 이해할 수 있도록 더 크게 말하도록 격려한다.
- 8단계: 아동이 좋아하는 게임을 선택하고 게임의 규칙을 임상가에게 가르치도록 한다. 게임을 지속할 수 있도록 하기 위해, 규칙을 잊었으니 다시 가르쳐 달라고 요구하면서 아동으로 하여금 게임 내내 규칙을 되풀이하도록 한다. 이때 반드시 아동이 이기도록 해야 한다.
- 9단계: 사적인 상황에서 아동의 심리치료사, 친구 또는 교사와 5, 6, 7, 8단계를 반복한다.
- 10단계: 아동이 집단이나 교실에서 부드러운 목소리로 말을 하도록 격려한다. 처음에는 손을 들거나 비구어적으로 참여하고, 메모 등을 사용하는 것에 대해 보상한다. 점차적으로 이들 반응을 속삭이기, 부드러운 목소리로 말하기, 보통 때의 완전한 목소리로 말하기로 형성(shaping)해 간다.

(3) 학부모 상담

선택적 함묵증과 비슷한 사례를 지닌 학생들 중에는 부모 중 한 명이 불안장애가 있는 경우도 있고, 학교 외의 다른 곳에서는 대화가 가능하므로 별로 심각하게 받아들이지 않는 경우도 있다. 하지만 12년간의 학교생활을 통해서 다양한 사회적 기술을 습득해야 하는 학생의 경우에는 누적된 왕따 경험이나 친구와 사회적 관계를 형성하지 못하는 경우 성인이 되어서도 사회생활을 하는 데 많은 지장을 받을 수 있다. 그래서 먼저 전문상담가에게 상담을 의뢰해 보는 것이 중요하다. 또한 학교에서의 모습을 모니터링하거나 관찰일지를 가정에 보내서 학부모가 함묵증의 심각성을 함께 고민할 수 있도록 한다.

함묵증이 있는 학생의 경우 공부를 잘한다고 할지라도 자신감이 결여되어 있거나 심리적인 위축감이 있다. 이때 학부모는 단순히 성적과 같은 눈에 보이는 결과에 의존하는 것이 아니라 학생 스스로 성취욕을 가질 수 있도록 하는 것이 중요하다.

- **부모님과 함께 운동하기:** 심리적인 위축은 신체적인 위축으로도 나타나므로 자꾸 부모님과 함께 운동을 하여 근육을 사용함으로써 자신감을 회복할 수 있도록 한다.
- **학교에서 좋은 친구 맺어 주기:** 특수교사나 보조원, 담임선생님을 통해서 학생의 장점을 잘 파악할 수 있는 친구를 만들어 준다.

비참여행동 2 일반학생들과 함께 어울리지 못하고 주위를 겉도는 행동

1 이런 일이 있었어요

중학교 3학년인 지현이는 일반학급에서 수업이 끝나고 쉬는 시간이 되면 항상 특수학급으로 내려가 있다가 시작종이 치면 교실로 올라온다. 점심은 교실에서 급식을 먹도록 되어 있어서 교실에서 먹지만 늘 혼자다. 중학교 수업시간에는 그룹별로 활동을 하는 시간이 많다. 예를 들면, 과학시간에 실험을 하기도 하고 체육시간에 그룹을 짜서 씨름 수행평가를 보기도 한다. 학급 아이들은 지현이랑 같은 모둠이 되는 것을 꺼려 한다.

2 선생님 당황스럽지요

(1) 그룹 활동의 경우 장애학생이 끼면 평가하기가 곤란하다

장애학생에 대해서는 수행평가 점수를 주는 기준이 정해져 있다. 하지만 그룹 활동을 통해서 점수를 받게 되면 상황이 좀 달라진다. 4인 1조일 때 장애학생이 끼면 일반학생들보다 활동을 잘 하지 못하거나 방해를 하는 경우가 많아서 활동이 잘 되지 않는 것이 사실이다. 장애학생을 꺼려 하는 일반학생들을 이해할 수밖에 없다. 그렇다고 지현이를 빼고 수업할 수도 없다.

(2) 반 친구들에게 좀 더 가깝게 대해 줬으면 좋겠다고 말하면 그때뿐이고 함께 걸어 가다가도 그냥 손을 놔 버린다

통합학급을 하게 되면서 학급아이들이 장애학생과 잘 어울릴 수 있도록 개입을 해 봐도 일반학생들의 마음이 쉽게 움직이지는 않는 것 같다. 선생님이 말할 때만이라도 잘해 주는 척하면 그나마 다행이다. 심한 아이들은 대놓고 싫은 내색을 하기도 한다. 앞에서 보기에 민망할 정도다.

(3) 통합학급인데 통합되지 않는 것 같아서 마음이 불편하다

장애학생도 일반학급에서 잘 적응할 수 있도록 하는 것이 취지일 텐데 일반학생들의 마음을 움직이기가 쉽지 않다. 입장 바꿔 생각해 보라고 말해도 듣는 둥 마는 둥이다. 착한 아이를 정해서 장애학생을 도와주게도 해 보지만 일반학생들과의 관계가 멀어질까 봐 걱정을 하며 적극적이지 못하는 모습도 보인다. 혼낸다고 해서 돌아설 마음도 아니기에 통합학급이 부담스럽다.

(4) 크게 문제되는 상황만 발생하지 않는다면 지현이가 아이들과 가까워지지 않아도 되는 것 아닐까

지현이가 학급에서 잘 어울리지 못하는 것도 어쩌면 지현이가 넘어야 할 산일 수 있다. 교사가 이래라저래라 개입하는 것이 지현이에게 도움이 되는 것은 아닌 것 같다. 크게 문제되는 상황만 아니라면 지현이가 이겨 낼 수 있도록 지켜봐 줘도 되는 것 아닐까?

3 아! 그랬구나

지현이는 다운증후군이어서 외모만으로도 일반학생들과 다르다는 것을 알 수 있다. 그래서 지현이는 초등학교 때부터 마음고생이 이만저만이 아니었다. 초등학교 때는 아이들이 어려서 외모를 가지고 놀리거나 손가락질하는 경우가 많았다. 중학

교에 들어오면서 놀리는 경우는 줄었지만 아예 상대를 하지 않거나 괴롭히는 아이들이 있어서 지현이는 정말 외롭고 친구가 많이 그립다.

보통 4세 정도가 되면 외모의 차이를 인식할 수 있다. 눈에 띄는 신체 장애를 감지하는 것이다. 그러므로 일반학생이 어릴수록 외모에 대한 차이를 지각하고 자신과 다르게 인식하여 대처할 가능성이 높다. 또한 이것은 어릴 때부터 형성될 수 있는 편견이다. 외모에 대한 세상 사람들의 편견 때문에 외국에서는 다운증후군학생의 안면성형수술을 권유하기도 한다. 그러나 다운증후군학생을 지도하는 교사들은 안면성형수술이 사회수용에 도움이 되는 측면은 미미하다고 보고 있다. 즉, 지현이는 외모가 특이하지만, 쌍둥이가 아닌 이상 누구나 다른 외모를 가졌다는 것을 자연스럽게 이해하고, 받아들일 수 있는 분위기 조성이 무엇보다 필요하다.

지현이는 매우 사교적인 편으로 잘 웃고 이야기도 잘 하고 친구들에게 쉽게 다가선다. 그러므로 선생님께서 지현이의 장점을 일반학생들에게 말해 주고 지현이의 밝은 모습을 보여 주면서 더욱 가까운 사이가 될 수 있도록 기회를 만들어 주는 것이 필요하다.

4 이렇게 해 봤어요

(1) 통합학급에 함께 있는 일반학생 이해하기

통합학급이 하나의 공동체로 자리 잡기 위해서는 일반학생에 대한 배려 또한 필요하다. 장애에 대한 이해도가 양호한 학생들이 통합학급에 구성되는 것은 아니므로 일반학생에 대한 지도와 배려가 필요하다. 그런데 아무리 지도를 해도 일반학생 중에는 약한 친구를 괴롭히는 학생들이 있고, 특히 장애학생들을 괴롭히는 경우 더욱 지도가 어렵다. 담임교사의 지도에 변화가 없으면 특수교사의 지도는 일반학생에게 영향을 끼치지 못할 수 있다.

게다가 교사의 지시를 못 들은 척하는 학생들이 점차 많아지는 것 같다. 요즘 한 반에 적게는 20여 명부터 많게는 40명이 넘는 아이들 가운데 자기 것은 잘 챙기지만 남을 위한 배려는 찾아보기가 어려운 학생들이 적지 않다. 선생님의 심부름을 잘 할지는 모르지만 같은 친구들을 배려하는 데에는 너무 메마른 것이다. 장애학생 도우미를 부탁하면 아이들은 봉사시간을 주는지, 상을 주는지 물어본다. 아니면 싫다고 이야기한다. 중학교 교실에서는 사건 · 사고가 많은데 그런 일에 대해서 아이들은 잘못을 인정할 줄 모르고 혼나면 화를 낸다. 그래서 교사 지도에 불응하고 심지어 교사를 폭행하는 사건이 매체에서 보도되기도 하였다. 모든 문제의 원인은 자기에게 있는 것이 아니고 다른 원인으로 인해 그럴 수밖에 없었다고 말한다. 이런 아이들이 교사를 힘들게 하고, 장애학생을 눈물짓게 만든다. 이런 아이들에 대해 교사들은 조언의 말, 충고의 말을 귀 기울여 듣지 않는다며 부주의함을 탓하게 되고 교사의 말을 무시하는 것에 대해 화내게 된다.

그러나 의사소통을 위한 사람들의 말하기, 듣기의 관계를 알게 되면 학생들의 행동을 이해할 수 있다. 사람들은 주로 듣기에 10%, 말하기에 90%를 할애한다고 한다. 절대적으로 듣는 것에 비해 말하는 데 많은 정열을 쏟아 낸다. 듣기보다 말하기에 집중한다는 것은 상대의 입장을 이해하고 배려하기보다 자기 입장에 대한 일방적으로 주장한다는 의미를 내포하고 있다. 이것은 학생이나 교사 모두에게 해당되는 의사소통 특성이므로 교사의 의견을 주장하고, 심어 주려고 하기보다 왜 배려하지 못하는지를 이해하고, 그런 학생을 어떻게 배려하는 사람으로 길러 낼지에 대한 고민이 필요하다.

(2) 아이들은 들은 만큼 말하고 행동한다

그래도 교사는 말을 함으로써 학생들을 감동시켜야 한다. 요즘 아이들은 우리가 학교에 다닐 때처럼 순종적이지 않다. 불의를 못 참는 것이 아니라 자기의 불이익을 못 참는다. 그런 아이들과 함께하는 공동체로서의 통합학급을 위해서는 끊임 없는 교육이 필요하다.

올해 우리 반의 급훈은 '잘 듣기' 였다. 1년간 아침저녁으로 수업시간에도 잘 듣기에 대해 강조하고 또 강조했다. 하지만 1년을 마무리하는 지금 아이들에게 선생님이 1년 동안 가장 강조한 것이 뭐냐고 묻는 설문에 1/3은 잘 듣기라고 쓰지 못했다. 이런 아이들에게 또 다른 배려인 함께하는 공동체에 대해, 장애학생에 대해 이야기해 주는 것은 한 번으로 끝날 문제가 아니다.

또한 교사의 감동적인 말 한마디에 아이들이 변화된다고 생각하는 것은 가장 큰 착각이다. 아이들은 장애학생이 자기들보다 불리한 입장에 있다는 것을 잘 알고 있다. 그렇기 때문에 장애학생을 괴롭히다가 들키면 아이들은 당연히 혼날 것을 짐작하고 있고 장애학생 편에서 선생님이 말씀하실 것을 알고 있다. 그렇기 때문에 아이들은 더욱 화내고 반항한다.

이때 교사가 할 수 있는 것은 잘못을 말하면서 못된 아이 취급을 하는 것이 아니다. 그런 사건에 대해 교사는 아이들이 미안해하는 마음을 갖게 해야 한다. 미안해하는 마음이 있어야 다음에 그런 행동을 하지 말아야겠다는 다짐을 할 수 있다.

특수학급 친구와 잘 지내지 못하는 아이에게 벌을 주고 화를 내면서 혼내는 것은 좋은 방법이 아니다(화내면서 사랑한다고 말하는 것과 다르지 않다). 선생님의 진심이 있는 말, 아이를 이해하는 말 그리고 아이들의 이해를 구하는 통합교육에 대한 여러 가지 다양한 시도는 함께하는 공동체를 위한 교사의 몫인 것 같다.

5 이런 방법도 해 보세요

(1) 비슷한 사례

- 통합학급에서 정해진 수업시간 외에 특수학급에 내려가려는 행동
- 장애학생과는 짝이 되기 싫어하는 행동
- 장애학생과 한 그룹이 되는 것을 꺼려 하는 행동
- 일반학급에서 점심먹는 것을 꺼려 하는 행동
- 자리를 바꾸는데 장애학생 책상을 맨 뒷자리로 치워 버리는 행동

(2) 통합교육 프로그램

중학교에서 통합학급을 할 때는 일반학생들에게 장애이해와 통합학급에 대한 안내가 정말 많이 필요하다. 많은 활동들을 통해서 아이들의 마음을 이끌어 내는 것이 중요하다. 다음에서 소개하는 것은 학급에서 했던 활동들이다.

- 학급게시판 활용: 학기 초 학급에서는 게시판을 꾸미게 된다. 그때 통합학급이라면 다음과 같은 내용의 게시물을 아이들이 찾고 만들어 가는 것 또한 좋은 교육이 될 수 있다. 게시판에 들어갈 내용으로는 장애친구를 이해할 수 있는 영화나 책 소개, 장애를 가진 위인들, 장애학생에게 갖는 선입견 등을 들 수 있다.
- 단합대회: 교과학습에 치우친 중 · 고등학생의 경우에는 장애학생과 일반학생들이 서로 어울리기가 쉽지 않다. 그렇기 때문에 생일파티, 레크리에이션, 요리대회, 연극 등의 활동을 계획하여 아이들이 함께 활동할 수 있는 기회를 만들어 주는 것은 의미가 있다.

(3) 특수교사를 통한 학급 연수

일반학생들은 장애학생에 대한 이해가 많이 부족한 상태다. 뭐든 자기들보다 못할 것이라도 생각하고 할 줄 모른다고 생각한다. 학기 초 장애학생이 학급에 있을 때 특수교사는 일반학생들에게 먼저 통합학급에 가게 될 장애학생에 대해 알고 있어야 할 내용이나 잘하는 점, 이해해 줘야 할 점 등을 안내해 주는 것이 필요하다.

또한 통합학급이 필요한 이유를 아이들의 눈높이에 맞게 일반학생들도 이해하도록 연수를 해 주는 것이 좋다. 일반학생들에게 그냥 부딪혀 보라고 하기보다 먼저 알고 접근할 수 있도록 하는 것이 거부감을 없애는 데 한몫할 수 있다.

쉬어 가는 코너

불안검사

다음의 항목들은 불안한 상태에서 경험할 수 있는 내용입니다. 먼저 각 항목을 주의 깊게 읽고 오늘을 포함해서 지난 한 주 동안 당신의 경험이나 상태를 다음의 정도에 따라 적당한 숫자에 체크하십시오.

0 = 전혀 느끼지 않았다.

1 = 조금 느꼈다. 그러나 별 문제가 되지 않았다.

2 = 상당히 느꼈다. 힘들었으나 견딜 수 있었다.

3 = 심하게 느꼈다. 견디기가 힘들었다.

	내 용	전 혀	조 금	상당히	심하게
1	침착하지 못하다.	0	1	2	3
2	나쁜 일이 일어날 것 같은 생각이 든다.	0	1	2	3
3	자주 손이나 다리가 떨린다.	0	1	2	3
4	가끔씩 심장이 두근거리고 빨리 뛴다.	0	1	2	3
5	흥분된 느낌을 받는다.	0	1	2	3
6	어지러움이나 현기증을 느낀다.	0	1	2	3
7	편안하게 쉴 수가 없다.	0	1	2	3
8	자주 겁을 먹고 무서움을 느낀다.	0	1	2	3
9	신경이 예민하다.	0	1	2	3
10	가끔씩 숨이 막히고 질식할 것 같다.	0	1	2	3
11	안절부절못한다.	0	1	2	3
12	미치거나 죽을 것 같은 두려움을 느낀다.	0	1	2	3
13	자주 소화가 잘 안 되고 늘 뱃속이 불편하다.	0	1	2	3
14	자주 얼굴이 붉어지곤 한다.	0	1	2	3
15	근육이 긴장되어 뻣뻣해지고 저린다.	0	1	2	3
합 계					

★ 채점방법: 15개 항목에 대해 당신이 ㅇ표한 숫자를 합하면 총점이 되며 총점의 범위는 0~45점입니다.

★ 불안검사 채점 결과

점 수	결 과
0~10점	당신은 심리적으로 안정되어 있으며 매우 정상적인 수준의 불안을 경험하고 있습니다.
11~19점	당신은 가벼운 정도의 불안을 경험하고 있는 것 같습니다. 현재의 상태가 크게 문제될 것은 없으나 좀 더 안정을 찾는 방법을 강구해 보십시오.
20~29점	당신은 상당한 정도의 불안을 경험하고 있으며 극복을 위해 적극적으로 노력해야 합니다.
30점 이상	당신은 심한 불안상태에 있으며 가능한 한 조속한 시일 내에 전문적인 도움을 받을 것을 권합니다.

★ 극복방법

- 자신도 모르게 쌓여 있는 근육의 긴장을 때때로 풀어 주십시오. 불안은 신체 각 부위의 긴장을 수반하고 또 이러한 긴장은 불안을 높입니다. 긴장을 풀어 줌으로써 불안이 완화될 수 있습니다.
- 자극이 적은 편안한 곳에서 안정을 취하십시오. 혼잡한 상황을 피하고 복잡한 잡념을 잠시 쉬게 하는 명상은 불안을 감소시키는 좋은 방법입니다.
- 자신의 하루 생활을 돌아보십시오. 하루에 해야 할 일을 무리하게 많이 정해 놓고 이를 위해 정신없이 바쁘게 자기 자신을 몰아대고 있는지 돌아보십시오. 내 능력과 현실을 고려하여 실현 가능하며 다음에 일정한 휴식을 줄 수 있는 합리적인 하루 계획을 짜서 실천해 보십시오.
- 지나치게 완벽하고 높은 성취기준을 설정해 놓지는 않은지 살펴보십시오. 자신이 설정한 높고 완벽주의적인 기준에 미달할 것에 대한 두려움을 가지고 있지는 않은지 자기 자신에게 물어보십시오. 그 기준에 이르지 못하면 자기 자신에게 실망하고 타인으로부터 무시당할 것에 대한 과도한 걱정을 하고 있지는 않은가요?
- 한 인간으로서 나의 가치가 반드시 타인의 평가나 인정 그리고 나의 성취 여부에 의해 결정되는 것이 아니라 나는 '있는 그대로의 나의 모습' 만으로도 충분히 귀중하고 가치 있는 존재라는 것을 아는 사람은 불안으로부터 훨씬 자유로워질 수 있습니다.

달란트 때문에 항의하는 녀석들

오늘 아침에 우리 반의 소현이와 주환이가 20달란트를 가져왔다. 아침에 두 아이에게 미리 학교 편의점에 가서 과자를 사 주겠다고 약속을 하였다. 잠시 후 진성이와 상훈이가 앞으로 나오더니 "나도 과자" "과자 사 주세요."를 연발하며 두 손을 흔들면서 당장 편의점에 가자고 한다.

"너희는 지난번에 먹었잖아, 그리고 달란트 가져와야지." 하자 상훈이가 교사의 책상에 있는 달란트 통을 가져가려 한다. "그것은 선생님거야, 너의 것 가져와야지"하자 눈치를 보여 자리로 돌아간다. 진성이는 '매운 ○○깡'을 연신 외쳐대다 결국 자리로 돌아가서 찡찡거린다. 정말 웃기는 녀석들이군.

점심시간에 소현이와 주환이는 손을 잡고 룰루랄라 콧노래를 부르며 편의점에 갔다. 좋아하는 과자 두 개를 고르라고 하자 아이들은 언제나 같은 과자로 두 개씩 고르곤 다른 것은 쳐다보지도 않는다. '왜 같은 과자로만 고를까? 나 같으면 골고루 먹으려고 할 것 같은데…….' '아이 엄마들이 항상 같은 과자만 골라주었나? 아니면 그 과자만 먹어 보았나? 아니면 다른 과자는 맛이 없나?' 그래도 아이들과 싸우며 웃으며 지내는 것이 재미는 있다.

"얘들아! 공부도 하고 착한 일도 많이 해서 달란트 많이 모으자. 그래서 우리 학교 편의점을 모두 비워 버리자. 대답해 봐!" "예~."

[전선주 / 『네잎클로버 편들기』 中]

저자 소개

전선주 강남대학교 특수교육과 학사
대구대학교 교육대학원 석사(특수교육 전공)
국립한국경진학교/인천도림초등학교 근무
사) 한국통합교육연구회 회장
현 인천인혜학교 교사

주요 저서

『발달장애유아의 치료인형극』(공저, 범한출판사, 2002)
『꺼야 꺼야 할꺼야』(한국밀알출판사, 2003)
『아하! 통합학급』(공저, 공동체출판사, 2009)
『네잎클로버 편들기』(학지사, 2010)

많은 선생님들이 학생들의 문제행동에 대해 고민한다. 하지만 그에 대한 대처법은 너무도 다양하고, 문제행동을 바라보는 시각차이도 많다. 그래서 우리 교사들은 이러한 문제를 해결하고자 고민을 하기 시작하였고, 부족하지만 그 열정으로 여기까지 오게 되었다. 그리고 효과적인 문제행동의 지도법 중에 한방치료(꿀밤주기)와 레이저치료(째려보기)라는 대안(?)을 제시하고는 서로 많이 웃기도 하였다. 앞으로도 문제행동에 대한 교사들은 노력은 계속될 것이다. 최선의 방법이 최고의 방법이 될 수 있도록 말이다.

이 진 춘천교육대학교 학사
대구대학교 교육대학원 석사(특수교육 전공)
사) 한국통합교육연구회 부회장
현 인천초은초등학교 교사

주요 저서

『아하! 통합학급』(공저, 공동체출판사, 2009)

통합학급을 맡고 있는 선생님들께 작은 도움이 되었으면 하는 바람으로 글을 썼다. 장애학생의 문제행동지도에 대한 주제이지만 장애학생뿐만 아니라 일반학생에 대한 교사의 올바른 지도를 유도하고, 선생님들 자신이 스스로의 모습을 되돌아보는 기회가 되었으면 한다. 자기를 돌아보는 사람들이 많아질수록 아름다운 교실, 행복한 사회가 이루어질 수 있기 때문이다.

박주리 전남대학교 심리학과 학사
공주대학교 교육대학원 석사(특수교육 전공)
고양중학교 근무
사) 한국통합교육연구회 이사
현 고양 성사고등학교 교사

주요 저서

『아하! 통합학급』(공저, 공동체출판사, 2009)

문제행동, 무엇이 문제행동이었을까? 장애학생들은 그들이 가진 장애로 겪는 어려움에 대해 우리에게 끊임없이 말을 걸어오는데, 우리들은 때로 우리의 방식과 다르다고 하여 그것을 이해하기보다는 문제행동으로 규정짓지는 않았는지 되돌아본다. 이제 우리 아이들의 목소리에 귀를 기울여 보는 것 그리고 조금 다른 그들의 표현을 이해하고자 노력하는 것이 문제행동 해결의 첫걸음이 되지 않을까 생각해 본다.

박소영 강남대학교 특수교육과 학사
단국대학교 대학원 석사(특수교육 전공)
단국대학교 대학원 박사(정신지체아교육 전공)
한국구화학교/국립한국경진학교/국립특수교육원 연구사 근무
사) 한국통합교육연구회 이사
현 한국교통대학교 유아특수교육과 교수

주요 저서

『정신지체장애인을 위한 성교육』(공저, 한국성폭력상담소, 2000)
『움직이는 성교육』(공저, 파라다이스복지재단출판부, 2002)
『영유아발달심리치료』(공저, 범한출판사, 2003)
『2008년 개정 특수학교 기본 교육과정 '미술과' 교과서 및 지도서 집필』(교과부, 2008)
『아하! 통합학급』(공저, 공동체출판사, 2009)

이 책은 교사들의 솔직한 고백과 자연스러운 반성의 산물이다. 교사생활을 한 지 10년 즈음 되어, '교사의 카리스마'란 '지도의 일관성'이라는 것을 깨닫게 되었다. 장애학생만이 아니라 모든 학생들의 행동 지도를 위해 교사에게는 끈기가 필요했고, 장애학생들이 다른 일반사람들과 잘 어울리며 자신의 행동을 좀 더 조절할 수 있는 능력을 길러주기 위한 통찰력은 절대적이었다. 조금은 더디고 무딜지라도 모든 학생들이 자신의 근성을 기를 수 있도록 도움을 주고 싶다.

이경신 서울교육대학교 학사
가톨릭대학교 교육대학원 석사(초등특수교육 전공)
사) 한국통합교육연구회 이사
현 서울선유초등학교 교사

모든 문제에는 답이 있기 마련이다. 우리 장애학생들의 특이 행동도 그에 적합한 지도방법이 있지 않을까 하는 생각에서 집필에 참여하게 되었다. 이 세상에 존재하는 모든 것은 그 존재만으로도 충분히 가치 있고 사랑받을 자격이 있으므로, 이 책을 통해 장애학생들의 문제행동에 대한 해답은 장애학생을 이해하고 사랑하는 것에서부터 시작해야 한다는 교육자로서의 기본적 마음가짐을 되새겨 보고자 한다.

이해영 이화여자대학교 특수교육과 학사
백석대학교 교육대학원 석사(상담심리 전공)
통합어린이집 나너셋 원장/서울천동초등학교 근무
사) 한국통합교육연구회 분과장
현 김포 사우초등학교 교사

이 책의 주제는 장애학생들의 '문제행동' 이지만, 그 문제행동에만 초점을 맞추기보다는 장애학생들의 마음보기에 더 집중하여 그 마음을 헤아리고 살피기 위해 집필에 참여하였다. 기다림은 지루하나 기다림 뒤에 올 기쁨은 크듯이, 장애학생들의 문제행동을 이해하고 올바로 지도하기 위해 장애학생들을 너그러이 보듬어 주는 조금은 느긋한 미덕이 우리 교사들에게 있기를 바란다.

김영란 이화여자대학교 특수교육과 학사
이화여자대학교 교육대학원 석 · 박사(특수교육 전공)
서울종암초등학교/서울정인학교 근무
사) 한국통합교육연구회 분과장
현 서울광진학교 교사

주요 저서

『한국 특수학교 초등부의 '치료교육활동' 실시 현황과 쟁점』(공저, 언어청각장애연구, 2005)

"칭찬은 고래도 춤추게 한다."는 말이 있지만, 가끔은 칭찬에도 절대 춤출 것 같지 않은 장애학생을 만날 때가 있다. 처음 이런 장애학생들과의 사건 · 사고들에 대한 답답함을 토로하며 시작되었던 우리 교사들의 이야기는 점점 더 깊어지고 넓어져서 지금의 책으로까지 출간되게 되었다. 이 책에는 장애학생들의 행복한 학교생활을 위한 여러 가지 기발한 방법은 물론, 교사의 노력을 통해 영글어져야 할 다양한 방법이 포함되어 있다. 그러나 방법의 핵심은 장애학생들의 마음속 이야기에 귀를 기울이는 우리 교사들의 자세일 것이다.

고남숙 명지대학교 물리학과 학사
한국교원대학교 교육대학원 석사(물리교육 전공)고양중학교/안양중학교 근무
사) 한국통합교육연구회 분과장
현 용인 흥덕고등학교 교사

이솝우화 중에서 나그네의 겉옷을 벗길 수 있었던 것은 세찬 바람이 아니라 뜨거운 햇볕이었다. 우리 교사들이 아이들을 교육하기 위해서 또는 잘못을 가르쳐 주기 위해서 동화에 나오는 세찬 바람의 역할을 한 것은 아니었는지 생각해 보게 된다. 통합학급에서 일반학생들에게 장애학생들에 대한 도움이나 배려를 강요할 수는 없다. 교사 스스로 따뜻한 햇볕의 역할을 아이들에게 몸소 실천해 보이는 것이 좋은 본보기가 되지 않을까 싶다.

아하!
통합학급 문제행동

2011년 4월 20일 1판 1쇄 발행
2024년 11월 20일 1판 8쇄 발행

지은이 • 전선주 · 이진 · 박주리 · 박소영 · 이해영 · 이경신 · 김영란 · 고남숙

펴낸이 • 김 진 환
펴낸곳 • (주) 학지사
04031 서울특별시 마포구 양화로 15길 20 마인드월드빌딩 5층
대표전화 • 02) 330-5114 팩스 • 02) 324-2345
등록번호 • 제313-2006-000265호
홈페이지 • http://www.hakjisa.co.kr
인스타그램 • https://www.instagram.com/hakjisabook

ISBN 978-89-6330-473-1 03370

정가 14,000원